未读 | 思想家

SEVEN WAYS OF LOOKING AT POINTLESS SUFFERING

[美]
斯科特·塞缪尔森
……………………著

张佩
……………………译

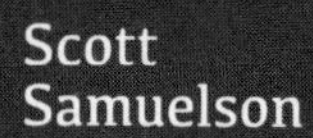

关于痛苦的七堂哲学课

关于痛苦的七堂哲学课

[美] 斯科特·塞缪尔森　著
张佩　译

图书在版编目（CIP）数据

关于痛苦的七堂哲学课 / (美) 斯科特·塞缪尔森著 ; 张佩译 . -- 北京 : 北京燕山出版社 , 2020.5

书名原文 : SEVEN WAYS OF LOOKING AT POINTLESS SUFFERING

ISBN 978-7-5402-5747-7

Ⅰ . ①关… Ⅱ . ①斯… ②张… Ⅲ . ①哲学－通俗读物 Ⅳ . ①B-49

中国版本图书馆 CIP 数据核字 (2020) 第 064580 号

SEVEN WAYS OF LOOKING AT POINTLESS SUFFERING

by Scott Samuelson

北京市版权局著作权合同登记号 图字:01-2020-1018 号

选题策划　联合天际·王　微
特约编辑　何　川
美术编辑　梁全新
封面设计　高　熹

责任编辑　郭　悦　李瑞芳
出　　版　北京燕山出版社有限公司
社　　址　北京市丰台区东铁匠营苇子坑 138 号嘉城商务中心 C 座
邮　　编　100079
电话传真　86-10-65240430（总编室）
发　　行　未读（天津）文化传媒有限公司
印　　刷　三河市冀华印务有限公司
开　　本　787 毫米 ×1092 毫米　1/32
字　　数　200 千字
印　　张　11 印张
版　　次　2020 年 6 月第 1 版
印　　次　2020 年 6 月第 1 次印刷
书　　号　ISBN 978-7-5402-5747-7
定　　价　58.00 元

关注未读好书

未读 CLUB
会员服务平台

人们似乎有了这样一种倾向，即必须保持两种对立的想法。一种想法是对生活的本来面目持全盘接受的态度，一点儿怨恨也没有，接受人本来的样子。根据这个想法，无所不在的不公就成了理所当然的事。但这不意味着人就该满足了，因为另一种想法有同样的力量。那就是一个人在他有限的生命里，绝不能对这些不公的事熟视无睹，而必须竭尽全力与其做斗争。这场斗争始于人心，现在该由我让自己的内心摆脱仇恨和绝望了。

——詹姆斯·鲍德温

目 录

引言　无意义痛苦的悖论

人从自身的视角，只能从矛盾中看到现实。

他越忠于自己所见的矛盾，就越愿意接受现实。

——艾尔弗雷德 · 卡津

我想起我儿时的伙伴马特 · 考夫曼（Matt Kaufman），那时他上五年级，一头金色卷发，顽皮捣蛋，生命充满各种可能性。一天，他正在小镇边缘玩自行车后轮支撑，突然，一个高中生开着车从山上呼啸而下。马特被撞飞，落在了旁边的操场上，他的身体肿胀到原来的两倍大。当时学校刚放学，一个小孩目睹了这一场景，他站在马特一动不动血淋淋的身体旁，等待救援直升机到来。在去医院的路上，马特离开了这个世界。当时我才上四年级，事发后，我在楼梯上摆弄着玩具人偶，心中有些不安，我的母亲过来告诉我，我的小伙伴去世了。刹那间，我浑身充斥着一个问题："为什么？"玩具从我手中掉落，歪歪扭扭地躺在台阶上。

孩子们的不幸遭遇，一针见血地指明了世界的本来面目，它和我们以为的样子有多么不同。除非具有足够的想象力，相信前世今生或是父债子偿，才能从大多数这样的惨剧中瞥见一丝丝正义的影子。想一想：此时此刻，在某个地方，就有孩子在父母的打骂下瑟瑟发抖，有的在沿街乞讨，有的在去学校的路上胆战心惊，有的咳出鲜血，有的先天畸形、痛苦不已，还有的过早夭折。就在此刻，某处不知又有哪个马特·考夫曼在痛苦中扭动着身体。美国国家犯罪受害者中心（National Center for Victims of Crime）的调查显示，每5个女孩和每20个男孩中，就有一个遭受过性虐待。这些孩子正在遭受什么样的折磨？我不忍细想。

然而，逃到成年人的世界也没有多大帮助。世界上每分钟都有人在遭遇性侵犯，每分钟都有人还没来得及发挥潜能就死了。每一秒，每一瞬间，我们都在承受莫名而来的痛苦。这些痛苦看起来没有任何意义：歇斯底里的状况、不公的待遇、孤独或丧恸的境遇、恐怖主义的威胁、独裁的暴政、酷刑的折磨，还有无聊、沮丧、羞辱、压抑、绝望、单相思以及恋爱的痛苦。罗伯特·伯顿（Robert Burton）在《忧郁的解剖》（*The Anatomy of Melancholy*）一书中这样说：

人这一生，没有哪种状态是令人满意的。无论什么年纪，都是如此：小的时候，仿佛在奴隶主的残暴统治之下，只有无尽的服从；长大了，就得工作，为生活操碎了心……等老了，骨头酸痛、内脏绞痛、身体抽搐，成了丧宴（拉丁语：silicernia）的常客，听觉迟钝、视觉模糊、头发花白、脸上布满皱纹、声音嘶哑，老得不认识镜中的自己，对于别人和自己都是种负担；人到古稀，就像《圣经》中大卫所说的那样："无所不悲。"他们不是活着，只是苟延残喘。[1]

正如伯顿四百多年前的这本老书所言，无意义痛苦并非新鲜事物。这些惯常的痛苦，我们的祖先也不能幸免。此外，他们还要被迫应对那些恐怖的灾难：私刑、瘟疫、广岛原子弹爆炸、三十年战争、斩首、运输奴隶的航路，还有特雷布林卡（Treblinka）集中营。他们常常会染上各种疾病：小儿麻痹症、黄热病、钩虫病、疟疾、麻疹、腮腺炎、风疹和天花，饱受折磨直至死去。那么，这些疾病的消除（至少在它们已经被消除的地方），是否造成了一些正义与善良的缺失呢？换句话说，是否有心智健全的人希望我们更广泛地重新引入这些疾病？这对我们生活的世界意味着什么？

动物界的情况又怎样呢？亚瑟·叔本华（Arthur Schopenhauer）

曾说："有人说，在这个世界上，快乐比痛苦重要……如果读者想快速判断这个说法是否正确，可以想象一只动物在吃另一只动物，然后比较一下两只动物各自的感受。"[2] 所有生命的代价都是死亡，任何有神经系统的生物，从最低级的甲壳类到进化链上的高级生物，都会遭受生理的痛苦。达尔文在一封信中坦言："我无法相信一个仁慈全能的主会刻意创造出姬蜂这种生物，让它们寄生在毛毛虫活体内吸食养分，或刻意创造出猫这样的动物，让它们肆意折磨老鼠。"[3] 姬蜂科的一种，会在活着的毛毛虫体内产卵。当卵孵化后，姬蜂幼虫会从宿主的体内吃出去。一位动物学家发现："对于达尔文所研究的寄生姬蜂而言，宿主被吃的时候是活的，吸收的养分才新鲜，才更利于姬蜂的基因，尽管这会使宿主极度痛苦。"[4] 或许 C. S. 刘易斯（C. S. Lewis）的《痛苦的奥秘》（*The Problem of Pain*）中，最精彩的部分就是倒数第二章"动物的痛苦"（在下一章"天堂"之前），他在此章中承认，他对人类痛苦所做的细致的神学解释并不适用于其他生物。对于为什么动物只能被迫遭受痛苦，却无法解释并超越痛苦，他最终得出的答案是："我们无从得知。"[5]

根据《牛津英语词典》编写者的说法，"evil"（恶）一词的词

源，是指“超出适当程度”或“逾越适当限度”。痛苦是我们对超过限度的表达方式，所以“恶”原本指一切产生了伤害的事物。我们可以从《牛津英语词典》几页有趣的解释中挑两个例子来说明：1480 年，威廉·卡克斯顿（William Caxton）[1] 抱怨“被称作黄疸病的黄色邪恶（euyll）”。1655 年，卡尔佩珀（Culpepper）[2] 告诫说：“头痛发作时，手脚冰冷是种邪恶（evil）。”

尽管我们厌恶黄疸病和偏头痛，在脚冷时尤其如此，但我们现在很少会说这些疾病是“恶”的，至少不会正儿八经地这样说。对我们来说，“恶”主要指故意施加不必要的痛苦。“恶”是纳粹分子那样的人做的事，我们神话中的恶魔是希特勒那样的人。然而现代性发生了一种有趣的转变，我们随后会讨论。由于这种转变，“恶”的概念从自然事件中被抽离出来，局限于人类行为的领域。黄疸病和地震是自然而然的不幸，不是人为加诸的恶。不幸之事无可避免，只能任其发生。就像现代人所说的那样，人生倒霉之事十之八九。

为了让我们回到更宽泛的“恶”的概念上来——这一概念既包括人类的恶行，又包括自然发生的苦难与死亡，我选择使用“**无意义痛苦**”（pointless suffering）一词。我承认这个词有点奇

[1] 英国翻译家、作家及出版家，将印刷术引入英国，对英语文学产生了深远影响。——译者注，下同

[2] 17 世纪的英国草药学家。

怪，因为本书大部分内容是关于人们如何在痛苦中找到意义：艺术家在痛苦中找到创作出重要艺术作品的灵感；精神的寻求者在苦难中找到通向上帝的道路；哲学家在苦难中找到本质的救赎以及对人类基本美德的锤炼。但我认为，“无意义痛苦”一词说得通，原因有二。

首先，我认为一些痛苦确实显得毫无意义，至少乍看如此。尽管我们都知道，人生中有些苦难是好事，作为人，我们不可能不遇到一些突如其来的苦难，但这些苦难似乎不符合任何通常的善良或意义。或许，我们要做的就是看穿痛苦的无意义表象，并最终获取其意义；又或许，我们需要忍受这种看似无意义的痛苦，并且坚信，虽然我们看不到其意义，但它确实存在。不过，对宇宙而言，痛苦或许真的没有意义，而我们必须找到其他方式来应对，或干脆缴械投降。不管怎样，无意义痛苦都是创造意义的旅程的开始。

其次，在痛苦的伟大哲学中，我们的痛苦经历的核心总是存在一种悖论、一种辛酸的矛盾——痛苦确实是创造意义的核心，然而，即便我们竭尽全力，一些苦痛还是令人难以忍受、无法理解。所以，我们用来对抗“恶”的主要概念——上帝、自然、人性、艺术，都散发着浓烈的神秘气息。这些概念及其相关的做法，帮助我们理解并接受痛苦。它们蕴含一种突如其来、令人惊讶的崇高感，让我们的理性难以合理地处理其反矛盾性。如果我们的大脑足够活跃，能够体会一些苦难的奥秘，我们便会称其“不公”（有意义但不公），而不是“无意义”（有一定的意义，但在某些层面上仍毫无意义）。但是，我认为有必要强调，我们要探讨的最重要的苦难的例子，不管它多么有意义，都无法摆脱无意义。比如，我在最后一堂会讲到，蓝调音乐在某种程度上是对奴隶制及其遗留问题做出的妥协。奴隶制所带来的苦难在蓝调音乐中获得了意义，这是一种强大的意义，可是奴隶制的苦难依然是毫无意义的——这不仅错，而且大错特错。当我们在痛苦中找到一种意义时，我们千辛万苦形成的理解总是包含一些我们既不明白又不能接受的内容，至少从人的角度来看是如此。**无意义痛苦是创造意义的旅程开始的地方，也是它结束的地方。**

大体来说，人类面对痛苦有两种重要的反应，我将其称作“解决它”的态度和“直面它”的态度。

其实，如果我们把“忘了它”的态度算进去，就有三种了。“忘了它”这种态度可能没有多少哲学意义，却很可能是最普遍的态度。正如帕斯卡尔[1]以其一贯冷嘲热讽的语气所说：“人们

[1] 帕斯卡尔（Blaise Pascal，1623—1662），法国数学家、物理学家、哲学家、散文家。

无法终结死亡、痛苦和无知，于是为了幸福，他们决定不去想这些事情。”[6] 当我们的朋友毫无征兆地中风，当我们的周围突然发生一桩可怕的犯罪事件或重大自然灾害，当我们被诊断出某种恶疾，我们会感到非常震惊。而我们的震惊，不就恰恰证明了我们生活在对周遭苦难的视若无睹之中吗？多数时候，我们稀里糊涂地混了过去，直到再次恢复健忘的半幸福状态；有时我们却没能混过去，连命都没有留下。在印度史诗《摩诃婆罗多》（*Mahabharata*）中，一只神鹤给智慧的主角坚战（Yudhishthira）出了一道谜题：“世间怪事千千万，你觉得最怪的是什么？”坚战给出答案：“最怪的是，人虽然看到身边不断有人死去，却从不相信自己也会有死的一天。”[7]

一段从柯南·奥布莱恩（Conan O'Brien）主持的《柯南·奥布莱恩深夜秀》（*Late Night With Conan O'Brien*）中截取的视频在网络上广为流传。在这段视频中，美国的“当代帕斯卡尔”——喜剧演员路易斯·C. K.（Louis C. K.）认为：我们总是玩手机，主要原因是我们很难独自面对存在。他说：“生活无比悲哀，光是活着，就够惨了。”在我们的各种计划和项目的表面下，是“永远的虚空……你知道一切都是徒劳的，而你是孤独的”。[8] 我们无法直面由这种悲哀产生的焦虑，于是不停摆弄各种工具，以分散注意力。这位喜剧演员的观点，与帕斯卡尔不谋而合。帕斯卡尔曾说：“事实是，当下常常令人痛苦。为了免于受苦，我们不去思考当下，将其推到看不见的地方。”[9]

喝几杯小酒解愁，发几条短信聊天，或是任何你用来“放空”的习惯，都具有如睡眠需求那样的强迫性。我曾经为了忘记与宇宙中的大灾难相比不值一提的烦心事，足不出户地将电视上所有的少年棒球联盟世界大赛（Little League World Series）看完了。我绝没有鄙视这种“忘了它”的态度的意思，但从根本上说，忘记痛苦意味着失去人性。路易斯 · C. K. 还提到，有一回，他在广播上听到布鲁斯 · 斯普林斯汀（Bruce Springsteen）唱 *Jungleland*（《都市密林》），深受启发，他没有逃避自己的焦虑，而是站在那里，让焦虑扑面而来。他惊叹道：“实在是太美了！悲伤是那么富有诗意！经历悲伤的时刻，是种幸运！……当你允许自己感到悲伤时，你的身体会产生抗体……它让幸福感涌入身体，与悲伤汇合！”如果我们总是看体育节目、从不关掉手机，那么这种独一无二、悲惨又美丽的生命就会从我们中间流逝。植物生长，然后枯萎；动物遭受痛苦，便本能地减轻自己的疼痛；而我们人类却必须用我们的理性，找到一种应对痛苦的方式——这就回到了之前所说的“解决它”和“直面它”两种态度。

当我们选择“解决它”的态度时，痛苦似乎成了一种有待化解的不平之事：我们最好将其最小化乃至消除。感谢这种“解决它”的精神，使我们用自己的创造力之火锻造出了各种发明，用于改善我们的生活。人类的大部分文明，包括大量科学与政治以及几乎所有的技术，都源自这种“解决它”的态度。

不过，还有“直面它”的态度，许多宗教、艺术等人文学科，以及相当一部分的科学和政治，都体现出了这一点。这种态度认为，我们必须忍受自然造成的苦难，如此才能成为我们应该成为的人。直面疼痛、苦难和死亡，是通往更深层次的存在所必须迈出的第一步。我们常常不会一开始就将痛苦解决掉，而“直面它”的精神让我们度过艰难时刻，使其成为我们人生历程的关键组成部分。我们的精神产生了大量抗体。我们会在思考宇宙原本的样子时满心喜悦，而不是沉浸在对宇宙应有的样子的幻想中。我们会捍卫有尊严地生活的自由，尽管它时不时为我们带来潜在的痛苦。在最受灵感眷顾时，我们将不公的苦难转化成深刻的艺术、文化与知识，将死亡和不公上升到熠熠生辉的境界，升华成美、冒险与救赎。

“解决它”和“直面它”是人类面对自身境况的基本态度。一方面，我们将永远与死亡、不公和痛苦做斗争；另一方面，我们最终也必须接受它们，因为它们是我们存在的前提。**我在本书探讨的重要一点就是，生而为人，便会包含一种巨大的矛盾：拒绝痛苦的同时，不得不接受痛苦；解决痛苦的同时，不得不面对痛苦。**仅仅面对痛苦，却放弃任何解决痛苦的努力，是种麻木不仁：这无视我们改善自身境况的能力，无论是从个体出发还是从政治出发，面对不公，我们将变得逆来顺受，自鸣得意。然而，只是简单粗暴地解决痛苦，不愿面对痛苦的阴影，是种肤浅：我们失去了通过苦难、悲剧以及人性的弱点丰富自身的能力，而这些是所有富有意义的事物的核心，是生命本身的核心；此外，拒绝接受自身的自主性以及世界的不确定性，我们还可能纵容暴政。那么，如何在解决痛苦和面对痛苦之间取得平衡？答案是没有完美的比例。但在本书中，我将试图探讨，我们最深刻的思想家们对人类生活的这一重大悖论的探究与阐释。

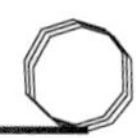

我之所以写这本书，部分原因在于，我们当前的时代似乎迷失了应对痛苦的方向。数百年来，我们正逐渐忘却这一奥秘。简言之，我们所面临的问题是，我们已经开始主要从解决的角度看待痛苦。因为我们历来用以对抗和纠正自然的药物、机器和政治制度，效果都不怎么理想，死亡和痛苦依然无可避免，所以我们不得不直面它们。面对天灾，我们一直都强颜欢笑、忍受自然，因而，我们解决苦难的精神从来都不怎么强。现代之前，面对苦难，最严肃的对待方式是哲学的直面观念。我们改造自然的能力，虽然所能实现的成果仍有局限，却突然得到了巨大的释放。在过去的几个世纪中，激进的技术创新已经改变了我们与世界的关系。长久以来，我们习惯于接受自然，认为唯一能用行动改变的只有历史，而现在，我们开始如汉娜·阿伦特（Hannah Arendt）所说，“以行动进入自然”（act into nature）[10]。举两个夸张的例子，在奥斯维辛和广岛，我们的所作所为不仅是人类的举动，还是上帝的举动；事实上，我们做的事情甚至超过了最可怕的自然灾害，有人出于恐惧和敬畏，将其描述为“上帝之举”。和纳粹的大屠杀相比，里斯本地震算什么？和广岛原子弹相比，埃博拉病毒算什么？现在，我们通过生物技术改变生死，利用大规模监控假扮全知全能，设计出“智能”的高科技，创造出虚拟世界，沉迷其中，乐不思蜀。我们的能力达到了如此高度，以至于我们开始认为，我们能够，至少很快能够支配痛苦了。于是，当我们无法解决某一问题时，我们的本能冲动是将其锁起来，抛之脑后，或者干脆解决掉具有这一问题的人。如今在发达国家，有非常多的人不仅希望，而且严肃地认为，他们会一直获得并享受舒适的生活，克服一切病痛，舒舒服服地活到耄耋之年。可是，他们奢华舒适的退休生活最终会怎样呢？现在先别操心这个了，少年棒球联盟世界大赛正在播出呢。

我们越来越多地把精力投入到寻求解决痛苦的办法中，这让许多人难以接受宗教等制度直面痛苦的理由，而这些制度曾经几乎是我们用来对抗苦难无情袭击的唯一手段。现在，如果宗教的社交和礼拜活动超出一周一小时，就往往被视为科技进步的绊脚石。在某些著名的无神论者看来，上帝只是阻碍进步的童话故事。一想到著名的神学难题“罪恶问题”（the problem of evil）——上帝创造了如此多的无意义痛苦，就难以相信上帝全善全能。在漫长的历史中，“恶”与其说是一个问题，不如说是需要被解决的根本谜题。神学家、哲学家、诗人和普通的信徒们，不仅将这世界看作创造之地，还将其看作救赎之地。在宇宙背后的高深玄妙之中，他们既看到了解决痛苦的特性，也看到了直面痛苦的特性。然而，一种新的看待痛苦的方式在18世纪出现了，并且在随后的几百年得到了广泛认同。哲学家开始明确地将伦理功利化，普通大众也常常无意识地这样做，功利主义倾向愈演愈烈。功利主义的伦理观大多认同：痛苦完全是不好的，减少疼痛和死亡是所有站得住脚的道德逻辑的基础。因此，“罪恶问题”被广泛用作完全否认上帝存在的明确理由——如果一个心地善良且无所不能的“生物技术专家”，创造出一个孩子会死于癌症的世界，那也太荒唐了。从这种将上帝看作“生物技术专家”的观点中不难看出，我们很难不将世界想象成功利主义的建筑工地。

现代社会在解决苦难的求索中，取得了诸多成就，对此我深怀感激，可我想指出的是：我们的社会与苦难的关系常常是不健康的。我们倾向于将悲伤、衰老、糟糕的记忆乃至死亡，看作我们灵魂的外来入侵者，因而，我们倾向于用药物麻醉所有疼痛，让自己保持年轻，甚至延迟死亡，直至我们的生命失去意义。我们倾向于把幸福想象成买东西的能力以及与之相关的身份认同，因而，工作被视为一种"恶"，一种为了消费而进行的单调且重复的劳动，一种最好让机器人完成的苦工。我们倾向于认为技术能解决所有问题，因而，在我们眼中，自然不过是我们增强力量的一种资源，或是一只我们关在公园里的宠物。我们倾向于认为，政治就是保证人们的安全，确保经济稳健发展，因而，我们越来越愿意放弃民主的权利，与政府达成霍布斯式[1]的交易，换取安全与繁荣。我们倾向于认为，教育不过是对将来可以赚钱的技能以及解决问题的知识的装载，因而，人文艺术中直面痛苦的学科，只要不能高效解决问题，我们就不愿意学习（事实上，有人担心这些科目太过残酷，会唤起创伤性经历），或者，我们会将这些学科，这些人类生命的瑰宝，变成解决社会问题的工具。有趣的是，我们越是将我们的生活看作有待解开的一团苦难的乱麻，我们的娱乐中就越发充斥着梦幻般壮观的死亡和暴力场面，例如，僵尸和《格斗之王》（*Mortal Kombat*）。我们正逐渐忘却存在的意义。

值得注意的是，我们在谈及解决各种问题时，经常使用战

---

[1] 英国17世纪政治家、哲学家托马斯·霍布斯（Thomas Hobbes），这里指他的社会契约思想，即个人具有自我保全及追求利己的自然权利，并为了安全与幸福，愿意将这些权利让渡给政府。

争字眼：反恐战争、毒品战争、犯罪战争、癌症战争。可想而知，未来我们将动员起来，支持对抗死亡的战争，弗朗西斯·培根在现代性萌芽之时就说过会有这样一天。仅仅与这些问题抗争是不够的，我们谈论这些问题的语气，好像必须一劳永逸地将其战胜一样。《申命记》[1] 中写道："这片土地上永远会有穷人。"[11] 毒品、犯罪、疾病、恐怖和死亡，亦如此。我反对这种用战争的字眼谈论我们减少痛苦的努力的夸张做法。不仅如此，发动这样的战争，还可能瓦解我们的人性，并且产生新的苦难形式。我们必须接受，不道德行为、苦痛和死亡是人之为人的一部分，否则我们将把我们的自由置于危险境地。

请不要误解我。我们总是忘记"在对抗痛苦的同时，也要接受痛苦"这一悖论，这使得接受癌症、恐怖主义和贫穷，听起来像是失败主义的做法。我并不是提倡大家满足现状：对痛苦不做抗争，和只一门心思与之抗争一样，都愚不可及。是的，这片土地上永远会有穷人，但我们也必须记住《申命记》中的下一句："你要向你的兄弟伸出援手。"接受并不意味着顺从。我们的生命注定要在无意义痛苦中收场，我们应该接受这一设定，但我们也必须为在本质上对抗无意义痛苦的人类目标而奋斗。如果我们被诊断出癌症，接受化疗合情合理；但我们也应该意识到，到

[1] 《圣经·旧约》中的一卷。

某个时候，为了保证我们的生活质量，再接受下一阶段的治疗或许已不值得了。我们还应该意识到，不管我们是否被诊断出癌症，痛苦都是活着的主基调，生病很正常，我们终究会死。意识到这些，对过有意义的生活至关重要。

我认为，我们强大的解决痛苦的心态，其主要问题是，这种心态将剥夺人类这一存在所独有的冒险精神。这种心态将我们分裂成雇主和劳工、销售者和消费者、医生和病人、演员和观众、管理者和被管理者、替人办事的人和需要雇人办事的人、精英和底层、慈善家和乞丐、圣人和禽兽，但我们应该是工人、实干家、发明家、守护者、艺术家、教师、学生、公民、人——这些角色都涉及共同承担风险和痛苦。我们应该是理解自身和他人人性之脆弱的人，应该是能够创造性地应对人类处境的人。向痛苦宣战，无异于将我们与人性分离开，这样不可避免地会造成权利的滥用和意义的缺失。反恐战争迫使我们限制自己的自由，使我们拷问他人，包括那些无辜的人。打击犯罪的战争迫使我们不仅监禁大量的人，当然也包括无辜的人，还迫使警察队伍采用战斗中的装备和行动。与疾病的战争导致许多人伴随着哔哔作响的机器死亡，而不是与朋友和家人牵手，或在养老院的陌生人中间，看着自己在精神上和身体上逐渐衰弱。这些战争还令当权者异想天开地以为，必须承受痛苦的是别人。我们忘记了自己和遭受水刑的嫌疑犯、绝望的瘾君子、试图自杀的精神分裂症患者一样，都是有血有肉的人。最根本的是，当我们用解决痛苦的思维模式来安排和规划我们的生活时，我们将远离那些能赋予生活价值的东西，于是我们的关系缺乏深度、食物缺乏滋味、音乐缺乏美感、司法缺乏仁慈、工作缺乏乐趣，而我们的休闲活动不过是打发时间，无法为生活增添任何生气。正如蒙田（Michel de Montaigne）在谈到对生活处境的抗争时所说："其他战争都是对外展开的，而这种战争要与自身抗争，用自己分泌的毒液吞噬和毁灭自己……我们陷入了什么地步？我们的解药自带病毒。"[12] 简言之，试图消除所有的痛苦，会造成新的独特的痛苦——意想不到的毁灭，乃至人类价值的丧失。

本书旨在让人们重新认识接受死亡与对抗死亡、困难与不公的悖论。简言之，是要揭开痛苦的神秘面纱，而痛苦之谜也是人性之谜。在接下来的章节中，我将探讨看待无意义痛苦之悖论的七种不同的方式。我会通过考察现代性的出现，以及我们在取得惊人的科技成果时，试图理解痛苦的混乱不堪的方式，来探讨我们的现状，或者说我们中的大多数人的现状。第一部分的结尾将提出，即使那些曾经引导我们应对自身处境的传统已经变得岌岌可危，我们还是需要重新发现汉娜·阿伦特所谓的"人的境况"（human condition）。因而，在第二部分，我会遍寻我们的遗产，以便更新在对抗无意义痛苦时，占据人的境况的那些永久保有价值的方式。在此过程中，我看到在上帝、自然、人性和艺术等探索痛苦之谜的关键领域，仍然迸发着诸多意义。

在我在草原之光书店（Prairie Lights Bookstore）朗读我的书《最深刻的人类生活》（*The Deepest Human Life*）过后，迈克·塞万提斯（Mike Cervantes）找到我，介绍说他在附近的艾奥瓦州医学和分类中心（Iowa Medical and Classification Center），也就是奥克代尔监狱（Oakdale Prison），负责教育项目并且帮助出版一个刊物，他听我提到我为有犯罪前科的人上过课，便问我有没有兴趣到这所监狱教哲学。我欣然接受了他的邀请，并在过去的几年，一直抽空去那里上课。因为这份工作没有报酬，所以我只用教哲学，不用承担其他制度性的任务。这是一段非同寻常的经历。

作为一个以苏格拉底为榜样的哲学家，尽管历史和理论都很重要，但我并不只是把思想当作历史文物或理论模式进行探讨。我试图将伟大的思想与现实生活联系起来，以此发现其中依然鲜活的精华和已经过时的糟粕。虽然监狱是非常可怕的地方，但却一直是哲学思想绝佳的实验室。于是，我立即开始在“这些人”中间实验这本书所探讨的关键人物及思想。（我将这些犯人统称为“这些人”。尽管一些好心人反对“犯人”“囚犯”等称呼，认为这样的语言不人道，但我也会使用这些称呼，因为它们清楚明确，不像那些政治正确的委婉词语，比如“监狱里的人”或“过渡期公民”那样含混不清。而且，我也不想对事情的真相欲盖弥彰。我在监狱中待过，相信我，这可和在那里做囚犯全然不同。）无论是约伯（Job）[1]所说的在不宽容的世界中坚守信仰，还是爱比克泰德（Epictetus）所说的在极端条件下保有自由，或者弗里德里希·尼采（Friedrich Nietzsche）关于惩罚的论述，我认为犯人们最有资格进行评判。我也希望，我对哲学的研究能让我有足够的能力教这些人一些有价值的东西，以便他们度过这无情而又奇妙的人生旅程。我确信，他们身上也有值得我学习的东西，比如启发我哲学和宗教如何照亮或扭曲一个人的灵魂。在我看来，我们组成了一个相互补充的乐团，一个无形的理想国，一个包括那些逝去很久的哲学家、先知以及诗人的灵魂，也包括你的理想国。

起初，我决定在监狱教学，其实出于一种自私的愿望，我想和“有趣”的人一起探索哲学。结果，很快我就获得了一种关键的启发：我们对待犯罪的方式，就是对我们如何看待痛苦的有力表达。关于痛苦的哲学问题，在很大程度上，就在于调和看似不可调和的痛苦与正义这两个概念。监狱如果不是我们在实际生

---

[1]《圣经》中的人物，神为了考验他的信仰，令他吃尽苦头，最终因他的坚定，加倍赐福于他。

活中试图对痛苦和正义进行的调和，又能是什么呢？惩罚就是以好人的名义施加痛苦，这令人极难理解。这些人并非没有遭遇不公和痛苦。尽管我们所有人都施加过痛苦，但他们正在为此付出代价。他们中有些人对他人施加过巨大的痛苦，包括强奸和谋杀。他们中的多数人在入狱前和入狱后也承受过巨大的痛苦。我在准备写此书时，读过各种不同哲学家的作品，许多哲学家在讨论痛苦的意义时，将“惩罚”作为主要部分，这令我十分诧异。同样让我感到诧异的是，这些哲学家中的许多人从不同角度反对系统性的惩罚！“恶”的问题与监狱问题有着千丝万缕的联系。

监狱显然也是“对痛苦缺乏严肃思考”的种种可怕问题显露出来的地方。犯罪战争和毒品战争已经让220万美国人锒铛入狱——在过去的半个世纪里，人数几乎增长了10倍！美国人口占世界人口总数不到5%，却囚禁了世界上将近25%的犯人，每年花费高达800亿美元。我们庞大的“改造”设施取得了什么成效呢？再犯罪率几乎达到70%。（希望这些数据很快能成为糟糕的过去。）换言之，我们正在以正义和安全的名义践踏生命、拆散家庭、产生犯罪！如果我们想过上好的生活，拥有一个健康的社会，我们必须好好想一想我们做了些什么。我们应该努力将不公看作构成我们的一部分，而不是某种可以直接隔离改造的东西。我们对待囚犯的方式，也是对待自己的方式。如果我们想过上好生活，我们就必须重新思考我们与痛苦的关系；

如果我们想生活在自由的土地上，我们就必须重新思考监狱这片土地。

到目前为止，当我告诉别人，我正在写一本书，叫作《关于痛苦的七堂哲学课》时，得到的最普遍的回应差不多是："哦，真够阴郁的！"一位学者甚至批评我说："哲学应该向人们展示快乐，而不是沉湎于痛苦。"我认为，这些回应恰恰是我们彻底忘却痛苦之谜的表现。痛苦和快乐密不可分。真正的快乐，需要我们直面死亡、痛苦和不公，不仅仅是安然地死去、少有痛苦地活着、偶尔犯些道德错误，而是让各种形式的痛苦如刺刀般刺入我们的内心。蓝调是一种极快乐又极伤感的音乐，詹姆斯·鲍德温（James Baldwin）将蓝调音乐称为"双刃的"力量，他将其归为一种感官享受，一种在这身皮囊下完全鲜活的生活方式。他说：

> 我认为，耽于感官享受是尊重和庆祝生命的力量及生命本身，是不管做什么都活在当下，无论是尝试去爱还是共享面包。顺便提一下，当我们再次开始吃面包，而不是我们用以替代的亵渎神圣、毫无味道的泡沫橡胶时，这对

于美国将是伟大的一天。我这话也绝非儿戏。[13]

我无意阴郁，只是不想吃没味道的泡沫橡胶罢了。

我觉得，对哲学理论的认同或反对，在很大程度上取决于我们的性情。所谓性情决定是否认同，就是当你一心追求智慧时，你会倾向于认同柏拉图的超越性或亚里士多德的经验主义，抑或是道家的无为思想、儒家的仁，或是悲观主义的诚实、理想主义的乐观。学习最能体现你性情的伟大学说，读和你的秉性最契合的最好的书，就是做更真实的自己。教授哲学最令人满足的事情之一，就是看到学生兴高采烈地欢呼："原来我一直是一个斯多葛主义者，只是现在才知道！"

我认为，性情是决定我们如何应对苦难的关键因素。面对苦难，有些人喜欢克制欲望，他们必然会认同斯多葛派的学说；而另一些人，内心的正义感令他们无法克制，驱使他们追求正义，不愿接受血淋淋的现实。我刚开始动笔写这些章节时，就已经充分预料到，我提出的七种看待痛苦的方式在很大程度上无法兼容。

然而，随着我深入研究那些影响着我的不同思想家，我发现，虽然他们来自不同的文化，有着不同的性情，但他们却落在了同一个核心悖论上，即解决和面对痛苦，只是他们的处理方式有所不同。我发现自己也是在唱同一支歌曲，不过不可否认的是，曲调与他们大有不同。在本书最后一堂中，我将直接剖析蓝调音乐。蓝调音乐是一种重复的和弦进程——十分简单，却能不断地承载人类的复杂性。虽然我无意淡化约伯和爱比克泰德之间的差别，或者盲眼威利·约翰逊（Blind Willie Johnson）和穆迪·沃特斯（Muddy Waters）[1]之间的差别，但我逐渐认为，每当有人努力地接受活着以及必须死亡的人类境况时，都会响起一支深邃的蓝调。

此外，对哲学的研究不应止步于学习那些与我们自身秉性相投的思想。当我们能够挑战我们的秉性，增强那些同样存在于自我大合奏中的细小声音，以此拓宽我们的性情维度时，我们的自我就会变得更加丰富，我们灵魂奏响的乐曲就会变得更加悦耳。我信奉哲学多元主义。套用威廉·詹姆斯[2]的话，我相信，如果一个柏拉图主义者被说服，或以其他方式被迫成为亚里士多德主义者、道家、儒家、基督徒或尼采主义者，那么我们的总体真理意识会因此被削弱。14 人性的信息从未被读完，而每一个伟大的哲学思想都读出了其中一个音节。我们发现得越多，就读出得越多。虽然有一些应该指引我们所有人的根本坐标，但我的主要兴趣是拓宽我们的想象力和认知力。我的目标不是解决我们的

[1] 两人皆为 20 世纪美国黑人蓝调歌手。

[2] 威廉·詹姆斯（William James，1842—1910），美国心理学之父，也是美国本土第一位哲学家和心理学家，代表作《心理学原理》。

道德问题，（有哪个哲学家曾成功地解决过这一问题吗？）而是拓宽我们的道德想象力。在我看来，最富有哲思性的哲学家是那些体现出广博人性，并坚决不肯被简化为“一种哲学思想”的人，比如苏格拉底、庄子、蒙田。

为什么只有七种看待无意义痛苦的方式呢？请容我为自己辩解几句。著名哲学家阿梅莉·奥克森伯格·罗蒂（Amélie Oksenberg Rorty）在其著作《恶的多种面孔》（*The Many Faces of Evil*）中也仅提出了六种，而我要承认，看待痛苦之谜的方式远不止六七种。有些读者可能会失望地发现，本书没有专门详细论述基督教和佛教的章节，毕竟基督教的核心象征就是耶稣受难，而佛教四谛中的第一谛就是“苦谛”。尽管本书确实适合讨论这两种传统（而且，我在本书表达的许多观点都受此启发），但我认为，由于基督教主张将痛苦转化为慈善之心，佛教主张将痛苦转化为悲悯之心，这两者相对说来众人皆知，而探索其外的道路更加有趣。另外，“七”是一个吉利的数字，我迷信地认为，看待最难看待的东西，七种方式就够了。美国著名诗人华莱士·史蒂文斯（Wallace Stevens）找到了十三种观察黑鸟的方式，而如果我找到十三种看待“恶”的方式，恐怕第十三种就是魔鬼本身吧！

第一部分　看待痛苦的三种现代方式

他们在忙着削减人类的瑕疵时，也在削减着善的原材料。

——弗兰纳里·奥康纳

我之前的邻居有个女儿叫阿什莉（Ashley），她出生时“脑子是坏的”，她一个从医的妹妹这样描述。她的精神和身体都有极其严重的残疾，医生们认为她在这个世界上活不过几天。可当我认识她时，阿什莉已经活到了青春期，身高接近一米八，我永远也长不到这么高。可是，她只会做新生婴儿做的事情。她一直坐在轮椅上，不能说话、走路、爬行、控制自己的手脚，也完全不会使用语言。她整天瘫坐在轮椅中，偶尔被人喂些东西吃，总是尖叫个不停。

婴儿的哭叫不管有多让人烦，却蕴含着语言的种子：你知道，总有一天这种哭叫会变成语言。而阿什莉的哭叫则完全是痛苦的警报声：它永远不会演变成语言。尽管这哭声中也包含了出生、成长和青春期的挫折，但不算是一种抗议。声音从她体内涌出，单调而持续，像是尖叫，又像呻吟，这是一个充满痛苦的长元音，但没有一丝愤怒，也没有任何不满，好似调试痛苦的音叉。在索福克勒斯（Sophocles）的《俄狄浦斯在科罗诺斯》（*Oedipus at Colonus*）中，合唱的部分如是说："古代作家说，最好是从未活过，从未呼吸过，从未直视过白昼的眼睛；次好是愉快地说声晚安，然后迅速离世。"[1] 一直以来，我觉得这些唱词不过是有趣的夸张。但阿什莉让我看到了其中蕴含的恐怖。阿什莉这种情况是死了更好吗？她的生命真的只是一个错误吗？既然她的生命是我们共有的生命的一部分，那么生命本身就是一种错误吗？

《呐喊》（*The Scream*）是现代最具有代表性的图像之一，是挪威画家爱德华·蒙克（Edvard Munch）在1893—1910年创作的几版油画和粉彩画。画中，橘色的天空下，一个难辨性别的人在一座桥上尖叫，两个模糊的身影在旁边走着，对前者的绝望无动于衷。这幅画的一些复制品上写着："Ich fühlte das grosse Geschrei durch die Natur."（我听到了自然发出的巨大尖叫。）这幅画被认为体现出了无意义痛苦本身，是发自自然深处的尖叫，是我们穿过自己的人生之桥时试图无视的东西。尽管前现代表现痛苦的形象是用神话赋予苦难意义（耶稣受难像就是一个明显的例子，而几天后，被钉死在十字架上的耶稣复活了)，但《呐喊》只是尖叫——没有故事，没有过去和未来，没有救赎，也没有希望。坦白说，我对蒙克的表现主义大作情感复杂。画作带来的视觉冲击，使其成为尽人皆知的稀世文物，我并不是没有感受到这种冲击。但是，尖叫的那个人的脸和手，让我觉得本应是彻底的绝望，却因掺杂了愤怒而被稀释。这幅画的仿作很多，这并不奇怪。无论如何，如果你要想象阿什莉的样子，就想象这自然的巨大尖叫吧，虽然蒙克画笔下的这标志性的人物形象，远没有我曾经的邻居更能体现出无意义痛苦。

2012 年 11 月，当代哲学家托马斯·内格尔（Thomas Nagel）在《纽约书评》(*New York Review of Books*）上发表文章说："无神论者和有神论者，孰是孰非，取决于他们都无法证明的事实。"[2] 一个月后，另一位著名的哲学家盖伦·斯特劳森（Galen Strawson）就这一言论，给《纽约书评》的编辑写了一封简短的信，信中的内容令我震惊不已：

> 这句话并不完全正确。他们孰是孰非，取决于和我们打交道的是什么样的有神论者。例如，我们能够确定，标

> 准定义的基督教上帝——全知全能全善，并不存在。证据就在这充满无尽困难的世界中……可以说，对这样的上帝的真正信仰，无论多么罕见，都是极其不道德的，因为，这种信仰表现出对人类受苦受难的现实或者任何强烈痛苦的存在不屑一顾。[3]

有人用哲学家所谓的“罪恶问题”作为论据，驳斥上帝的存在，对此我并不惊讶。我知道，很多知识分子认为，仁慈的上帝与宇宙中的苦难不可兼容。但看到盖伦·斯特劳森如此否定作为西方文明根基的这一传统，说它“极其不道德”，我依然感到震惊。我明白哲学家就是要彼此反驳，甚至反驳其他所有人。然而，仅仅扫一眼罪恶问题，就足以让盖伦·斯特劳森这样原本敏锐的思想家全盘否定托马斯·阿奎那（Thomas Aquinas）、但丁·阿利吉耶里（Dante Alighieri）、约翰·弥尔顿（John Milton）和多萝西·戴（Dorothy Day），认为他们的神学思想不仅大错特错，而且败坏道德，一想到这点，我就不免感到吃惊。马丁·路德·金（Martin Luther King Jr.）在进行其伟大的斗争时曾说：

> 我个人的苦难也教会我那些莫名遭受的痛苦的价值。随着我遭受的苦难不断升级，我很快意识到，我有两种应

对我的处境的方式：要么沉溺其中，愤恨不已；要么力求将痛苦转变成一股创造性力量……如果只是为了让自己不至于深陷痛苦之中、不能自拔，我会努力将遭遇的磨难视作一种机会，可以让我改变自己，并且医治那些现在也深陷困境中的人。过去的几年里，我坚信，莫名遭遇的痛苦具有救赎的意义。有些人仍然认为十字架是一个绊脚石，也有些人将其视为愚蠢，但我比以前任何时候都更相信，它是上帝拯救社会和个人的力量。所以，我现在能像使徒保罗（Apostle Paul）那样，谦卑而自豪地说："我身体中带有主耶稣的印记。"[4]

这样的信仰难道"极其不道德"吗？

查尔斯·泰勒（Charles Taylor）在其了不起的思想史著作《世俗时代》（*A Secular Age*）的开篇指出，在16世纪，不信仰上帝几乎不可能，而在21世纪，"我们中的许多人发现这不仅容易，甚至还不可避免"。[5]读完盖伦·斯特劳森的那封信后，我一直被一个相关的问题困扰：为什么在漫长的西方历史中，尽管莫名的苦难司空见惯，但不信仰上帝被视作极其不道德，而现在受苦的事实却让许多人认为信仰上帝极其不道德的？我逐渐意识到，一种大胆的信念已经在现代性中扎根，事实上，这种信念几乎是现代性向前发展的势头的根本。这一信念就是：如果一个人能够根除痛苦，那么他就应该这样做。请注意，我说的是“根除”，而不仅仅是“减少”或“纠正”。在西方历史的大部分时间中，我们将受苦视作一种既定的、不可根除的、我们必须与之共处的事实。痛苦是自然法则的一部分，这里的自然指的是一种我们不能也不应该逾越的根本界限。我们尽自己所能去帮助和治疗他人或自己，但是我们多半还会认为，疾病、疼痛和死亡最终还是活在世上不可商量的游戏规则。此外，还有“自然”的道德法则，这些是我们是谁以及如何行使自由权利的基本原则。倘若违背这些道德和自然法则，就会使我们的灵魂处于危险境地。

这种痛苦永久性的假设，或许基于一个简单的事实，即我们没有显著改变自然的强大能力。我们的药物虽然有一定的疗效，但相对自然之力来说，却显得很弱小。被医治好，只是恢复到了人类的普遍境况，而不是彻底摆脱了疼痛和死亡。无论怎样，饥荒、瘟疫、死亡和不公都会降临。不要误解我的意思：一直都有人在激烈抗议苦难的存在，至少从约伯的时期就开始了；此外，炼金术士和探险家们也梦想着从根本上改变自然，或者发现一眼长生不老泉。然而，这些抗议和天真的追求并非主流。人们主要的任务是想办法接受苦难，以便度过困境，或许还能发现其中的意义。那时人们都憧憬，在一个超越的国度里，在那泪谷[1]之外的某个地方，我们将永远摆脱痛苦，至少对于那些正直善良或上帝护佑的人来说如此。

以这种前现代的方式（也许我应该说超现代的方式，因为这种方式早于现代性出现，并且贯穿于现代性之中）看待痛苦、上帝、自然、人性、艺术等，都表现为根本的谜题。基督教——以盖伦·斯特劳森的世界观来看，是不道德的——信奉上帝，这个最高的崇拜对象是仁慈的；但与此同时，基督徒也认识到，上帝创造的世界充满了邪恶。那么，自然是一个试验场吗？我们是因为自己的原罪，而遭受苦难吗？人性与自然莫名其妙地脱节了。基督徒们身在尘世间，尽管自然而然地恐惧死亡，不愿舍弃世俗生活，却渴望进入尘世外的家园，进入上帝的国度，在那里，痛苦将会被消除，完全的正义支配着一切。手工艺、医学、政治和美术，都体现了这根本的谜题，即对尘世现实的种种问题进行补救，与此同时，证明它们源自神圣的正义。正如托马斯·默顿（Thomas Merton）所言："一把摇椅之所以具有独特魅力，因为它是由一个能够相信天使可能会坐在上面的人制造的。"6 按照这种宗教观念，我们应该努力建立一个健康、正义、美好的人类秩序，但与此同时，也要为维持并且惩罚我们的天国秩序做准备。人类需要信仰，因为理性只能带我们走这么远。对

[1] 出自《圣经·旧约·诗篇》，喻指痛苦的生活、悲惨的命运、苦难的深渊。

于那些仍然认同类似世界观的人来说（阿什莉的母亲就是其中之一），阿什莉就像一个深不见底的谜，令人感到痛惜的同时又肃然起敬，仿佛她的灵魂在天堂不会破碎一样。

现代性的核心力量挑战我们对痛苦接受的极限，迫使我们将其根除。对那些全心全意拥抱现代性发展势头的人来说，上帝、自然、人性以及艺术不再神秘。事实上，这些概念开始消失不见。随着科学技术产生巨大进步，我们越来越多地行使上帝的权力，因而宗教还有什么意义？"罪恶问题"被反弹到了我们身上。和为什么人类会酿成奥斯维辛集中营的惨剧这一问题相比，为什么上帝会允许自然灾害出现的问题，似乎过时了。将自然作为一种根本限制的旧观念正在被逐渐摧毁。自然只是我们的原材料。对于自然，我们应该保留多少，应该改变多少，越来越多地由我们来决定。每天，都有曾经不可改变的自然法则正在被攻破。甚至连基因都成了竞相追逐的对象。对于一些人来说，死亡本身似乎也是一个可以解决掉的麻烦。人类的概念被广泛认为是生物学的起点，可以借用药物、手术和社会工程进行改造。我们的艺术，尤其是生物医学艺术，当然还有工业、教育和政治，越来越多地被用来解决问题，而不是探索难解之谜。过去，美术是从苦难中创造意义的伟大工具，现在却成了史蒂芬·平克（Steven Pinker）所谓的"奶酪蛋糕"：一个原本为了解决重要问题，却一不小心被炮制出来的令人愉悦而又不必要的奢侈品。[7]

按照这种观点，我们不必再将疼痛或疾病视为身体系统的固有属性。人类拥有的力量就是用来纠正自然的。如果我们能根除痛苦，那么我们就应该这样做。自然中没有什么能够阻止我们这样做，除非会给我们带来更多痛苦。如果我们认为，疾病和死亡有时也不是坏事，为什么不将其握在手中呢？我们不应必须承受痛苦。诚然，这种乌托邦式的观点很少以纯粹的形式出现，但它却决定着我们文化的善恶方向。我们越是信奉这种根除痛苦的纯粹原则，基督教上帝的整个概念就越发显得自相矛盾。如果你坚持信仰这样的上帝，像盖伦·斯特劳森这样的思想家就会认为，你在相信一个住在天上的生物技术专家，他不断制造苦难，或是在苦难发生时，即使有能力将其终结却也只是冷眼旁观。对于那些认同这种世界观的人来说，阿什莉就像是一个可怕的错误：我们应该修好她的大脑，如果办不到这点，她就不应该存在。

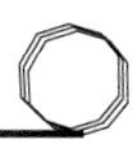

1755 年万圣节的早晨，葡萄牙首都里斯本发生了地震，在这座城市居住的大多是勤劳富足的基督徒。深达 4.5 米的裂缝撕裂了市中心，成千上万的人被夺去了性命。幸存下来的人涌向码头。海水古怪地退去，露出港口底层的残骸，然后破坏力加倍，变成海啸，势头强劲地袭来。里斯本唯独没有被海水吞没的一小块地，突然燃起了大火。土、风、火和水四种元素齐力杀害着那里的人。据历史学家保守估计，当时里斯本市有 20 万居民，其中约有 3~6 万人在这一天被夺去性命。里斯本的文化也损失惨重。房屋、宫殿、图书馆和画廊被夷为平地，教堂也没能幸免。

就像苏珊·奈曼（Susan Neiman）在其令人大开眼界的哲学史著作《恶与现代思想》（*Evil and Modern Thought*）中指出的那样，1755 年，关于苦难的思想大厦就已经倾颓了，里斯本地震彻底摧毁了城市的教堂，也推翻了关于苦难的思想大厦。从中世纪流传下来的观点认为，地震是上帝不为人知的道德计划的一部分。18 世纪上叶，戈特弗里德·莱布尼茨（Gottfried Leibniz）在旧世界观最后盛行的时期，提出了一个著名的观点，即我们生活的世界是最好的世界。这是一个简单易懂的推论。如果上帝无所不知，那么他必然在创造世界前，考虑过什么世界最好。如果上帝是全善的，那么他必然想创造出最好的世界。既然上帝全知且全善，这个世界就一定是最好的世界。恶的存在必然是为了将善最大化。到 18 世纪中叶，当里斯本地震发生时，莱布尼茨关于上帝并非糟糕的造世主的前提已经让人难以相信。迅速增长的科学力量使我们敢于相信，我们可以从根本上改进上帝创造的东西。我们不应该继续接受痛苦，认为它无法改变、必须承受。伏尔泰（Voltaire）在里斯本地震发生后，先是写了一首诗，措辞激烈地抨击莱布尼茨的乐观主义，后又撰写小说《老实人》（*Candide*）。在小说中，被巧妙命名的邦葛罗斯博士（Dr. Pangloss）[1] 凝视着惨绝人寰的自然灾害，并称它们是美妙的。

莱布尼茨沿用古老的两分法，将恶分为自然之恶和道德之恶（传统上称之为 malum poenae 和 malum culpae）。自然之恶指的是我们理所应当承受且不受我们选择控制的苦难，比如里斯本地震。道德之恶指的是我们对自由的滥用，比如偷吃禁果。莱布尼茨不加批评地以古老的神学为根据，在《神义论》（*Theodicy*）中声称，自然之恶是对道德之恶的惩罚。我们的不道德行为——一个老祖宗偷吃了一颗不该吃的苹果，可以成为数不清的死亡和自然灾害（从瘟疫、地震到天花、癌症）的正当理由。相信这点可能有些浅薄，甚至“极其不道德”。然而，正如奈曼所说：

> 浅薄，但有其道理。首要问题并不是他们的行为与他们遭受苦难之间的联系是否正当，而是两者间为何存在联系。为什么坏事会发生？因为人做了坏事。对原因做出某种解释，总比一无所知好。将罪恶与受难联系起来，是将

[1] Pangloss 有“失去痛苦”之意。

世界分为道德之恶与自然之恶，从而创造一个理解人类苦难的框架。[8]

相信自然之恶是道德之恶的结果，有很多作用：它让我们与世界形成联系，坚信上帝是仁慈的，赋予了我们苦难的意义，并维持一种普世道德秩序的理念。

亚历西斯·德·托克维尔（Alexis de Tocqueville）说："当恶似乎无可避免时，人们会耐心忍受，可一旦有人提出逃脱恶的想法，恶就会变得令人难以忍受。"[9] 到了 18 世纪中叶，新科学及其伴随而来的技术，已经开始向欧洲人提出逃脱长期以来耐心忍受恶的想法。伏尔泰表达出了最初的挫败感。正如奈曼在《恶与现代思想》中所说，伏尔泰只是开启了完全重新思考恶的概念的伟大传统。莱布尼茨不加批评地做出的道德之恶与自然之恶之间的联系被割断了。一种新的关于自然的概念出现了。过去的观点认为，地震是一种"上帝的行为"，是神圣计划的一部分；而逐渐形成的新观点认为，自然是一个中性的起始点。阳光、雨水、地震等事物自然而然地出现，既非"恶"也非"善"，它们是因果关系的产物，是一种与道德无关的物质秩序的产物，我们可以通过科学理解它们。既然我们并不总是对自然的产物满意，那么我们就应该尽可能改变我们的生活，或者干预因果秩序，促成更好的结果：我们应该科学地建设我们的城市，让居民免受可预测的地震的伤害；旱灾出现时，我们应该人工降雨；我们应该消灭疾病；我们应该根除犯罪。这个世界充其量只是一个不错的起始点，还有很多等着我们去改造。

根据这种典型的现代世界观，人类的选择是恶存在的唯一土壤。地震是板块构造的结果，而谋杀和强奸则是人类自由意志的产物。有趣的是，随着现代性向前发展，甚至连“道德之恶”的存在也受到了质疑。行为主义者和社会工程师认为，人类活动就像自然界的其他活动一样，不过是外力作用的产物。或许我们也应该像自然界中的任何其他故障一样，被诊断、整顿、修理好。

尼采在《论道德的谱系》(*On The Genealogy of Morals*)中指出：“真正引起对痛苦的愤慨的，不是痛苦本身，而是痛苦的无意义；但是，无论对于基督徒——他们用一整套关于救赎的神秘机制来阐释痛苦，还是对于更久远的天真的古人——他们从痛苦的旁观者或制造者来理解所有痛苦，都没有无意义痛苦这回事。”[10] 随着从疼痛和死亡中找寻意义的“神秘机制”，开始对现代世界中的许多人显得越来越不可信，哲学家开始以新的方式寻求痛苦的意义，他们常常会创造出他们自己的神秘而新奇的机

制。我在这一部分会探讨三位思想家——约翰·穆勒、尼采和汉娜·阿伦特，他们都很热衷于在越来越被现代性视作毫无意义的痛苦中，寻求生活的意义。我尤为敬佩他们的是，他们拒绝接受容易的答案。他们坚持不懈地寻求关于意义和价值这些令人厌烦的问题的答案，这些问题在现代技术统治论者、教条主义者、乐观主义者、悲观主义者、天真的改革派和阴郁的保守派看来，纯属浪费时间。

现代性对改善命运的不停追求，在功利主义哲学中有了具体体现。功利主义哲学的核心原则是，我们应该忽略陈腐的“自然法则”观念，努力将每个人的满足感最大化、痛苦最小化。我在这部分探讨的哲学家，都试图解决这一看似直截了当的观念遗留下来的问题。穆勒从小接受严格的功利主义教育，从未摒弃过他父亲的哲学，但是他却在功利主义中并入了自由和意义的理念，使其复杂化。尼采则从未放过任何攻击功利主义的机会。他坚称，生活不可避免地会有苦难。当我们妄想将自己从疼痛和苦难中解救出来时，我们不仅是在欺骗自己，最终还会卑怯地麻痹我们的冒险精神，宣泄我们的残忍。事实上，尼采完全反驳功利主义的主要观点，他指出，我们不应该将痛苦最小化，相反，应该拥抱痛苦，即便是没有意义的痛苦，其中也包括那些残忍行径。阿伦特综合了穆勒的论点和尼采的反驳，尽管这样说有误导性，但穆勒和尼采的两种极端的哲学态度认识到，并且部分地引出的问题，确实混合成了阿伦特倾尽哲学生涯试图理解的现代性的巨大问题。

从根本上说，这个问题是：我们倾向于将自己看成神，而不是受制于阿伦特所谓的“人的境况”。功利主义的理念是，我们应该扮演仁慈上帝的角色，重新调整自然，将我们的满足感最大化。尼采的类似观点是，我们必须成为超人（der Übermensch），表现出我们在精神上足够强大，不管发生什么都能接受，即便是最糟糕的形式的痛苦。穆勒和尼采都在努力寻求最能改善生命的哲学形式，我认为，我们从他们身上，都能学到如何在现代性中自我反思。但是，他们又如此有力地表达出了人性的两种极端——试图修正这道德混乱的世界和试图拥抱这道德混乱的世界，有可能摧毁生命中有意义的东西。在我们这个时代的技术专家和恐怖分子的身上，我们看到了这两种极端最糟糕的一面。阿伦特坚称，我们必须重新认识作为人的基本坐标，即使我们的科技和社会体系诱使我们表现得像神或禽兽。

感谢上帝，最起码也要谢天谢地，我们经历过启蒙运动，知道人类的命运是可以改善的！尽管现代性蕴含种种恐怖，包括科学技术威胁地球的危险，也鲜有人愿意与一个 14 世纪的农民交换命运，对于后者而言，农奴制和黑死病都是上帝存在的伟大链条上的必要环节。但是，现代性，尤其是现代性与苦难之间的关系，引发了深远的问题。可以将抗生素看作是现代性本身的提喻。抗生素是个奇妙的东西，是人类智慧拯救生命和改善生命的一次胜利，对此我们应该深深感激。然而，医生可能会乱开抗生素，人们可能会过度服用抗生素。我们承担着两大风险：第一，抗生素变得无效；第二，产生超级细菌。抗生素是现代性的一部分，而现代性自身也是同样的道理，它是一项伟大的成就，一项值得拥抱和推进的成就。然而，它也会失控。我们同样承担着两种风险：第一，生命丧失意义；第二，无意之中（或者谨小慎微之下）造成比我们原本想补救的更大的伤害。

当代最著名的功利主义者彼得·辛格（Peter Singer）提出了一个声名狼藉的理论，即某种形式的杀婴行为在道德上是能够接受的。他在《实践伦理学》（*Practical Ethics*）中争辩说：

> 假如一个有残疾的婴儿死了。他的死会导致另一个婴儿的出生，而这个婴儿更有可能过上幸福生活，那么，将那个残疾婴儿杀死，幸福的总量会更高。第二个婴儿获得的更幸福的生活，胜于第一个婴儿损失的幸福生活。因此，如果杀死患有血友病的婴儿对其他人没有负面影响，那么从整体看来，将其杀死是正确之举。[11]

有趣的是，与功利主义者截然相反的尼采，也得出了同样的结论。在《快乐的科学》(*The Gay Science*)“神圣的残忍”(Holy Cruelty)这部分中，他写道：

> 一个抱着新生儿的男人向一位圣人走来。“我该拿这孩子怎么办才好？”那人问道，“他太可怜了，身体畸形，生命力不足，只能苟延残喘。”“那杀了他吧！”圣人用骇人的嗓音吼道，“然后将他搂在怀里三天三夜，让自己记住：以后你再也不会在不适合生孩子的时候生孩子了。”——那个男人听完，失望地走开。很多人因为圣人劝人残忍而责备他，因为他建议那人将手中的孩子杀掉。“但是让他活着难道不更残忍吗？”圣人问道。[12]

这类典型的现代建议虽然可能听起来刺耳，但我承认，当我想起我以前的邻居阿什莉时，我产生过这样的想法。要想为她的存在编出一个功利主义的依据，几乎不可能。我理解为什么有人会想，既然我们无法把她治好，那么将她留在世上不停尖叫，比让她的尖叫声永远消失，还要残忍。

但是，从根本上说，我很反感夺走她的生命这种想法。我之前提过，阿什莉的母亲是虔诚的信徒。她在阿什莉出生后不久皈依了摩门教，部分原因是，她信奉摩门教的邻居在她刚做母亲并且最需要帮助时，对她帮助很大。我认为，阿什莉的母亲很清楚抚养女儿所带来的快乐和痛苦的比例。而且，我认为，一直要照顾她残疾的孩子，对她自己和她的家庭带来了隐形的心理折磨。然而，她坚持将女儿视为一条神圣的生命、一个有灵魂的人。那么，不仅仅将阿什莉简单地看作是宇宙的一个瑕疵，意味着什么呢？

一天下午，我本来是要将阿什莉搬下公交车（有一段时间，当地公立学校的特殊教育室帮助她的父母照看她），将她推进房子里，等她母亲办事回来。然而，我将她推上斜坡后，发现怎么也没法将轮椅推进房子里。她开始尖叫。外面很冷，而她只披了件针织毛毯御寒。我立即意识到，我需要将她抱进屋里，于是我将手臂塞进她高大的、哆嗦着的骨架下，用力将她托举起来，好似一幅笨拙的圣母怜子图。我能闻到她尿布里排泄物的味道。她呻吟得非常厉害，口水都在嘴角泛起了白沫。她知道我是她的邻居吗？她会不会以为我是她的继父，甚至以为我是她的母亲？她会想象我在绑架她吗？抑或，我笨拙的帮助，只是又一种没有什么差别的疼痛？

我将她放在沙发上后，她立即平静了下来，恢复到了往常平稳呻吟的状态。我们看着彼此，至少我是在看着她，我不太确定她的大脑是否在处理我的面部信息。我发现，她很漂亮，尽管她的脸有些肿胀，显得笨拙，我想可能是她从未模仿过他人表情的缘故。她的脸上挂着几滴泪珠，我将它擦掉。我想起她妹妹对她的形容——“脑子是坏的”。阿什莉不仅是一个麻烦，也不只是一个尖叫的物品，她还是一个人。她是一个脑子坏了的、潜能毁了的、支离破碎的人。她是残缺的，但是她也具有价值，深不可测的价值。我自己残缺的人性的某部分被召唤出来。我想起蒙田的文章《论跛子》（*Of Cripples*）中的一句话：“我在这世界见过的最畸形怪异而又最不可思议的事物，莫过于我自己。”[13] 在那倏然而逝的瞬间，我突然明白了将阿什莉当作家人、将她视为我们中的一员，意味着什么，就算她代表着最深不可测的谜题。我明白了，我这个更高级的存在有多么脆弱——我的想法和记忆每晚在睡梦中瓦解，只消当头一击或是让一只携带传染病的蚊子叮咬一下，它们便再也不会出现。我也由自然发出的巨大呐喊构成。我终于明白，为什么将阿什莉看作是一个麻烦，本身也是一种麻烦。

第一堂　根除痛苦：约翰·穆勒及其功利主义悖论

从那种恶中获取属于我自己的最大的善，是我的使命。

——约翰·穆勒

威廉·卡洛斯·威廉斯[1]说过："纯粹的美国产物疯了。"[1]我们不妨将此观点稍加修改："纯粹的现代性产物疯了。"1826年秋，一个这样的纯粹产物——一个名叫约翰·穆勒的20岁小伙子，陷入了抑郁，企图自杀。

约翰·穆勒的父亲詹姆斯·穆勒（James Mill）是现代性的坚定信徒。他认为宗教纯属迷信，他被杰里米·边沁（Jeremy Bentham）的功利主义理论所吸引。詹姆斯·穆勒认为自己深谙人性，能够从头开始设计教育。在他的严格指导下，他的儿子

[1] 威廉·卡洛斯·威廉斯（William Carlos Williams，1883—1963），20世纪美国著名诗人，与象征派和意象派联系紧密。

5 岁就精通古希腊语，9 岁便能流畅阅读拉丁语，理解最难的代数，11 岁时写了一篇文章，细数罗马法律的历史，15 岁时（这个岁数时，我的阅读水平最多能看懂《X 战警》的漫画，但是最让我感到困惑不解的科学难题是如何解开一件文胸），约翰·穆勒已经完全掌握古典文学、哲学、法学、历史学、经济学、自然科学以及数学，当他申请在剑桥大学就读时，遭到了拒绝，因为那里的教授们已经没有什么可以教他的了。穆勒坦言，自己并非特别有天赋的孩子，只是他的父亲拥有一个好的教育体系。用以赛亚·伯林（Isaiah Berlin）贴切的表达形容，他受到的教育“惊世骇俗的成功”。[2]

穆勒接受的教育旨在让他有能力成为推动人类进步的人，一个能够实现边沁的功利主义理念的人，即扫除前现代的各种信仰，为尽可能多的人带来尽可能多的好处的人。哲学、经济学之类的学科对于实现这个目标极为有用，而宗教和诗歌在詹姆斯·穆勒看来，只是累积起来的过时的愚昧和迷信，对实现这个目标毫无用处。正如在柏拉图的《理想国》中那样，那些情不自禁赞美爱情、颂扬悲剧的诗人，被从穆勒的教育中驱逐了。（穆勒确实读过荷马、贺拉斯等人的作品，不过只是为了了解历史背景、学习语法。）音乐是他父亲鼓励他学习的唯一一种艺术，因为那时的音乐足够精准。1826 年秋天，约翰·穆勒 20 岁时，用他自己的话说，他已经修炼成一台博学的计算机器了，而他的情感生活未及结果，就枯死在了藤蔓上。这个含蓄内敛的英国年轻人精神崩溃了。

穆勒漫无目的地在生活中游荡，当时他主要投身于自由主义新闻事业中，他的内心被一种巨大的空虚感攫住。当他向图书馆书架上的老朋友求助，想从中寻求安慰时，他发现连他最喜欢的历史和哲学书都变得索然无味。他努力为改变社会而奋斗，可是他的心思并不在这上面。他仿佛真的成了一台功利主义的机器，只是其中住着一个想要自杀的灵魂，甚至连音乐都不能安抚他的灵魂。音符的组合不是无穷无尽的，一支曲调在熟悉后便失去了它的魅力，他感到人类最终会厌倦一切，甚至包括音乐，因而他无比痛苦。

穆勒从出生开始就被以这样的方式抚养，只为了一个目标，即实现边沁和他父亲的减少痛苦、将人类的快乐最大化的梦想。有如此精心调试的计算能力，20 岁的他敏锐地察觉到问题所在：

> 在这种心境下，我想不妨直接问自己这个问题："假设你生活中的所有目标都实现了，你期望的所有制度和舆论改变此刻都彻底达成了，这对你来说会是极大的快乐和幸福吗？"一个无法抑制的自我意识清晰地回答："不会！"听到这个答案，我的心沉了下去：我人生的整个基础都坍塌了……我似乎没有活下去的理由了。[3]

他的精神生活和情感生活一直十分贫瘠，他存在的目标似乎没有了价值。但是，仅仅意识到自己需要感情和热情，并不能给他感情和热情，就像是你意识到应该掌握一门外语，并不能让你会说那门外语一样。

1826—1827 年黑暗的冬天过后，几欲自杀的穆勒偶然发现历史学家让 - 弗朗索瓦·马蒙泰尔（Jean-François Marmontel）的回忆录。当读到作者讲述他儿时失去父亲的故事时，穆勒哭了起来，他的泪水令他生出一种矛盾的幸福："我不再绝望了，我不是一块木头或石头。"[4] 感情生活的种子在萌芽。接着，他探索了伟大的浪漫主义诗人们的作品，尤其是威廉·华兹华斯（William Wordsworth）的作品，这些作品进一步滋养了他的内心。他开始重新燃起了生活热情，不过，穆勒用了好几年才从抑郁症中走出来。他意识到，如果他改善人类命运的功利主义梦想真的得以实现，某些永恒的美好就会保留下来：自然之美、我们对他人的同情、宁静的回忆——这些是华兹华斯最优美的作品中的精华。可以毫不夸张地说，诗歌救了穆勒的命。

穆勒的问题是他被幸福和意义撕扯着，这在本质上也是人类的问题。我们渴望痛苦不复存在，渴望能获得一种纯粹幸福的理想状态：穆勒接受的教育，让他能够朝着这个目标迈进。问题是，我们所渴望的这种状态，没有人能达到。对我们现代人来说，显而易见的一点是我们应该减轻痛苦。如果你头疼，那就吃片止痛药；如果你得了绝症，那就上手术台；如果我们的政治系统造成了不公，那就投票让它下台。简言之，这就是功利主义。然而，这种思维方式虽然具有诸多绝妙而直接的好处，却让我们失去了诗意。也就是说，抹去了赋予生命意义、使其歌唱的挣扎与矛盾。作为纯粹的现代性产物，穆勒感到，这一困境就像一颗肾结石。

穆勒的传记阐明了人性的这种深刻矛盾，他的哲学是解决这一矛盾的最崇高的尝试之一。如果历史上有一位哲学家主张我们应该消除无意义痛苦，并且令人信服，那位哲学家就是约翰·穆勒。然而，尽管他的功利主义思想具有人道的一面，而且受到崇高理想启发，还是被普遍认为不可信。哲学的高尚目标，能与诗歌中的原始人性相容吗？我们可以活得有意义、死得有意义，不去接受甚至拥抱无意义痛苦的某些无法根除的方面吗？

纵观人类的大部分历史，所谓的罪恶问题几乎一律被当作恶的谜题。接受痛苦一直是我们的信仰，让我们相信这个残酷的旧世界不是故事的结局：如果我们学会接受，向着超自然的承诺成长，即使是最痛苦或最平凡的时刻，也充盈着无形的强大意义。

从 18 世纪开始，恶的谜题成为罪恶问题。人类受苦的事实成为詹姆斯 · 穆勒之类的知识分子反驳上帝存在的有力论据。正如约翰 · 穆勒提及父亲时所说 :“他认为，根本无法去相信这个充满恶的世界，是一个完全善良又有无限力量的‘作者’的作品。”事实上，在他父亲眼中，宗教是“道德最强劲的敌人 : 首先，宗教树立了许多与人类善良无关的虚假美德，比如对教条的信仰、虔诚的情感，还有那些仪式，并且让人接受这些虚假美德，用其代替真正的美德。但最重要的是，宗教从根本上颠覆了道德的标准”。[5] 对世界上认同詹姆斯 · 穆勒的观点的人来说，崇拜造成痛苦的根源，不仅荒唐可笑，而且令道德失去其本身的意义。它让我们将精力花在接受我们本该改变的东西上，让我们崇拜我们本该希望推翻的东西。

杰里米 · 边沁是穆勒父子的精神领袖，他的天才之处，很大程度上在于能够将控诉上帝的逻辑坚持到底。与其期待超自然的正义，不如努力在此时此地将痛苦最小化、快乐最大化，因为这是我们唯一确定拥有的时间。这就是边沁所谓的“功利原则”，穆勒经常将其称作“最大幸福原则”。边沁并未公开表明自己是无神论者，在谈及上帝时，他通常似乎满足于将其用作宇宙的构建原则的代名词。当他确实在对神的概念进行分析时，他像是一个不可知论者，认为我们信不信上帝并不重要。然而，他的哲学却是一种极具影响力的无神论，因为它驳斥了信仰存在的基础，即对痛苦的根本接受，认为痛苦是人类旅程无法分割的一部分。

另一种说法是，边沁的哲学彻底改变了我们对自然的概念。传统观念认为，自然是神设定的一系列限制，如万有引力、死亡、黄金法则等自然和道德法则，如果我们无视这些法则，最终就会受到惩罚。而边沁和穆勒认为，自然不过是原始数据，我们应该对其更改，以实现人类可接受的结果。比如，死亡和疾病不应该被当作自然而然的事情而被接受，我们应该与其抗争，乃至将其更改。而且，并没有所谓的自然法则，也就是道德准则在支配着我们，我们只是拥有能够或多或少满足的欲望。少年穆勒最早接触边沁的思想时，最令他兴奋的正是边沁推翻了旧的自然概念。"'自然法则''正当的理由''道德感''自然正义'，诸如此类，（都是）巧饰过的教条主义……思想的新时代开始了。"[6]

穆勒将自然定义为"所有现象的总和，以及造成所有现象的原因，不仅包括所有发生的现象，还包括所有可能发生的现象"。[7]尽管穆勒喜欢浪漫主义，但他还是认为，敬畏自然既不理性，也不道德。不理性是因为，人类的理性（想想工具或政治）就是为了弥补自然无法满足的我们的需求而存在。不道德是因为，让我们的生命任由自然摧残（想想癌症或飓风），就是让我们沦为道德恶魔。正如穆勒所说：

> 细想想，自然每天都在做被处以绞刑或遭到监禁的犯

人所干的恶事。剥夺他人性命是人类律法所认定的最严重的犯罪行为，而自然要对每一个活着的生命犯下这样的罪行；大多数情况下，还要经过漫长的折磨，只有我们在故事中读过的最可怕的恶魔，才会这样故意残害无辜性命。[8]

接着，穆勒将自然与历史上最残暴的独裁者相比较，结果发现，这种比较对独裁者极不公平。

用“功利主义”概括源于边沁的道德理论，有些误导人。边沁所说的“功利”，不仅指有用的东西，还指对实现满足感特别有用的东西，他声称，满足感属于我们所有人的基本需求。边沁认为，痛苦和快乐是对我们“有绝对掌控权的两个主人”。功利主义的核心思想是：对我们有绝对掌控权的主人，应该引导我们不仅去增加自己的快乐、减少自己的痛苦，而且要去为每个人实现最多的满足感。我们应该以最好为目标。边沁认为，既然快乐是好的，那么更多快乐就更好，以此类推，最多的快乐是最好的。约翰·穆勒在《功利主义》（*Utilitarianism*）中的表达比边沁更为有力，他指出，最大幸福原则源于我们内心的两种冲动：第一种，我们对自己快乐的渴望；第二种，我们天生对他人的道德冲动。将两者合在一起，你就会明白，我们不仅应该为自己带来快乐，也应该为我们所影响的每个人带来快乐。如果我们想给功利主义起一个更花哨的名字，不妨将它叫作“伦理享乐主义”

（ethical hedonism）或“道德快乐主义”（moral voluptuism），无论是哪个希腊或拉丁词，只要意思是“给每个人最多的满足感”就行。

简言之，边沁想让理性掌控我们的命运，这样世上就有尽可能多的人的生活得到改善。从 18 世纪 90 年代开始，他的思想逐渐流行起来，先是在大革命时期的法国，然后在改革过程中的英国。逐渐地，边沁的一些激进提议在整个现代化的世界中被接受：经济自由的福利国家、女性享有的平等机会、离婚自由、政教分离、同性恋合法化，这一过程虽然缓慢，但毫无悬念。

尽管约翰·穆勒很孝顺，从未反驳他父亲及其导师的功利主义，但他对功利主义所做的改变之巨大，以至于它几乎需要起一个不同的名字。虽然穆勒独特的功利主义作为理论是否站得住脚，仍存有很大疑问，但我认为，穆勒对边沁核心思想的改动，证明了他具有一种无可指摘的哲学品格：他努力解决生存的真正悖论，即使这样会让他的理论看起来站不住脚。

第一个重大改动是，穆勒主张政治自由，认为这是为最多数的人谋取最大利益的最好方式。在其代表作《论自由》（*On Liberty*）中，穆勒阐明了成为现代性第二天性的政治原则：“违背文明社会任何成员的意愿，对其正当行使权力的唯一目的是防止伤害他人。”[9]只要不伤害他人，我们就能随心所欲，做自己想做的事情，这种想法乍一听像是功利主义在政治领域的一种完美应用。压迫、征服和奴役都是痛苦显而易见的根源，因此，“自己活也让别人活”的权利体系，似乎是一剂完美的解药。

但自由，尤其是穆勒在其杰作《论自由》中所颂扬的那种无所不在的自由，包含了某种对苦难的非功利的包容。以言论自由为例。一方面，正如穆勒有力指出的，这种自由与功利原则相容，它让有潜在益处的新思想茁壮成长，让坏的思想受到挑战，并得到纠正。然而，另一方面，穆勒却有意忽略了一个问题，在一些情况下，对某种言论的镇压，可能打着为大多数人谋取最大利益的旗号而被合理化，事实上，这种情况屡见不鲜。例如，对恐怖主义的恐惧，促使一些公民希望镇压可耻的恐怖主义宣传，尤其是恐怖分子在网上使用的那种心理操控；对倒退的政治立场的担忧，促使一些教授和学生停止了校园里的某些言论形式。精准的限制言论的法律真的可以为最多数人创造最多的幸福，并且最大限度地减少痛苦吗？约翰·穆勒认为，功利主义可能会被用来压制言论自由，并不具备理论可能性。穆勒令人震惊地陈述了他的功利主义原则：“如果所有人都持有同一种观点，只有一个人除外，而这个人所持观点正好相反，那么剥夺这个人说话的权利，并不比这个人如果有权利的话，剥夺所有人说话的权利，更加公正。”[10] 简言之，穆勒认为，自由的价值高过大多数人的最大幸福。换言之，他所谓的“最大利益”包括真理或自由等价值，而这些价值并不能简化为最大化的快乐。

想想《人权法案》（*The Bill of Rights*）——我们国家对自由的颂歌，大体来说，它是对《圣经》中十戒的颠覆。上帝说，只能敬拜唯一的真神，而宪法却赋予我们敬拜假神的权利；上帝说要讲真话，而宪法却赋予我们说假话的权利；上帝说不可杀人，而宪法赋予我们携带武器的权利；上帝说不可通奸，而宪法却赋予我们隐私权；上帝说不可做假证，宪法却说我们不必牵连自己。换言之，自由赋予我们作恶的权利，而这些恶恰恰是几乎所有道德体系（包括边沁的功利主义）试图消除的。如果我们想根除痛苦，那么，我们为什么还要颂扬自由？如果我们想打击恐怖主义、减少犯罪，将人类彼此施加的伤害最小化，那么，我们为什么还要坚守宪法？建立一种开明的专制主义制度，让每个人都获得满足感，岂不是更好？如果我们想将痛苦最小化，那么，我们为什么还要信仰人的自由？

在穆勒看来，尊重人权主要是因为人无完人，我们不能保证自己永远正确。我们很容易去打压那些看似虚假、邪恶的事物，却在后来发现它们无害，甚至可能是正确且有用的。人的判断难免出错，对此，穆勒最喜欢举伟大的罗马皇帝马可·奥勒留（Marcus Aurelius）的例子。奥勒留是世界历史上的一位模范领袖，一个英明的君主，他的斯多葛哲学使得他将所有人视作兄弟姐妹；“尽管他不是基督徒，他却比任何宣称自己是基督徒的统治者更遵守严格的基督教教义，然而，这样的一个人却迫害基督教”[11]。如果像马可·奥勒留这样的明君都会犯这样的错误，迫害一个他自认为对罗马福祉构成威胁的群体，我们这些立法者没那么高明，怎么能保证对打压谁的观点的判断不会错误呢？对于容易犯错的我们，包容不同的声音不是更好吗？更何况，即便是毋庸置疑的错误或邪恶的信仰，只要能表达出来，难道不会让我们更生动地认知真理、更热情地捍卫真理吗？

虽然穆勒的观点非常有说服力，但它与边沁对人类理性的信仰背道而驰。边沁功利主义的优势在于，我们中最智慧的人应该认真思考困扰我们的问题，想出解决办法，并将其付诸实践。穆勒认为，自由不仅有助于减少痛苦，还是我们的自我认同不可或缺的一部分。比起将快乐最大化、痛苦最小化的理论，用尊严或自然权利之类的概念，捍卫对自由的信仰，难道不更令人信服吗？而在某些时刻，功利主义原则难道不比自由主义更适合家长式统治吗？

穆勒对功利主义所做的第二个改动，是区分了高级快乐和低级快乐，而边沁坚决反对这种区分。边沁有句名言：“如果快乐的量是相等的，那么玩图钉和吟诗作赋一样好。”换句话说，打保龄球和读波德莱尔（Baudelaire）的诗一样好，或许更好，因为喜欢打保龄球的人更多。[12] 在我看来，尽管边沁做出了几乎让人觉得滑稽可笑的分析，确定了某些快乐的强度、长度、纯度以及生产能力，他却拒绝接受听巴赫音乐的快乐必定比听如贾斯汀·比伯（Justin Bieber）这类的流行音乐的快乐更好。如果你从其中一种或是两者之中都能获得快乐，那当然再好不过。但巴赫迷不应该鄙视比伯的粉丝，比伯的粉丝也不应该鄙视巴赫迷。在边沁的道德运算中，如果某种事物能给人带来快乐，它就是好的：没有比感受本身更高的衡量标准了。如果音乐学校、演奏家和管弦乐团等维系巴赫音乐遗产的传统都消亡了，但只要人们还跟随比伯的音乐摇摆，那么对边沁而言，并没有什么实际的损失。

如果这个世界巴赫的音乐越来越少，却到处充斥着比伯的音乐，那么对于像我这样喜欢《哥德堡变奏曲》（*Goldberg Variations*）的人来说，这就是对边沁功利主义理论的直接反证。边沁的哲学不仅没能说明价值的高低之分，也没能正确理解某些行为的是非之处。不难想象，功利主义理念支持色情产业，至少某种类型的色情产业，因为色情产业为大多数人带来了快乐，只牺牲了极少数人的利益。事实上，我们不妨想象一种情况，一部成功的色情片在制作过程中，没有对演员造成任何伤害。这种情况并非没有，只是比消费者情愿认为的要少得多。这样的色情产业真的在道德上是好的吗？事实上，没有对演员造成任何伤害的色情作品，真的在道德上比跑一次马拉松或写一部小说更好吗？毕竟跑步和写作包含痛苦的成分，而且很少能像一部还不错的色情片那样带来广泛的快乐。难道除快乐和痛苦之外，就没有其他我们应该用来评价人类努力的价值标准了吗？事实上，我们许多最有价值的活动，难道不都包含着一些不可消除的痛苦吗？

穆勒试图通过区分快乐的高低来拯救功利主义，使其不至于被这一问题驳倒。是的，色情片能为消费者带来快乐，但这是一种低级的快乐，穆勒会如此辩驳。如果色情片能在不造成任何伤害的情况下，给很多人带来快乐，那么它在道德上是可接受的，但它仍然没有跑马拉松好。尽管跑马拉松会为运动员带来痛苦，但它会带来一种本质上比看色情片更高的满足感。穆勒称，我们在运用最大幸福原则时，不仅要考虑我们的行为所带来的快乐的数量，还必须考虑其质量。

穆勒在衡量价值时，使用了快乐和痛苦之外的标准吗？他声称，他决定快乐质量高低的测试，完全符合边沁的根本思想，即快乐和痛苦对我们有着绝对的操控力。穆勒说："如果体验两种快乐的所有人或几乎所有人，都更喜欢其中一种快乐，这种喜欢无关道德，那么这种快乐就更好。"[13] 显然，有时，我们认为的更高级的快乐是能够通过穆勒的测试的。但是，情况大多或总是如此吗？哈佛大学教授迈克尔·桑德尔（Michael Sandel）在他颇受欢迎的政治哲学课上，给学生播放了三个视频，然后让他们进行穆勒的测试，并对其进行评价：第一个视频是一场顶级职业摔跤比赛，第二个是《哈姆雷特》中的一段独白，最后一个是《辛普森一家》（*The Simpsons*）中的片段。观看结束后，他问学生，觉得哪个视频最有趣，哪个视频层次最高或最有价值。《辛普森一家》常常被评为最有趣，而莎士比亚的戏剧常常被评为最有质量。这个实验的结果难道不是恰恰证明，穆勒对功利主义的拯救是失败的吗？更好的并不总是最令人愉悦的，难道不是如此吗？正如桑德尔所说："功利主义将一切简单归为计算快乐和痛苦的粗糙算式，因此备受指责。穆勒想挽救功利主义，可他说的是与功利本身无关的人类尊严和人格的道德理想。"[14] 穆勒拯救功利主义，使其不至于抹平人类生活的高度的唯一途径，便是改变功利主义的根本前提。穆勒想要根除无意义痛苦，增加有意义的幸福，但他还需要找到"快乐好、痛苦坏"的原则之外的标准，来判断什么是无意义痛苦、什么是有意义的生活。

桑德尔向学生们展示的《哈姆雷特》独白，是第二幕时哈姆雷特对罗森克兰茨（Rosencrantz）和吉尔登斯特恩（Guildenstern）说的话。这是一个有趣的选择，因为它巧妙呼应了年轻的穆勒经历的心理危机：

> 最近我做什么事情都提不起劲——我不知道为何如此，也停止了锻炼的习惯；事实上，这种状态已经严重影

响了我的性情，以至于在我看来，这个完美的架构——地球，就像一个荒凉的海角。这最为瑰丽的华盖——大气层，你看，这俯瞰一切的苍穹，被金色火焰灼烧的这雄伟的穹顶——为什么在我看来不过是一团聚在一起的污浊有害的气体？人是多么了不起的作品啊！理性如此高贵，潜能如此无限，形容如此动人，动作如此迅速，做事时如此像天使，思考时又那么像神明——真是世界之美、动物之王啊！然而，对我而言，不过是一捧尘土，又有什么精妙之处呢？[15]

我同意桑德尔的观点，仅从快乐的角度评价我们与莎士比亚悲剧之间的关系是不够的。尽管莎士比亚作品的语言、人物塑造以及情节有很多值得享受之处，但《哈姆雷特》不仅是在满足我们娱乐的欲求。《哈姆雷特》这样的戏剧的重要之处，在于它呈现出人类的复杂性。它启发我们，甚至拓宽我们的认知，它让我们看清人生的起起落落。而它之所以能做到这点，是因为它能够唤醒作为人类所无法根除的痛苦。《辛普森一家》是不错的打发半小时的方式，而且其中不乏对我们文化的精彩嘲讽。但是，要想拯救像穆勒那样价值观崩溃的人，则需要诗歌。

我们想要幸福，但我们也需要意义。幸福和意义常常重合，但并不总是如此。我们尚不能确定，人类生活许多至关重要的事件中，快乐是否大过痛苦。例如，如果经过仔细分析，很可能会发现，抚养孩子带来的头痛比乐趣多。但是，试图仅从孩子带来多少快乐的角度衡量育儿的价值，这种行为本身难道不会显得过于片面吗？有时候，带来最多头痛的孩子，也是最受疼爱的那一个！许多人类最伟大的追求——体育、文学、工作、慈善、爱情，不也是如此吗？是的，它们常常是满足感的来源，但它们的意义无法完全用快乐和痛苦来衡量，难道不是吗？穆勒深信，赋予我们意义的事物会让我们幸福，也许最终会是如此。我当然也希望如此。但是在那一天到来之前，我们必须在快乐和意义两个时而冲突的目标中，找到一个平衡点。

我严重怀疑，当我们用满足感来衡量我们的生活时，我们还能找到意义。亚里士多德敏锐地察觉到，当我们一心追求幸福时，往往得不到幸福；但是，当我们追求卓越时，反而更可能得到幸福。同样，当我们一心想根除痛苦，我们时常让生活变得更糟，难道不是如此吗？幸运的是，在穆勒的哲学和政治生涯中，他不太关注边沁的功利主义，而更关注提升人类的品格、维护自由，他主张只有维护自由，才能让各种各样有趣有力的生命形式公平竞争、蓬勃发展。穆勒理想中的世界并不是一个没有痛苦、快乐得以最大化的世界，而是一个充满自由、脆弱、冲突，折磨人类的痛苦得以减轻的世界。他建议我们在捍卫自由、追求意义的同时，将重大政治事件带来的痛苦保持在最低程度。虽然他的这个建议不足以构成一个完整的理论，却相当有道理。不管怎么论证，他的这个想法都是如此美好！

如果我们秉承穆勒的理念，捍卫自由，将严重的不公降到最小，那么我们迫切需要重新审视我们的刑罚制度。我开始认真思考监狱制度，并和犯人们一起反思。起初，让他们讨论惩罚的哲学很难，因为他们总是偏离主题。“我不知道法官当时嗑了什么药，竟然判我十年。说真的，他肯定嗑药了！”“这个猥亵儿童的人才判了我的刑期的一半，只有一半！”“你知道我要是在芬兰，会判多少年吗？”“我是无辜的；不是完全无辜，但也不至于坐牢！”

最后，我终于说动他们开始讨论关于惩罚的哲学理论，我们最先讨论的是康德的报应主义（retributivism）。报应主义的核心思想是罪行有多重，惩罚就应该有多重：重罪重罚，轻罪轻罚，惩罚要与罪行相等。这一原则抑制了我们过度惩罚的冲动。该理论还认为，惩罚绝不应该有外在的动机（比如帮助罪犯改过自新，或威慑他们避免再次犯罪），惩罚应该仅限于罪犯应得的，而非社会想要罪犯承受的惩罚。这个原则是对康德“我们绝不应该单纯利用别人”的思想的延伸：我们有义务不带外在目的地对待他人，包括那些对我们犯下严重罪行的人。最后，报应主义认为，政府具有惩罚有罪之人的强烈道德责任。康德在一篇有损声名的文章中说，如果一个岛国即将遭到毁灭，岛上的每个人都要搬走，政府应该首先执行死刑犯的死刑！

然后，我们探讨了与之相抵触的现代惩罚理论，这个理论源于功利主义。杰里米·边沁认为，惩罚人是一种道德义务的想法，是又一个应该摒除的“自然”法则概念。他直截了当地说：“所有的惩罚都是损害：所有的惩罚都是恶。”[16]痛苦是恶，惩罚是一种痛苦，因此，惩罚——所有惩罚，都是恶。话虽这样说，功利原则却认为，如果施加某些痛苦会带来更多的快乐，那么就应该这样做。因此，对边沁和穆勒来说，我们刑罚体系的首要目标，应该是防止未来的犯罪，毕竟，犯罪是任何社会痛苦的主要来源。我们刑罚体系的另一个相关目标，应该是改造犯人，这样就能让他们重返社会，让他们不会对社会造成威胁。总之，宏观的功利主义理念是，应该只从结果评判一个刑罚体系，即它是否为最多数人增加了幸福，减少了痛苦。

我的犯人学生们完全不接受这种观点，他们不认为刑罚体系应该建立在威慑犯人、改造犯人的原则之上。他们赞同评判一个刑罚体系确实应该看其结果，但他们却认为功利主义的目标不可能达成。谈及这些目标时，他们不禁咯咯直笑，因为他们的许多伙伴经过刑罚体系的“威慑”和“改造”后，成了惯犯。此外，他们和康德一样，不喜欢其他人——对他们来说是监狱长、狱警和心理医生，为了未经他们自己选择的目的，肆意改造他们。

杰克（Jack）是我最喜欢的学生之一，他身体健壮，头发花白，多次进出监狱。他发表了一通敏锐的评论，其内容与米歇尔·福柯（Michel Foucault）在《规训与惩罚》（*Discipline and Punish*）中的分析相似，而且他还将其与康德的核心思想巧妙地联系了起来。他说：

> 我一直觉得监狱体系在消耗我，其中最奇怪的方式是，我被永远贴上罪犯的标签。我第一次出狱时，意识到大家都盯着我看，用不同的方式对待我。一开始，我因为这点对他们气愤不已。然后，我开始意识到自己也以不同的方式做事。换句话说，连我自己都把自己当作罪犯对待！给犯人贴上"罪犯"的标签，才是最严酷的惩罚。即使你出狱了，你身上的标签还是让你觉得自己是不自由的。

尽管如此，这些人还是不想用报应主义替代威慑和改造。深思熟虑之后，一些人想出的实质上是一种穆勒以权利为基础的功利主义。我最初开始教授"伦理学导论"课程时，一个学生写了一篇很棒的学习论文，评价康德和边沁的道德哲学。她的论点是，我们应该做以功利主义为基础的康德主义者：为最多数人带来最大利益的最高效的方式，就是遵循康德的黄金法则。我们在讨论穆勒时，一些犯人也得出了类似的结论。他们中的多数人认为，没有哪一种惩罚制度是理想的。有些人认为，社会能够找到一种恢复断裂的社会纽带的方式，社会纽带断裂既是犯罪的原因，也是其结果——这是“恢复性司法”（restorative justice）的理念，我们将在有关孔子的章节对此做进一步探讨。但有些人似乎认为，理想状况是惩罚与罪行的严重程度相称。他们都坚称，我们现行的刑罚体系远非如此，而我认为，只要是审视过我们如何“严厉打击犯罪”的人，都会赞同这点。我们当前的刑罚制度是否能得到任何哲学理论的合理辩护？我们不仅没能按罪量刑，而且改造罪犯的工作也做得糟糕至极，我们只有在花费巨额资金、关押不计其数的人、施加大量痛苦的情况下，才遏制了犯罪的增长。

在我们的讨论即将结束时，我直截了当地向他们问道：“监狱真的像边沁所说，是一种损害吗？惩罚的本质真的是恶吗？即使它能导致更好的结果。”他们对待这个问题比我预想的还要严肃，不过，最终他们都给出了肯定的回答。我想到我的朋友西蒙（Simon），他因谋杀一个皮条客而被判终身监禁不得假释。事实上，西蒙并没有杀那个皮条客，甚至没有计划杀他。一个男人试图从皮条客那儿救出一个女孩，他只不过是这个男人的同伙，用法律术语说，是他“教唆”了这个男人。他的朋友和皮条客打了起来，皮条客被杀害。和许多其他州一样，艾奥瓦州（State of Iowa）也有与康德理论相悖的重罪谋杀原则（felony murder rule），根据这项法规，过失杀人涉及的任何人都终身不得假释。西蒙的黑人身份对定刑没有丝毫帮助。和美国多数地方一样，艾奥瓦州关押的黑人公民比例非常大。犯人和有犯罪前科的人有时将艾奥瓦州称作“美国白人的国际秩序”。尽管被迫判处西蒙终身监禁不得假释的法官写过信要求为西蒙减刑，但是他已经服了将近三十年的终身监禁刑罚。西蒙说话轻声细语，但很简洁，一次他问我是否愿意通过所谓的“o-mail”（专门为服刑人员开通的电子邮箱）与他交流思想。我们互通邮件，谈论天气、哲学、食物、苦难等基本话题，我逐渐了解了这个人。当我问他坐牢是不是一种痛苦的形式时，他什么也没说。他不需要说。

以赛亚·伯林在谈起杰里米·边沁和詹姆斯·穆勒时说：“如果有人给他们一种科学证明能让服用者获得永久满足感的药，那么根据功利主义的理论前提，他们必然会接受这种药，将其当作能治好所有他们认为的恶的万能药。”[17] 一粒永乐药丸是解决罪恶问题的最显著的方法。杰里米·边沁和詹姆斯·穆勒一直无暇想象幸福、阳光的人们手牵手的景象有多么无聊，因为他们满心想的都是在天堂小调响起前的无数急需解决的恶，其精神可歌可泣。然而在我们的时代，当制药公司试图说服我们买一瓶万能药，当政客们承诺解决我们所有的问题时，我们应该想一想，我们能够想象的最大利益，真的是过毫无痛苦的生活，过最多快乐、最少痛苦的生活吗？

约翰·穆勒的哲学体现了一种悖论，却并没有真正承认这点。自由和冲突理应存在，这样才能拓宽人的品格，对此他深信不疑。但他毫无根据地认为，这些自由和冲突必然会带来更多的快乐、造成更少的痛苦。穆勒在《功利主义》一书中写道："世界上大多数的恶，本身是可以消除的，如果人类朝着进步的方向发展，这些恶最终会被减少到很小的范围内，任何只要其观点值得我们考量片刻的人，都无法质疑这点。"[18]在没有恶带来的风险的情况下，我们有可能拥有真正的自由吗？我们的生命在不经历任何悲惨，甚至不曾偶尔陷入抑郁的情况下，能拥有强大的意义吗？我们能清晰区分有效风险和无效风险、有意义的痛苦和无意义的痛苦，并成功改造自然，让我们的痛苦永远是更大幸福的一部分吗？穆勒说："无论是谁，只要足够聪明大度，能在消除人类痛苦来源的竞赛中做出努力，不管他的贡献是多么微乎其微，他都会从竞赛本身获得一种高尚的乐趣，他不会被任何自私放纵收买而同意放弃这种高尚乐趣。"[19]难道我们不需要这竞赛本身吗？

穆勒想要表达的，与其说是边沁的快乐最大化原则，还不如说是古希腊的"eudaimonia"理念，这个词出了名地难翻译，其含义类似于“幸福”或“繁盛”。这种“幸福”并不真正指向快乐，而是指一种有意义的生活，一种实现自己的能力、值得周围人赞美的生活。这种生活有时由积极的感受主导，大体令人满意，但并不总是如此。在这种生活中，悲伤和冲突时常发生，而非偶尔出现。一个积极向上、充满意义的人生，不可避免会卷入包含风险、失败和奋斗的事业中去。事实上，活得有意义的人往往会舍弃安逸，选择奋斗。穆勒认为，思想自由的魅力部分在于，即使占支配地位的是正确观念，它还是需要来自错误观念的挑战，这样真理才不会对我们失去意义。同样的逻辑难道不应该用在幸福上吗？没有痛苦和抗争检验我们的幸福，幸福就有可能失去其意义。只有不排斥甚至欣然接受我们无法理解的苦难，我们的生活才能有意义。看看穆勒的自传，就会明白这点。

许多人像西蒙一样煎熬着，因蒙受冤屈而无法行使人权、参与社会活动。世界上有很多像他这样的人，被各种职业拒之门外，没有机会为社会做出贡献。利用穆勒的自由和幸福算法，主张改变有其道理。西蒙不仅遭受了不公平的判决，他还在遭受不必要的痛苦。当我们知晓无意义痛苦并非不可避免，无意义痛苦就变得几乎无法令人忍受。尽管冲突和抗争可以丰富生命的意义，但当有人正在遭受本可以减轻的痛苦时，我们很难做到袖手旁观，这样做也可以说是不人道的。

我对西蒙及其处境有着矛盾的情感，就像穆勒哲学的核心悖论一样。我想帮助我的朋友，我想减轻他的牢狱之苦。虽然这样做并非没有希望，但我承认，希望很渺茫。艾奥瓦州的立法机关在可见的未来似乎不会推翻重罪谋杀原则。即使他们这样做了，我也没有把握西蒙的案子会受到重新审理。另外，艾奥瓦州历任州长都对赦免犯人极其吝啬；你必须在狱中做出英勇之举，比如救了一个狱警的命。西蒙和我开玩笑说："要知道，我倒想救狱警的命，可这样的机会并不多！再说了，我在监狱里待了三十年还没疯，这难道不英勇吗？"

尽管如此，我和西蒙都从我们想要改变的困境中，学到了宝贵的东西。我从西蒙那里学到的其中一课，就是家庭的本质。一次，我在通信中说到我的一个有趣发现——在福音歌曲和蓝调音乐中，"家"通常指死亡，比如歌词"可爱的马车轻轻摇晃，接我回家"[1]。我问西蒙对家的看法。他，或是我，或是我们中的任何人，在这个不公的世界里，甚至在监狱中，能够找到心灵的归宿吗？他回信说：

> 如果有人把监狱称作囚犯的家，一些囚犯会感觉受到了冒犯。有时候，"家"是我渴望回去的地方。在其他时候，当我接受生活的原貌时，"家"就是此时此地。对我来说，

---

[1] 出自歌曲 *Swing Low, Sweet Chariot*。

要想拥有一丝平和，我必须接受“家”就是此时此刻！我觉得，对我来说，“家”是一种心境，一个我极度渴望抵达的地方。这个地方具体是哪里，并不重要。狱警在晚上随时能对我吼“别盖得那么严实，露出一点儿”，我就必须将一只胳膊或是一条腿，从温暖的毯子中伸出来，明白了这点，显然不会使监狱像家那样舒服自在！尽管如此，我在这世上还是能有家的感觉——外出放风沐浴在阳光中时，站在蓝天白云下时，和监狱中的朋友在一起时，还有给你写信的时候。

就这封信的内容，我想了很多。西蒙的话中蕴含着一个可怕而美好的悖论：我们在这世上有家的感觉，我们在这世上又没有家的感觉。我们迫切希望摆脱人类处境不可避免的不公，然而与此同时，正如罗伯特·弗罗斯特（Robert Frost）所说：“你要爱，就扔不开人世。”[1]

谈到爱，我还没提到约翰·穆勒传记中最重要的部分，甚至比他的精神崩溃和后来对浪漫主义诗歌的探索还重要。1830

[1] 摘自《白桦树》（*Birches*）一诗，原句：“Earth’s the right place for love.”此处引用的是方平的译本。

年，穆勒快走出抑郁时，与哈丽雅特·泰勒（Harriet Taylor）相遇并坠入情网，当时，泰勒已经结婚而且有了孩子。在随后的时间里，他们大部分时间都形影不离。泰勒甚至与丈夫分居，另觅了住处，以便与穆勒相处不受打扰。这令与他们同时代的维多利亚人大为震惊。1851 年，哈丽雅特·泰勒在丈夫癌症去世两年后，成了哈丽雅特·泰勒·穆勒。我按照常规将《论自由》等作品称为穆勒的独立作品，但穆勒自己声称，这些作品是他与他的朋友、情人、最后的妻子合作的智慧结晶："我所有出版的作品，她的功劳不比我少，而且随着时间的推移，她对这些作品的贡献不断增长。"[20]

文学史中不乏歌颂爱情的歌曲和故事，但像穆勒对泰勒致敬中的那般炙热和睦、令人敬佩的爱情少之又少。

> 无论是在最高的思维领域，还是在细碎的日常生活的实际问题上，她的头脑都异常清晰，她总能穿透事物的核心与本质，抓住基本思想或原则。她感觉敏锐、思维精确，而且富有感受力和想象力，她本可以成为一位艺术大师；她热情而亲切，能言善辩，她本来完全可以成为一位伟大的演说家；她洞悉人性，在实际生活中明辨而睿智，在女性能够成为领袖的年代，她会是一位杰出的人类领导者。她的聪明才智滋养着她的道德品行，她是我此生所遇见的

> 最高尚、最稳妥的人。她的无私不是源于后天习得的责任感，而是出于一颗能够完全感同身受的心，她总是将自己放在他人的位置，以自己强烈的感受来想象他们的感受，从而过于为他人考虑。正义感还不是她最强烈的感情，她还慷慨无比、充满爱心，总是愿意对任何或所有能够报以些微感情的人，倾注爱心。[21]

对于真爱，我的粗略理论是，真爱包含两个看似不可能的任务：我们的爱人必须给予我们那些我们的父母曾给予我们的所有美好；我们的爱人还必须给予我们那些我们的父母未能给予我们的所有美好。真爱会让我们感觉既像在家中一般放松自在，又像是在冒险一样惊险刺激。我们都依稀知道真爱是什么感觉。我想到第一次去牵我喜欢的人的手，去亲吻她的嘴唇，虽然这是一场难耐欲望的可怕冒险，但也承载着我对温情和被接受的根深蒂固的渴望。是否有可能将真爱这一复杂的拼图永远地拼在一起？泰勒对穆勒似乎做到了这点！泰勒具有约翰·穆勒在他父亲身上非常欣赏的乐善好施以及聪明才智，她还体现出了他在成长过程中未能得到的诗意与同情。“抽象和纯粹科学的元素源自我；真正人性的元素源于她。”[22] 可以毫不夸张地说，穆勒和泰勒之间的爱情是他们哲学的体现，是杰里米·边沁功利主义和威廉·华兹华斯诗歌的高贵融合。

第二堂　拥抱痛苦：尼采与永恒轮回

我爱你，谜一般的人生……

张开双臂拥抱我吧。

如果你没有更多幸福可以给予，

那就给予我你的痛苦吧。

——露·莎乐美

在尼采13岁时，父亲早已因身患疑难的脑疾病去世。早熟的他，写了一篇探讨恶的文章，这是他的第一部哲学作品。多年后，尼采在《论道德的谱系》一书中戏谑地回忆道："至于我当时提出的那个问题的'解决办法'，我将这一荣耀赋予上帝，因为只有这样才公平，我认为他是恶之父。"[1] 尼采在彻底堕入精神错乱之前，做的最后一件事是：当他看到有人在都灵广场（Turin piazza）鞭打一匹马时，他拥抱了那个可怜的动物，并为之哭泣。三十年中，他从未停止追溯恶的根源，并张开双臂拥抱痛苦。

伯特兰·罗素说，尼采的所有哲学思想都可以包含在《李尔王》的几行台词中："我干得出这些事情——至于怎么干，我还没想好，不过一旦干出来，它们将会让全世界都吓得发抖。"[2]罗素这样说时，想的是尼采作品中的一些段落，譬如："如果一个人从自身找不到力量或意志以承受巨大的痛苦，他又能成就什么伟大的事情呢？能够忍受痛苦是最基本的事情……而当一个人在承受巨大痛苦，并听到这种痛苦导致的哀号时，依然不会因为内心的痛楚和不确定而意志消沉，这才是伟大的，这才属于伟大的事情。"[3]或者："'恶总是能对自身产生巨大的有利影响。自然是恶的。因此，让我们自然一些吧。'那些掌握恶最大有利影响的人，暗中就是这样想的，而他们常常被认为是伟人。"[4]穆勒认为，即使是最糟糕的人类行为，在自然灾难面前，也相形见绌。而尼采认为，最伟大的人类行为，要达到与自然灾害同样的力量。他呼吁我们直面痛苦，从反面思考恶的问题。现代性将我们抬升至上帝的位置，套用尼采的术语，即超人的位置，我们必须满怀热情地甘愿拥抱痛苦，甚至成为新的痛苦之父。我们应该停止逃避无意义的痛苦，我们应该转身拥抱它！我们应该与之共舞！

1844年，尼采出生在莱比锡（Leipzig）附近的洛肯（Röcken）小镇，他的母亲强势专横，他的父亲是一个和蔼可亲的路德宗牧师。尼采的童年还算幸福，但因父亲在1849年不幸去世，他的内心受到了创伤。除了仅有的几次调皮捣蛋，尼采是一个好学生，他希望自己也能成为一个牧师，因此选择去波恩大学（University of Bonn）求学。在求学的过程中，尼采意识到上帝已于近期遭到谋杀，凶手正是温文尔雅的历史学家和科学家，而他们并没有意识到自己罪行的严重程度。后来，尼采转到了莱比锡大学进行语言学研究，这让他的母亲懊恼不已。尼采在那里表现出色，成了他那一代最有前途的古典主义者。在普鲁士军队短暂服役后，尼采成了巴塞尔大学（University of Basel）的教授，当时他年仅24岁。在叔本华哲学思想以及理查德·瓦格纳（Richard Wagner）的友谊的影响下，尼采很快放弃了沉闷的学术生活，成为一名四处奔波的哲学家。在濒临疯狂时，尼采稍带夸张地宣称："我不是人，我是炸药。"[5]

促使尼采放弃基督教信仰的是科学和对宗教的新的历史研究，他觉得信仰突然间显得很愚蠢。

一个通过凡人女性生育子女的神；一个让我们别再工

作，别再评判他人，却要留心世界末日即将来临的迹象的圣人；一个允许用一个无辜的男人当作替代祭品的法官；一个让他的门徒喝他的血的人；祈求神迹显现；因反对神而犯下的罪行，却由神来赎罪；害怕死后要去的地方；在已经不知道十字架的意义及其耻辱的时代，将十字架当作一种象征——我们耳濡目染的这一切是多么可怕，仿佛是从远古的坟墓中爬出来的！你能相信这样的东西竟然还有人信仰吗？[6]

尼采从来不反驳上帝的存在，因为他不相信我们的信仰是通过证明和反驳产生的。信仰随着我们复杂的心理起伏，理性在其中基本没有实际作用。尼采认为，他的复杂心理正处在信仰危机的早期阶段，而这种信仰危机会撕裂文明，即这个与宗教或明显或隐蔽地缠绕着的体系。正如他用他特有的语调所说："你难道没听说过有个疯子，在明亮的早晨，点着一盏灯，跑到市场上，不停地喊着：'我要找上帝！我要找上帝！……上帝在哪儿呢？……让我告诉你。我们杀了他——你和我。我们都是杀害上帝的凶手。但是，我们是怎样做到的？我们怎么能喝光大海？谁给了我们海绵，让我们擦除了整个地平线？'"[7]

根据尼采的观点，所有生命都被"权力意志"（the will to power）驱使——成长的欲望、坚持的欲望、战胜的欲望，而不像功利主义认为的那样，仅仅为了寻求快乐，避免痛苦。虽然尼采对进化的科学理论一般是赞赏的，但他认为，连进化论者也没能明白，生存和繁殖只是我们力量增加的附带结果。为了生存而挣扎并非生命的全貌，它只是一个致力于成长、扩张和优越的野性世界里，偶然出现的喧噪。

问题是，现在，我们的权力意志已经打破了宗教信仰的束缚。千百年来，宗教信仰一直引导着权力意志，向一个可靠的方向发展着。两千年以来，基督教将权力意志引向了一个伟大的文明之中，为我们的苦难赋予了广阔的意义。而现在，我们却有可能跌入一个丧失意义的世界，尼采称之为“虚无主义”（nihilism）。许多信仰上帝的人欣赏尼采的原因之一，就是他清晰地指出了宗教是文化非常重要的一部分。尽管他们认为尼采的无神论结论过于简化、无比荒谬，但他们觉得他至少领会到了宗教的重要性。许多无神论者放弃对上帝的信仰，像是放弃相信牙仙女，然后他们像无意识的寄生虫一样，寄生在诞生于那个上帝、现在正逐渐死去的文化尸体上；而尼采深知，我们的自由民主体制和习惯，皆由宗教信仰的背景滋养。例如，“正义”（justice）的概念是基于有超越政治的对与错秩序的理念：我们的民主体制受到上帝的护佑；而“权利”（rights）的概念，则基于我们每个人内在的一种超验秩序：我们拥有造物主赋予我们的、不可剥夺的权利；甚至连我们的“真理”（truth）概念都时常假定，存在一种不变的自然系统，可以被盘旋在此系统之外的精神洞晓。尼采对思维的复杂架构十分清楚，因此，他不相信我们可以在摆脱作为文化坚固基础的神话、想象和实践的同时，还能期望我们的文化继续保持下去。

真正引起尼采气愤的是占据绝大多数的一类人，这类人欠缺给予权力意志以意义的更高层面的价值观，例如，一个“神”。尼采将这一类人称作“最后的人”(der letzte Mensch)。究其本质，最后的人是懦弱的功利主义者。“‘我们发明了幸福。’最后的人说道，并眨了眨眼睛。”[8] 最后的人欠缺任何鼓舞人心的信念，因而他们只追求物质享受。他们工作，只是为了满足基本需求或者摆脱无聊，没有更高的动因。他们下班回家后，立即寻求安逸的娱乐。痛苦和艰难——获得任何重要成就的前提，在他们眼中邪恶而恐怖，他们避之唯恐不及。最后的人，比起追求抱负，更情愿享受舒适；比起成就伟大，更愿意普普通通；比起长期奋斗，更喜欢即时满足；比起风险，更喜欢保险。他们不关心历史，因为从其中他们什么也学不到；抑或嘲讽历史，因为他们想将其拉低到他们的水平。他们崇尚“进步”，因为进步意味着让生活更轻松，使他们的寿命延长。他们的生活是如此隔绝，以至于他们在完全安全的环境下，通过暴力场面和娱乐的形式行使自己的权力意志。由于他们的内心几乎毫无斗志，而且受自我满足驱使，所以他们很容易受到许诺他们安全与繁荣的、富有感召力的领导者的召集和操控。

当基督教成为真正的信仰时，它给予普通人——用尼采轻蔑的术语“畜群”（herd）——以信念、象征和仪式，使其成为比挠其痒处更重要的东西。虽然最后的人保留了基督教的观点，认为痛苦和死亡不是人类真正的命运，但他们抛弃了促成伟大的种种信念和纪律。他们代表着畜群的胜利。最后的人相信天堂，却不真正地相信上帝，他们试图将生命改造成无生命的东西。尼采鼓励我们不要一味地抚慰自我，要完全地拥抱生活，这就意味着拥抱难以从生活中分离出去的痛苦。“如果可能——没有比‘如果可能’更荒谬的事情，你想废除痛苦。那我们呢？似乎我们真的宁愿它比以往任何时候都更强、更糟……这痛苦的磨炼，这巨大的痛苦——你难道不知道，就是这种磨炼才造就了人类目前为止的所有提升？”[9] 尼采反对最后的人的平庸：“人类将不再诞生星辰的时代到来了。”[10]

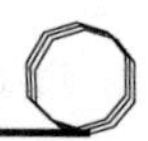

经历丧父之痛，年仅十几岁的尼采初涉哲学，对关于恶的神学问题苦思冥想。在意识到上帝已死后，成年的尼采颠覆了这个问题：“人类是在什么样的条件下，创造了善与恶的价值判断？而他们自己又具有什么价值？”[11] 恶的传统问题包括为痛苦寻找道德依据：世界上有如此多的恶，我们怎么会信仰上帝？而尼采却为道德寻找痛苦的依据：恶是如何迫使我们相信善良的？

尼采在他最系统的哲学著作《论道德的谱系》中指出，根据他在莱比锡的语言训练，我们最初用“好”与“坏”的价值判断来看待世界。“好”指的是任何增强我们的东西（比如健康、权力、美丽、胜利），“坏”指的是任何减弱我们的东西（比如疾病、软弱、残疾、失败）。“好”是对权力意志成功的表达，而“坏”是我们根本动力的受挫。用这种方式思考价值的话，痛苦并不是坏事，尤其在我们承受痛苦的时候！痛苦和死亡是健康生活的构成部分：没有痛苦，就没有收获。斗士和智者奋力在社会中向上爬，并且乐在其中。强者欣然迎接苦难，因为他们知道，只有经历斗争，他们的力量才可能增强。他们积极寻求具有挑战性的朋友，欢迎同样强大的敌人，因为他们有力量以善报善，以恶报恶。

认为痛苦是坏事的，是弱者，因为对他们来说，痛苦意味着羞辱和支配，意味着他们权力意志的受挫。他们痛苦的很大一部分在于受到强者蔑视，因而逐渐认为自己卑微、普通、下贱。他们只关心实用性，将自己的愉悦最大化，并通过恭顺和服从将自己的苦痛最小化。尽管他们对自己的主人笑脸相迎，但他们心中却充满尼采所谓的“无名怨愤”（ressentiment）——一个法语单词，指一种特殊的愤恨，即我们为了保护自我形象，为自身遭受的痛苦责怪别人。借用《论道德的谱系》中的一个比喻：羔羊显然不喜欢被捕食者攻击，但当羔羊开始指控捕食者之恶时，就是一种无名怨愤。

然后，发生了让尼采既心生恐惧又肃然起敬的事情：无名怨愤变得富有创造力。奴隶阶层的一些僧侣，首先是在古犹太教，然后是在古罗马帝国的基督教，对道德进行了全面的重新解释：主人阶层认为的"善"突然变成了"恶"，而主人阶层认为的"恶"突然变成了"善"。权力和支配的自然流露被认为是恶的，温顺和谦卑被认为是受到祝福的象征。荣誉不再属于胜利者，而属于那些逆来顺受的人。受压迫者和社会中的贵族相比，受到同等甚至更高的重视。每个人都是平等的，而矛盾的是，穷人是伟大的。"奴隶的道德反叛"源于无名怨愤，是一种"想象的复仇"，在这种复仇中，奴隶受挫的权力意志获得了一种自我表达的新价值体系。在这种新的分配下，温顺的人得到承诺，他们将继承大地。对主人之成功的怨恨，变成了对世俗成功本身的报复。与之一脉相承的歌颂博爱的善恶心理，想象出了一种最终的正义状态——善人，即弱者，上天堂；恶人，即强者，下地狱。换言之，所谓温顺和爱，其实是复仇和支配的巨大胜利，因为奴隶的道德反叛不仅打败了某人或某物，还打败了世俗的失败这一概念本身。这种反叛在一个想象的天堂中，对那些曾经在地球上幸灾乐祸的人投以心满意足的注视。

然而，奴隶为他们新获得的道德付出了巨大的代价。因为，他们认识到了支配虽然是恶的，却仍满怀权力意志，所以他们不得不认为，存在本质上是罪恶的。于是权力意志反对自己，仅仅因为存在而惩罚自己。其代价是尼采所谓的“坏的良知”（bad conscience）：“敌对、残忍、迫害、攻击、改变、毁灭的快乐，都会对拥有这些本能的人不利。这就是‘坏的良知’的根源。”[12] 当我们不能折磨别人时，我们折磨自己。犹太教和基督教的好处在于，它们给予我们象征、神话和仪式，让我们可以将坏的良知变成强大的生活方式；而坏处是，这些生活方式都是自我惩罚性的，最极端的表现方式包括禁食、自我鞭打、禁欲、不断忏悔、不断内疚等苦行——都是一种意在改善生活的对生活的阐释！尼采说道：“尽管最精明的法官甚至巫师们自己，都认为他们犯下了行巫术的罪行，但这种罪行并不存在。所有的罪恶皆如此。”[13] 他还说过其他类似的话：“一心认为这个世界丑陋而邪恶的基督徒，使这个世界变得丑陋而邪恶。”[14]

尼采呼吁摒弃旧有的道德，拥抱残忍，而这听起来就很……残忍。这个观点因纳粹主义的存在而更糟糕了。一个世纪以来，作为最残忍的政治运动，纳粹主义及众多这一称号的有力竞争者，都吸纳了尼采的一些哲学思想。当我向我在监狱里的学生介绍《论道德的谱系》时，一个新来的学生举起他满是文身的手臂问道："尼采是纳粹分子吗？"通常，当学生问这个问题时，我会认为他们是想通过论证尼采是一个道德恶魔这个漏洞，来逃脱对他的深入了解。而这个学生身上的某些文身，让我不禁想，也许我的回答，不失为引起他对尼采兴趣的一种方式！当读到尼采说自己的书是炸药时，这着实令人兴奋。而发现自己正将武器交给利奥波德（Leopold）和洛布（Loeb）时，则令人不安。

我和大多数老师一样，擅长规避棘手问题，于是我回答那个文身学生："在我们处理尼采和纳粹主义的问题之前，要记住，尼采不是在说'与其仁慈，不如残忍'，至少没有完全这样说。他的观点是，所有人类的行为都是由权力意志驱动的。他所谓的'残忍'是我们做任何事都难以避免的强权行为。这个选择不在残忍和善良之间，而在一种自觉自主的'残忍'和一种虚假的'残忍'之间，这种虚假的'残忍'所施加的力量，比公开的残忍更加隐秘，更加具有自我毁灭性、罪恶性，通常也更加残忍。"

当我避开了有关纳粹的问题时，我突然意识到，能够说明尼采关于道德能比公开的"残忍"更加残忍的观点，其最好的例证就在我们身边，也就是刑罚制度本身。尼采认为，仔细审视我们的道德观点，就会发现，它们都将意志转化成了权力。甚至连康德高尚的绝对命令（categorical imperative）——我们在对待他人时，应该永远将他人自身作为目的，而不仅仅是达到目的的手段——也被用来证明我们对他人施加严重惩罚的合理性，甚至必要性。正如尼采所说："绝对命令有残忍的气息。"[15] 边沁亦如此，他认为所有的惩罚本身都是恶，他精心设计了一种监狱，其中的犯人会一直受到监控。我和我的犯人学生们讨论了刑罚制度能追溯到基督教的道德观以及坏的良知。在基督教提出赎罪的理念之前，违法者在监狱中待的时间并不长：他们大多被流放、殴打或处决。而基督教提出的激进的新观点是，监狱是可以治愈罪恶的地方，一个独自忏悔的小房间——一个感化院（penitentiary）。后来，在 18 世纪末 19 世纪初，正如米歇尔·福柯在《规训与惩罚》一书中指出的那样，监狱的概念与功利主义相结合，成为工业主义的一种奇怪的道德化延伸：大量囚犯被"矫正"，在最高效的管教所中受到监视。也就是说，监狱成了一种为了犯人好而向其施加身心伤害的独特方式。监狱就是在以高效善良的名义，施行长期的残忍！

尼采认为，惩罚从根本上说是一种支配行为，一种对冒犯我们的人宣扬权力的做法。在主人的道德下，在必要时，惩罚通常短暂而激烈。这种惩罚不是"因为你冒犯了我，所以现在我要伤害你"，而是"虽然你冒犯了我，但因为你不配我的关注，所以离开我的视线"。冒犯者会立刻被杀死、被羞辱，或被忽视。而在奴隶的道德下，惩罚变得更为复杂。它成了一种持久的事件，被附加了多重意义，而且被广泛应用。惩罚成了一种道德帷幕背后对权力的秘密庆祝。尼采说："没有残忍，就没有节庆。因此，人类历史上最长久、最古老的部分告诉我们，在惩罚之中有如此多的**欢庆！**"[16] 我不禁想起曾经在公共场合的喧闹的斩首和绞刑，以及基督教历史上所有对地狱的生动描述。而我的学生们指出了关于惩罚之欢庆的当代例证：法庭和监狱的剧情为我们提供了如此多的娱乐，还有长久以来严厉打击犯罪的政治舞台，以及未被定罪的人从身体和心理上将自己与"坏人"分离开的自鸣得意的满足，甚至我们关于监狱强奸的玩笑等。

尼采认为，刑罚制度真正的正当性，在于我们对支配的社会主张，不在于对被监禁者的任何积极影响。考虑到这一点，我们讨论了《论道德的谱系》中的这一段：

> 正是在罪犯和囚犯中间，良心的谴责极其罕见；囚犯和监狱不是能滋生啃咬良心的虫子的温床……一般来说，惩罚令人变得冷酷；惩罚集中在一些人身上；惩罚令人感到更加格格不入；惩罚增强抗拒力。如果惩罚碰巧破坏了生命的能量，导致受到惩罚的人痛苦颓废、自我菲薄，这样的结果肯定比惩罚通常冷淡阴郁的效果更令人不快。[17]

我问道："监狱真的使你们冷酷无情吗？"这个问题对他们

来说太容易了。他们唯一的问题是，如何去面对意志的不断挫败和内心的冷酷。甚至连坚定的基督徒，都承认尼采所描述的心理现实。一个囚犯说："我们经常看到他所说的一切：心肠变硬、格格不入、抗拒不服、阴郁颓废。虽然我的良心会刺痛，但不是在这里。这个地方感觉就像是一台巨大的机器，一心想打垮你。"他想了想，仿佛在偷着乐，又接着说："竟然有人会认为，监狱能治愈你的罪恶，这似乎很好笑。我们面临的挑战是，尽管身处监狱，但要想办法保有一些他所谓的'生命的能量'，用它来行善。"

尽管尼采喜欢用诸如"残忍"之类带有感情色彩的词语逗弄我们，使我们重新思考我们价值观的内核，但每当他鼓励我们承受痛苦时，他的具体提议很优雅，并不粗俗。事实上，对他人粗暴的伤害使他们变得更加难以操控。[18]经历我们的刑罚体系的人，在三年后有将近七成的累犯率，这对于赎罪和治愈的理想来说，可不算特别好的记录！尼采认为，我们不应该害怕去做为了提升生活而伤害他人的事情，也不应该害怕受到伤害。但是，欺负和惩罚他人，几乎没有什么好处，而且，通常是内心软弱的人，才觉得有需要去欺负和惩罚他人。尼采建议的美德，与我们平常理解的残忍毫无关系。在《朝霞》(*Daybreak*)一书中，他所设想的强大的灵魂是诚实的("对待我们自己以及我们的所有朋友")、勇敢的("对待敌人")、宽宏大量的("对待被打败的人”）和礼貌的（“永远”）。[19] 尼采先知般的第二自我，查拉图斯特拉（Zarathustra）说：“让人类摆脱复仇，这对我来说是通往最高希望的桥梁，长久暴风雨后的一道彩虹。”[20]

当这些囚犯读到尼采的提议——“让我们摆脱**罪恶**的概念，然后让我们赶紧摆脱**惩罚**的概念”[21] 时，他们笑得很开心。接着，奥马尔（Omar）发言说，我们需要摆脱的不仅是罪恶和惩罚。奥马尔初次结识尼采，是在加利福尼亚州的一座监狱中，在那里，老犯人将《查拉图斯特拉如是说》（*Thus Spoke Zarathustra*）当作智慧读物，传给新来的犯人。他喜欢认为，生活是一个艺术项目，一个不断重新想象和重塑自我的过程。他滔滔不绝地谈到，尼采启发了他的艺术创作，使他在生活过程中不惧怕深入黑暗，获得了全新的丰富自我。根据这些想法，奥马尔提出，我们需要完全摆脱罪犯的概念。事实上，尼采喜欢抹杀我们行为背后的主题。上帝死了，灵魂也死了。我们说“闪电袭击”（lightning strikes），就像是有一种叫作闪电的东西打算袭击，而袭击和闪电是一体的同一事物一样。闪电就那样发生了。[22] 同样，权力的表达也就这样发生了。我们并非多喜欢这些权力的表达，有时自然而然地，我们抗拒这些表达，并与之斗争，甚至会惩罚这些表达。然而尼采认为，相信一个潜在的犯罪者，在罪行发生十年后依然是有罪的，是一种语法错觉。我想到像奥马尔或我的朋友西蒙这样的人。无论他们在二十多岁时犯下了什么罪，但他们现在五十多岁了，难道情况不是完全不同了吗？三十年前袭击的闪电，与这个季节的天气还有关联吗？根据尼采的观点，认为监狱改变罪犯的灵魂，是一种形而上学的荒谬。在罪行背后，没有犯罪的人。无论我们身处哪里，我们自身总是在改变。

“哦，这几个月多么棒，这个夏天多么美妙！”1861年，尼采在给他的朋友弗朗茨·奥弗贝克（Franz Overbeck）的一封信中这样写道。这封信是用拉丁语写的，这样，奥弗贝克的妻子就看不懂了。[23]然而一方面，在这个夏天，尼采的胃剧烈地痉挛，他总是感到恶心，头痛不止。“疼痛正在征服我的生活和意志，”他解释道，“我的身体经受的折磨，如天空的变化一样多。每一朵云都隐藏着某种形式的闪电，它能以惊人的力量击中我，完全摧毁了我不幸的自我。我已经召唤了死亡，让其医治我的苦痛，希望昨天是我生命中的最后一天——可我的希望落空了。”在另一方面，这个夏天，尼采在瑞士锡尔斯玛利亚（Sils Maria）山经历了他生命中最重要的灵感：“一种启示，也就是说，突然之间，某种东西具备了可描述的确定性和明确性，变得可见、可听，某种东西令一个人连最深之处都在颤抖，将他掀翻在地……他听得见，他不去寻找；他接受，他不去问谁给予；像闪电一般，一个念头毫不迟疑地闪现出来，带着必然性——我从来没有任何选择。”[24]

尼采和他的导师叔本华一样，明白疼痛、痛苦和死亡不仅是身体系统偶尔出现的问题；它们是存在的核心特征。对此，我们该作何感想呢？最后的人耸耸肩，躲在他们能找到的最舒服的角落中，尽量不去思考人类的命运，用工作、娱乐、酒精和其他止痛剂麻痹自己。宗教的信徒拒绝接受这个泪谷是我们终将到达的地方。他们认为，这个世界一定是一种超自然的来生的试验场，而等他们到达来生，痛苦和死亡将不再统治一切。许多现代主义者，比如功利主义者或马克思主义者，也将这个世界视作泪谷，然而，他们不相信尘世之外有终结痛苦的方法。他们想通过政治制度、科学或技术的有力干预，在尘世之中创建天堂，或者至少创建一个苦难不断减少的世界。有没有另一种理解活着即痛苦的方式？对于那些糟糕的偏头痛，有没有一种更能改善生活的方式呢？

1861 年夏天，尼采在阿尔卑斯山上发现了永恒轮回（eternal return）。尼采在《快乐的科学》题为“行为的着重点”（The Greatest Weight）一章中，初次提起永恒轮回这一说法。

如果某一白天或夜晚，一个恶魔在你最孤独时，偷偷靠近你，对你说：“你现在以及此前的生活，你还要再一次地、无数次地经历；虽然，你不会再有任何新的经历，但是你生命中的每一次痛苦、每一次欢乐、每一种想法、每一次叹息，以及所有极其琐碎和重要的事情，你都必须反复全部按照同样的顺序经历——甚至连这只蜘蛛以及树间的这缕月光，都如此……”你难道不会瘫倒在地，咬牙切齿地诅咒这样说的恶魔吗？抑或，如果你经历过一个极其美好的时刻，你可能会回答他说：“你是一个神，我从未听说过比这更神妙的事情了。”[25]

尼采在他的笔记本中，将永恒轮回视为一种实实在在的科学事实。总的来说，我们是物质和能量结合的产物，开始于遥远模糊的事件A，然后导致了事件B，以此类推，直到你现在正阅读这本书。尼采分析说，既然物质与能量所结合的产物是有限的，而时间的量是无限的，那么最终，宇宙将再次碰到事件A，从而导致事件B，以此类推，直到你现在阅读这本书，而最终……你应该懂了其中意思。然而，结合的产物真的是有限的吗？我们怎么知道时间在我们再次碰到事件A之前，不会终结？尼采从未出版过他对永恒轮回的“科学”论证。也许，将永恒轮回理解为《快乐的科学》中所呈现的精神挑战，才最有道理。

你愿意过这样的人生吗？你愿意再重新经历一遍——每一段在汽车站等待的时间、每一段糟糕的关系、每一次宿醉、每一次偏头痛吗？这个挑战，不是那么容易理解。你可以先想一个随机的生活片段，一件“极其琐碎”的事，既没有可怕到撼动大地，也没有精彩到改变世界——比如，七年级时平淡无奇的一个星期。对我来说，这样的一周包括痛苦地早起（我从来都不是喜欢早起的人）、坐爸爸的车去学校、逼自己吃下早饭、一节接一节枯燥的课程、寡淡无味或难吃得出奇的学校午餐（除了周四超级好吃的辣椒配热乎乎的肉桂卷）、偷偷瞟穿着盖尔斯（Guess）牛仔裤的美丽的玛吉（Maggie）、在洗手间中被高年级的学生威吓或边撒尿边担心他们的威吓、在柱式散热器旁和我的朋友们讲愚蠢的笑话、时不时勃起带来的惊慌与尴尬、在自习室像机器一般努力攻克简单的数学题、同龄人的嘲笑、传小字条的压力、邮件中新《X 战警》漫画的香气、妈妈的土豆泥和肉汁、看完即忘的情景喜剧和游戏节目、差强人意地录下电台播放的我最喜欢的歌曲、失眠。这些我真的想再经历一遍吗？莱布尼茨，这位称我们生活的世界是最好的世界的哲学家说，只要我们不必再经历**同样的人生**，我们中的大多数人都愿意再活一次。[26] 也许吧。不过，尽管玛吉身体流畅的曲线、妈妈松软的土豆泥等，都很美好，我还是不确定自己想再经历一次任何版本的七年级。

我们又回到了恶这一基本问题。我们反抗世界的现状，我们不喜欢七年级的现实，更不用说偏头痛或强奸的现实了。然而，尼采永恒轮回的激进想法，他“行为的着重点”，是我们必须与眼前的这个世界和解。没有“更好的”世界等着我们。当我们停止想象（让我们的存在是可能的）这个世界以外的世界时，我们会敞开自己，感受到一种狂喜，尼采将这种狂喜与希腊酒神狄俄尼索斯（Dionysus）联系在一起。根据传说，狄俄尼索斯经历生死后，会再次重生，他一次又一次的经历，是对存在的一种伟大赞美。就像葡萄一样，必须年复一年地生长，然后被碾碎，酿成供世人享用的葡萄酒。耶稣也被当作一个会死的神，他的血也被当作酒喝。但耶稣复活，意味着进入另一种生活；而酒神的重生，是进入同样的生活。与他相关的可悲节日，赞美的是这个世界的痛苦和荣耀。

对尼采来说，我们现在正进入人类存在的一个新阶段，在这一阶段中，我们放弃了旧有的处理痛苦的方式：将恶的源头当作可以与之进行交易的神明这种原始观点；认为此生的痛苦理所应当的基督教观点；认为我们应该通过技术和政治消除痛苦的功利主义观点。现在，我们必须在没有任何合理解释的情况下拥抱痛苦。永恒轮回是一种反神学的“神义论”，即我们用诞生我们的星球的所有力量，激发我们的活力，让我们充满活着的劲头。通过接受永恒轮回的挑战，我们超脱人性，跃升至曾经神明所在的空间：**成为超人**。

但是，可怜的尼采和他的偏头痛怎么办——这些疼痛是如此难以拥抱，以至于让他渴望死亡。从《快乐的科学》中，能够找到理解尼采试图肯定他的偏头痛的一个线索。他在这本书中提出了一个十分有趣的观点，他声称，现代性处理痛苦时，面对的核心问题是我们已经不习惯痛苦。因为，从前疼痛和苦难被认为是理所当然的，所以我们找到了处理痛苦的有力方法，甚至从痛苦中获益；而现在，因为我们能够让自己对痛苦免疫或麻痹，所以当悲剧真的降临时，即使没有直接影响到我们，我们也极其敏感。光是想到疼痛，就会让我们对人生产生悲观情绪。宇宙的严酷现实，似乎突然间证明了上帝并非仁慈。尼采写道："对付悲观的哲学家和在我看来似乎是真正的'当代痛苦'的过度敏感，有一个秘方，不过这个秘方可能听起来太过残忍，其本身可能会被视作导致人们认为'存在是某种恶'的证据之一。对待这种'痛苦'的秘方就是：**痛苦**。"[27]尼采开始将他偏头痛的痛苦看作抵抗现代性灵魂毁灭的一种防御机制。

当然，尼采也有疼痛难忍、想要自杀的时候，那时他默默想着："最有灵性的人，假设他们也是最勇敢的人，也经历了迄今为止最痛苦的悲剧：然而，正是这一原因，他们才尊重生命，因为生命使用了它最可怕的武器对付他们。"[28]如果我们要肯定生活的任意部分，我们必须肯定它的全部，包括不断塑造和改变我们的疼痛和苦难，因为，"如果我们的灵魂曾有一次因幸福而颤抖，像一根竖琴琴弦一样，那么这一次幸福时刻的诞生，需要所有的永恒"。[29]最终，尼采的偏头痛让他洞悉生命的真正意义：内在的抗争。这些疼痛清除了虚伪的喜悦。他在他的哲学自传的开头说：“以我的情况，不仅要与最严重的生理弱点共存，甚至还要与过度的疼痛相容。在承受接连三天偏头痛带来的折磨，伴随着艰难地吐痰后，我的头脑像辩论家一般无比清晰。”[30] 尼采最著名的一句话是：“杀不死我的东西，只会使我更强大。”[31] 谁知道呢，也许没有他的偏头痛，尼采可能成为畜群中的一员，一个懦弱的功利主义者，一个最后的人。

毫无疑问，无意义的痛苦带来的总体好处并不多于坏处。尼采想让我们拥抱所有的生活，包括其中大量的无意义痛苦。亚历山大·内哈马斯（Alexander Nehamas）的《尼采：生命之为文学》（*Nietzsche: Life as Literature*），是有关尼采的最好的二手资料之一。这本书的前提是尼采让我们对待生活，像艺术家对待艺术那样。内哈马斯的类比对于理解永恒轮回很有帮助。想想一部伟大的艺术作品中的紧张和悲剧时刻吧：虽然他们苦不堪言，我们却不想让他们免除这种痛苦，因为这能增强整体效果。或者，想想艺术家能够从种种随机发生的可怕事件中找到有用的东西，比如一种表达、一场自然灾难、一只在阳光下爬行的虫子、一次心碎。尼采鼓励我们艺术性地生活，利用看似毫无意义、愚蠢或悲剧性的东西，去创造具有意义、令人满意、完整的东西。我们要“危险地生活”。[32] 我们的自传也许会成为悲剧而非喜剧，其中痛苦超过快乐。但悲剧难道不能具备深刻意义吗？奥马尔将监狱看作锻造他人生艺术的巨大抗争，难道不鼓舞人心吗？

在尼采的一生中，他都在艺术中体验着无限的喜悦和可能性，尤其是在古代悲剧和现代歌剧中。在他的第一本书《悲剧的诞生》（*The Birth of Tragedy*）中，他指出希腊悲剧的奥妙之处，在于能够赞颂生命的奇妙，即使我们的行为最终对自然的本质重复不会产生任何影响，即使我们都必须接受命运随机的安排，忍受苦难，然后死去。在现代世界中，音乐是伟大的艺术，能够在挫败和死亡中注入高贵的精神。尼采直截了当地说："没有音乐，生命会是个错误。"[33] 他用永恒轮回来想象创作生命的音乐之意义，将酒神的狂喜与存在的错误融合在一起，从而体验"一个充满力量与慈爱、泪水与欢笑的神明的幸福，像傍晚的太阳那样的幸福，不断给予它取之不尽的财富，像太阳那样，将其注入汪洋大海，只有在最穷的渔夫仍在用金桨划船时，才感到最富有"！[34]

尼采于 1900 年去世，而民族社会主义德国工人党，简称纳粹党，直到 1919 年才成立，1933 年掌权。很明显，尼采不是纳粹党员。无可否认，他的妹妹伊丽莎白·弗尔斯特 - 尼采（Elisabeth Förster-Nietzsche）确实成了一名纳粹分子，并且向法西斯主义者推销了严重编辑过的尼采作品。希特勒和墨索里尼都曾满怀热情地拜读尼采的著作，尤其是那些赞扬支配，贬低自由主义、犹太教与和平主义的部分。有一张特别令人不安的照片，在照片中，蓄着一小撮整齐胡子的希特勒，充满渴望地凝视着一尊留着超人般胡须的尼采半身像。然而，从尼采的角度来看，必须一遍又一遍地应对他愚蠢的未来纳粹分子妹妹，是他个人接受永恒轮回的主要障碍。

因为他鄙视反犹太主义，嘲笑暴民心态，猛烈抨击民族主义及其肤浅的说辞，所以尼采绝不会是民族社会主义的支持者。在我看来，真正的问题并不在于尼采是不是最初的纳粹分子。他显然不是。真正的问题是，尼采的哲学是否为我们提供了批评纳粹主义所代表的和衍生的最糟糕的方面所需的资源。用反犹太主义来为毒气室正名，愚蠢至极。然而，提出权力意志和永恒轮回的哲学家能表达出我们对毒气室本身的道德恐惧吗？尼采一次又一次地猛烈抨击平等的思想，赞扬力量崛起与支配。难道纳粹主义的恐怖部分不正是在这一点上和尼采达成了一致吗？

当代意大利哲学家吉奥乔·阿甘本（Giorgio Agamben）对永恒轮回的表述进行了细微的改变："某一白天或夜晚，一个恶魔悄悄来到一位（奥斯维辛）幸存者身边，问道：'你想要集中营里的每一瞬间、每个细节永远重复吗？'"阿甘本的答案是："毫无疑问，对这个死亡实验简单地重新表述，足以对其进行驳斥，甚至排除了将其提出的可能性。”[35] 问题不是我们是否具有足够的精神力量接受奥斯维辛集中营，也不仅仅是我们不能用意志让大屠杀再次发生，更不用说让它重演。把尼采的测试想象得如此邪恶，本身就是错误的。我们无法用意志操控整个宇宙。也许，我们真正的任务，是认可某些道德真理，并以此为行为原则。例如，“不可屠杀无辜者”。难道大屠杀发生后，人类意志的正确目标不是“永不重蹈覆辙”，而是“一直重来”吗？

我们几乎不可能认可这个世界。我们无法克制对奥斯维辛和广岛等事件的反感。我们应该试着认可吗？我们大声回答的“不”，呼喊着某种超越这个世界的东西，一种超越权力与相互冲突的意志的东西，一种如非神圣，至少类似古老的善与恶的东西。也许就像思想家们一直以来所说的那样，人性、自然本身或神性中会迸发出一种善与恶的源泉，它比无名怨愤更加深刻。尽管如尼采所说，我们不会再回到已经被取代的信仰，这是对的，但是，也许有必要回到最初激发那些旧有信念的深层现实。诚然，在尼采如此精彩地揭示所有权力意志的旋涡中，很难认清人类生活的道德维度。他对人性的心理诊断，似乎百分之九十九都是对的。但是，他错的那百分之一，可能是我们最重要的东西。

另一种找到尼采对道德的盲点的方法，是思考他对怜悯的攻击，他总是将怜悯描述为他“最大的危险”（greatest dangers）的来源。[36] 他在《敌基督者》（*The Anti-Christ*）中说：“怜悯与增强生命感觉能量的滋补情感相对：怜悯有一种减弱的效果。人若怜悯，就会失去力量。生活中的痛苦已经造成力量的损失，而怜悯甚至会让这种损失增加。通过怜悯，痛苦本身会蔓延。"[37] 正如他对道德的攻击一样，这种分析很有道理。怜悯总是无形地增加无谓的痛苦。任何有自尊的人都不喜欢被怜悯，因此，尼采让我们停止积极地看待怜悯是可以理解的。然而，对待他人的痛苦和悲伤，难道就没有一种与怜悯相近、类似同情的道德反应吗？我喜欢将这种反应称为"忧郁理解"（blues-understanding），在这种情绪中，我们作为平等的人来面对生存的共同痛苦，而不是作为主人和奴隶。尽管怜悯很危险，但是，难道它不是激起这种忧郁理解的最初因素吗？至少在某些时刻，难道怜悯没有表现出我们与他人关联，以及他人的痛苦是糟糕的这些基本理解吗？像基督教和佛教这样的"奴隶道德"，难道不能偶尔促成无法完全归结为权力意志的慈善或慈悲行为吗？

我在读尼采对怜悯——他"伟大的诱惑"（great temptation），担心会导致他毁灭的东西——的攻击时，很难不带着怜悯的心情想到他在 1889 年 1 月 3 日，在都灵因怜悯而毁灭的事。[38] 他在沿着卡洛阿尔贝托大道（Via Carlo Alberto）步行时，看到一个受挫的车夫鞭打着一匹不愿动的马。那一刻，尼采内心的某种东西断裂了。他跑了过去，张开双臂搂住那匹马的脖子，开始哭泣。他的房东最终将他带回了家。接着，他连续两天默不作声、一动不动，然后他结结巴巴地说出了自己最后的一句话："妈妈，我是个白痴。"他的家人照顾了他十多年，直至这位精神错乱的哲学家最终死于肺炎。令人惊奇的是，有段一分多钟的录像，记录了 1899 年精神状况极其糟糕的尼采。在一个镜头中，他的手在几乎难以察觉地移动着。在一些镜头中，他无精打采、难受地坐着，目光空洞。还有一些镜头显示他躺在床上，头枕在一只枕头上，像在看深夜电视一样，昏昏沉沉。在最后一个镜头中，他眼睛炯炯有神，像是迷惑不解，又像是脑子空空。一遍遍地看这段录像，就像是一种微型的永恒轮回。我不禁想，在他空洞的目光背后，这位聪慧的哲学家是否还在，奴隶道德家所谓的"灵魂"是否已经熄灭。这位哲学家的生活和思想都如此惊心动魄，他的勇气让他不顾不断袭来的剧痛，毅然决然地拥抱生活，那么，他会愿意永恒轮回人生最后十年的精神错乱吗？我能让他的精神错乱再次发生吗？哪怕为我自己一次？有一个流行的涂鸦上写着："'上帝死了'——尼采。'尼采死了'——上帝。"当我看着那段关于他人生最后岁月的录像时，我心中所想，几乎与此完全相同："'痛苦被打败了'——尼采。'尼采被打败了'——痛苦。"

我还想到了另一位哲学家，我崇拜的威廉·詹姆斯。他在《宗教体验种种》(*The Varieties of Religious Experience*) 中，有"病态的灵魂"(The Sick Soul) 一章，讲述了他因为"急性神经衰弱和恐惧症发作"，在尼采在都灵精神崩溃的十年前，陷入了抑郁。

> 我脑海中浮现出一个我在精神病院里见到过的癫痫病人的形象。他是一位长着黑头发、皮肤发青的年轻人，他完全变傻了，整日坐在长椅上，其实是靠墙的架子上，膝盖抬高，抵着下巴，他浑身只穿着那件粗糙的灰色背心，他用这件背心盖住膝盖，他整个身体似乎都被遮住了。他坐在那里，就像一尊雕刻的埃及猫或秘鲁木乃伊，除了黑色的眼睛，哪里都不动，完全没有人的样子。这个形象与我的恐惧交织在一起。我觉得，那就是我。[39]

詹姆斯接着说：“我记得我在想，别人是怎样生活的，我自己一直以来是怎样生活的。我对生活表面下的深层不安全感，是如此一无所知。”在清醒的年岁里，尼采最振奋人心的，是与痛苦共舞的决心；而在精神错乱的十年里，令人感到悲伤的是，他完全陷入了无意义的痛苦。当我一遍遍看着他的录像时，我耳边不停回响着詹姆斯的话：“那就是我。”

第三堂　为痛苦负责：汉娜·阿伦特与平庸之恶

科学在我们尚未配得上被称作人类前，让我们成了神。

——让·罗斯丹

根据最古老的神话，我们离行使上帝的权力，只有一颗石榴种子的距离。而其中最家喻户晓的故事，讲的是最初的男人和女人，因为吃了一口让他们“像上帝一样知善恶”的果子而被惩罚。不过，还有其他许多古老的神话，比如潘多拉（Pandora）或吉尔伽美什（Gilgamesh）的故事，将我们天生的好奇心与苦难和死亡的必要性联系起来。人类最巨大的创伤，似乎是人类的觉醒。一个微不足道的动物，突然能够思考世界及其自身，认识到自己必将死亡，渴望超越自己命运的东西。人类诞生的痛苦造就了我们存在的全部语法：语言、艺术、技术、宗教、哲学——在我们的愿景中，所有试图想象或重塑世界的方式，都超越了自然赋予我们的。

美籍德裔哲学家和政治理论家汉娜·阿伦特，在她大部分作品的开头都指出，人类刚刚经历了一场与我们蜕变成理性动物类似的创伤。对于这种新创伤，阿伦特所举的最引人注目的例子有大屠杀、原子弹、极权主义和太空旅行。不过，阿伦特认为，这场危机甚至比这些划时代的事件还要严重。这种新经历的创伤是对我们最古老的创伤的一种实现。尤利乌斯·罗伯特·奥本海默（Julius Robert Oppenheimer）在原子弹首次引爆成功时，找到的唯一能表达自己的一句话，是印度古代史诗中描述混沌时代开端的“我正变成死亡，世界的毁灭者”。就像是我们又想方设法回到了伊甸园，又偷偷咬了一口禁果，只不过这次，是从生命之树上摘下的果子。

阿伦特使用了一个具有现代特色的“神话”（myth）一词，描述我们迷失的境况。她在《过去与未来之间》（*Between Past and Future*）一书的开头，使用了弗兰兹·卡夫卡（Franz Kafka）的一则短小的寓言故事。

> 他有两个对手：第一个从后面、从源头压迫着他；第二个挡住了他的去路。他跟这两个对手交战。确实，第一个对手支持他与第二个交战，因为第一个对手想将他往前推；同样，第二个对手也支持他与第一个交战，因为第二

个对手想将他往后赶。不过，只是理论上如此。因为在那儿的不仅是那两个对手，还有他自己，有谁真正知道他的意图呢？其实，他想在某个出其不意的时刻——很可能是在一个比曾经经历的任何黑夜都要黑暗的夜晚——跳出战场，凭着他在战斗中的经验，上升到裁判的位置，旁观他的两个对手彼此交战。[1]

据阿伦特的分析，卡夫卡的寓言描绘出了我们当前所处的困境：我们与当下的传统割裂开来，却被裹挟在过去与未来两股相冲突的力量之间。过去不是我们的负担，也不是我们的福祉：过去是我们继承的一套理念和问题，迫使我们尴尬地进入未来。同样，未来也不是我们前进的方向，对未来的恐惧反而让我们重新回归过去的身份。

不过，在卡夫卡的寓言中，关于我所谓的人类当前的创伤，最重要的一点是，我们幻想超越我们的处境，跳出斗争，上升到“裁判的位置”。超越我们的处境，意味着变得像上帝，而扮演上帝与我们当前经受的创伤紧密相连。正如阿伦特所说，我们开始“以行动进入自然”。[2]事实上，对犹太人的大屠杀和原子弹的投掷，都超过了我们曾经认为的最糟糕的上帝在自然之中的行动。到了 20 世纪中叶，经过深思熟虑的人，已经不能再说出约翰·穆勒在 19 世纪晚期所说的话：“与飓风和瘟疫造成的不公、破坏和死亡相比，无政府状态和恐怖统治又算得了什么？”[3] 和奥斯维辛的悲剧相比，里斯本地震又算得了什么？和广岛的悲剧相比，流感肆虐又算得了什么？奥斯维辛和广岛，这两个名字本身，代表了一种全新的苦难，一种由人类自己造成的巨大痛苦：人类对人性的清除。

我们并不是只在这些极端情况下，才对自己的物种释放巨大的力量。我们有能力延长生命、操纵出生、改变地球的大气层。我们将自己当作小白鼠来研究，不断地希望重新设计我们的行为。我们站在地球的卫星上，拍摄我们的星球。我们研发“智能”技术，代替我们自己的工作，或者让我们成为其仆人。所有这些激进的变化，即便让我们中有些人的生活变得更加容易，也会让我们充斥着阿伦特所说的“独特的孤独”（peculiar kind of loneliness）——流水线工人的孤独、宇航员的孤独、囚犯的孤独、小白鼠的孤独，以及许许多多虽过着舒适的生活，却要终日穿梭于官僚化的工作、高度协调的社会生活、安逸的娱乐之间的孤独——年轻的功利主义者约翰·穆勒的孤独，尼采最后的人的孤独，以及他的超人的孤独。[4] 这是一种特殊的痛苦，感觉就像是被我们的人性抛弃；这是一种普遍的孤独，很多人都曾经历。

我们的惯常思维方式将我们分成了两类人，一类是神，另一类是神施展魔法的原始生物：医生和病人、销售者和消费者、管理者和被管理者、科学家和他们的数据、炸弹的雷管和屏幕上的光点。阿伦特的首部重要作品，在第二次世界大战刚结束时写成，她在其中指出："仿佛人类已经在将自己分成相信人类无所不能的人……和认为无能为力是其生活常态的人。"[5] 当我们在科技之神和生物之兽间如此分裂时，我们就失去了作为人的独特空间，这个我们通过言行发掘和揭露我们到底是谁的共有空间。

然而，我们既不是神，也并非兽；我们既不是讲求实用的超级计算机，也不是尼采所谓的超人。执行最终解决方案的始终是人。那些引爆原子弹的人，过后还要去洗手间。虽然阿伦特没有为我们的问题提供一个全面的解决方案，但她提醒了我们，作为人，意义何在。这是我们当前经受的创伤导致我们不愿去想的问题。在很大程度上，她的哲学作品证明了，我们的语言依然具备引导我们做人的能力。为了向我们展示，迷失于卡夫卡所谓的过去与未来之间的鸿沟的我们，该如何思考、如何行动，她让我们回溯"劳动"（labor）与"工作"（work）、"行为"（behavior）与"行动"（action）、"暴力"（violence）与"权力"（power）、"私人"（private）与"公众"（public）等词语的清晰含义。阿伦特向自己发问，身处在我们巨大的创伤之中，"什么还在？"（What remains?）她的答案是："语言还在。"（The language remains.）[6] 她的哲学使命就是编纂一部关于做人的词典。

汉娜·阿伦特出生于德国的一个不信教的犹太家庭，她在伊曼努尔·康德（Immanuel Kant）的故乡柯尼斯堡（Könisberg）长大。她在很小的时候，就具有强烈的求知欲：“我要么学哲学，要么将自己淹死。”[7] 为了不淹死在海德堡（Heidelberg），她投师于马丁·海德格尔（Martin Heidegger）门下。海德格尔是20世纪最有创意的哲学家之一，当时，他正处在哲学思想的根本突破中。他们轰轰烈烈地相爱了，她成了海德格尔的情妇和缪斯。他们分手过很多次，最后于1929年彻底分手。那年晚些时候，她嫁给了她的第一任丈夫。

1933年，马丁·海德格尔满怀热情地加入了纳粹党，而汉娜·阿伦特从德国逃到法国。在法国，她致力于救助犹太难民，与第一任丈夫离婚，并与诗人、军事历史学家、哲学家、同为移民的海因里希·布吕歇尔（Heinrich Blücher）结婚了。后来，她因“外籍犹太人”的身份遭到维希政府（Vichy regime）[1] 逮捕，被押送到拘留营，不过，她最终获准离开法国。1941年，阿伦特与她的丈夫和母亲一起前往美国，加入美国国籍，此后直至去世，她都在美国工作生活。

1943年，汉娜·阿伦特开始阅读有关奥斯维辛的报道。她不相信这些报道，因为报道的内容不合人性。虽然她和研究军事

[1] 第二次世界大战期间，纳粹德国占领下的法国傀儡政府。

历史学的丈夫都知道纳粹是最下作的人，他们什么事情都做得出来，但是在打仗时，建造一座座工厂，消灭一个民族，这在军事或政治上，能有什么意义呢？随着时间的流逝，面对不可否认的证据，她意识到，令人难以想象的事情确实发生了。"意识到这点，真的像天崩地裂。因为我们原以为，所有事情都能够弥补，就好像某种程度上，政治里的一切都是可以弥补的。但这件事不能。**这件事不该发生**。"[8]

我们有时用"去人性化"（dehumanizing）一词，描述将人性推向极限的苦难，比如奴隶制、强奸、战争。这些事情虽然邪恶，但其中仍然包含我们扭曲的人性。奴隶的人性遭到否定，但某种程度上也得到了接受。强奸受害者既是客体，也是主体。敌人既是恶魔，也是士兵。对于这些恶的典型形式，我们还能做出某种弥补——虽然无法扯平（不可能办到），但能用一些表层的正义弥补。而对于阿伦特来说，大屠杀受害者受到了完全去人性化的对待。他们的死亡不仅仅是愤怒、欲望或权力模式扭曲而成的结果。他们的死是流水线的结果——无法做出任何弥补。大屠杀并不仅仅是不公的痛苦，它是无意义的痛苦。正如1946年，阿伦特在她针对"死亡工厂"的反思中所说：

> 他们全都一起死了，不论年老还是年少、强壮还是虚弱、身体健康还是患有疾病，他们不是作为男人和女人、

小孩和大人、男孩和女孩死去，也不是作为好人和坏人、美丽的人和丑陋的人死去，而是全被降格为最基本的有机生命体，跌入原始平等至深至暗的无底之洞，就像一头头牛，像是物质，像是没有生命和灵魂的物件，甚至连死亡可以盖上印记的面容都没有。[9]

显而易见，受纳粹迫害的人，是被去人性化、当作物来看待的。但纳粹自身亦如此。尽管奴隶制和强奸——战争在某种程度上也如此——不仅改变了受害者的品性，还改变了加害者的品性，但这些是能够从加害者的人性角度做出解释的。例如，奴隶制作为一种社会制度，其官方目的是让一部分人能够过上流的生活。然而，纳粹主义以及极权主义，却试图彻底消除人性的概念——无人例外。这不仅仅是一群暴徒掌握了权力，做了一些非常糟糕的事情；一种新的空间被打开了，动员着人们朝着非人性和去人性的目标努力。就如同尼采不会在惊恐中卑躬屈膝，纳粹从来不是超人。我们现在面对的问题不仅是为什么上帝会创造一个某些事情绝对不应该发生的世界，现在我们还必须问，为什么**我们**会创造一个某些事情绝对不应该发生的世界？罪恶问题又重生了。

在她“二战”后的第一本书《极权主义的起源》（*Origins of Totalitarianism*）中，阿伦特没有再犯她初次阅读关于大屠杀报道时所犯的错误。要理解纳粹主义，恰恰不能对毒气室感到震惊。消除人类、控制人这一动物，是纳粹主义思想的核心和灵魂。恐怖就是极权主义的内核。正如我们历来生活在上帝随时随地都会惩罚我们的神圣恐惧之中，极权主义政权下的人们，也生活在类似的神圣恐惧之中。

起初，阿伦特将这种制度化的恐怖主义称为“根本之恶”（radical evil）：“一种所有人都同样变得多余的制度。”[10] 她对词语的使用一贯十分谨慎，最终，她抛弃了“根本之恶”的说法。尽管这一问题确实极端，但她后来认为，恶没有真正的深度，因此永远不可能是“根本的”，只有善才可能是根本的。[11] 不过，她坚持认为，一种使人性变得多余的邪恶秩序已经出现了。她将这种新秩序重新命名为“平庸之恶”（the banality of evil）。

我们有时会将“行为”和“行动”当作同义词使用，这体现出了我们当前的创伤让我们迷失了方向。“行为”指的是根据外部规则所做的事情。行为是可以预测的，比如细菌在培养皿中的行为，或膝盖被橡皮锤敲击时的行为。当我们要求一群吵闹的幼儿园学生排队，并且“行为得体”（behave）时，我们的意思是，他们都应该听从我们的命令。而“行动”指的是通过我们的言行，展露我们是什么样的人。行动是我们作为个体所表现出的特征。如果行为是关于遵循外部规则，那么行动就是关于自由——我们是自身的创作者。因而，行动分好坏、值得赞扬或责备。如果幼儿园小朋友拒绝行为得体，调皮捣蛋，我们可能会责备他们。战场上的士兵转身逃跑，我们会说他们的行动懦弱或谨慎；其他士兵留下来战斗，我们会说他们的行动勇敢或鲁莽。与此同时，国内的公民宣称支持或反对战争，我们会说他们正义或不正义、明智或不明智。我们的言行表现出了我们的个性。在很大程度上，我们的行动说明了我们自己。

阿伦特说，行动植根于“诞生性”（natality），这是她创造的词，意思是**作为一个人**出生的事实，即死亡的反面。如果你曾亲手抱过新生儿，那么你就感受过诞生性。除了对这个可爱的婴儿柔声细语，你还心中盘旋着问号，这个孩子长大会成为什么样的人：商业巨头、骗子、美国总统，还是以上全部？“行动”指的是男孩和女孩长大后会做什么和说什么。行动让我们知道他们是什么样的人，是令我们意外的东西。我们的诞生性是我们所有信念和希望的终极来源，正如福音书总结出那句令人欣喜的消息：“一个婴孩为你们而诞生。”（Unto you a child is born.）[12]

阿伦特使用的另一个与行动相关的独特词语是“复数性”（plurality）。她指的是，我们生活中的人虽与我们有同样处境，但他们每个个体都是独一无二的。我们不只是一大堆性质相同的粗略复制品，就像一群蜜蜂那样。我们太令人意外。我们之中，会有截然不同的人脱颖而出，如莫扎特和希特勒、你和我。我们作为人，最深层的相同源自我们的不同。我们是复数。行动的条件就是复数性，因为行动是展现我们真实自我的东西，我们需要区别于某个人，向某个人展现自己。

复数性的一个结果是，行动需要一个我们可以通过言行向他人展现自己的公共空间。先想想字面意思的公共空间，如城镇广场或购物中心（古罗马人将这些地方合称为 Forum），我们在这里一改平常的懒散，用心打扮自己，展现自己最好的一面。再想想社论版面、舆论场、会议、抗议，那些我们与公众互动时所做的事情——一个“forum”（论坛）。在那里，我们有机会通过我们的所言或所行，留下深刻的影响；在那里，我们不仅仅是消耗生命的生物，而且是展现着自己好的或坏的一面的人类。

在很大程度上，我们当前的创伤是由于行动的范围正被缩小到行为的区域。我们越来越多地将学童的调皮捣蛋称为“问题行为”，试图设计出保证教育对象言行得当的系统，这种教育系统通常用标准化的方法及课程“达成”，通过标准化的测试“评估”。工作者在与公众互动时，通常必须按具体的言行规范行事。位高权重的社会科学家利用“大数据”，制定法律、预测选举、交易股票、安排匹配的情侣。战争行为转变成用算法分析现有数据后的无人机攻击。我们将现代人的精力用于改变我们的本性。

当我们系统中的有些事情不可避免地出错时（考虑到我们诞生性中所蕴含的不可预测性，以及我们理性构成的不足，这种情况总会发生），我们需要追究责任。常见的反驳是："嘿，我只是在那里工作。"虽然这一回答不尽如人意，但基本上是正确的，因为这些系统的运作方式就是要消除责任。即便一个系统的确成功实现了其目标，我们还是失去了行动的价值，失去了展现真实自我的能力，那个被视作个体的能力。阿伦特心痛地指出："现代行为主义理论的问题，并不在于这些理论是错误的，而在于它们能成为现实。"[13]或者，将这一观点稍微更新一下，有关电脑如何智能的现代理论，其问题并不在于这些理论是错误的，而在于它们能够成为现实：我们的灵魂以及我们赖以生存的机构，正变得越来越像计算机。我们将自己的诞生性割让给了数字处理程序，而这些程序的卖点是比我们更加"聪明"。也许在最好的情况下，它们也更擅长将痛苦最小化，将某些积极结果最大化。尽管如此，它们还是削弱了令我们的体系最初产生价值的意义。此外，这些程序很少达到其宣传的效果；当它们失败时，我们已经毫无察觉地损毁了我们曾不可避免的问责制基础。

阿伦特在其饱受争议的著作《艾希曼在耶路撒冷》（*Eichmann in Jerusalem*）中提出，负责将犹太人大规模地转移到集中营和灭绝营的纳粹中校阿道夫·艾希曼（Adolf Eichmann）证明了行为主义正在成为现实。在正义女神天平的一个托盘中，是对数百万无辜者的毫无意义的屠杀，另一个托盘中是真空石油公司（Vacuum Oil Company）的上门推销员。艾希曼辩称："嘿，我只是在那里工作。"他是一位守法的德国公民，他只是在履行自己军人的职责。只是碰巧，他单调地履行的职责导致了对无辜者的大规模杀害。用阿伦特的话来说，这是"可怕的、无以言表的、匪夷所思的平庸之恶"。[14]

自《艾希曼在耶路撒冷》出版以来，证明艾希曼并非只是履行职责的好人，而是纳粹主义的真正信徒，已然成了一个小型的行业。最近，有人发现，艾希曼在战后逃亡阿根廷后，是当地一个纳粹小团体的核心人物，这个团体怀揣着新元首胜利归来的梦想。对于如史学家理查德·沃林（Richard Wolin）这样的人来说，这个发现证明了阿伦特的分析是错的："阿伦特有她自己的思想意图，也许是出于对往日导师和情人马丁·海德格尔错误的忠诚，她坚持将海德格尔'无思状态'（Gedankenlosigkeit）的概念用在艾希曼身上。"[15]

面对这种批评，支持者的一种常见辩护是，阿伦特的总体分析是正确的，只是她将其用在了错误的人身上。这种辩护有其道理。不管艾希曼的实际情况如何，肮脏的政权确实是由许多在其他方面并不惹人讨厌的有家室的男人和女人驱动的，他们在存在的意义上，并不是一种血腥意识形态的坚定支持者，不过，他们的"行为"让他们的双手沾满了鲜血。一名奥斯维辛集中营的指挥官说的话证明了这一点：“我们都受到了不假思索地服从命令的严格训练，没有人会产生违背命令的念头。”[16]

然而，我却并不完全相信阿伦特指错了人。正如沃林所说，她对艾希曼的主要批评是，他不能“思考”（thinking），她的意思不是他的脑中没有盘旋着各种想法。想法肯定有，其中许多还与纳粹相关。但对于像艾希曼这样的人来说，纳粹思想的美妙之处在于，能让他不必自己思考。纳粹思想免除了他们有关道德的内在对话，而之所以能做到这点，部分原因在于它消除了他们的行为会受到评判的公共领域。艾希曼曾在自己的辩护中提起康德的绝对命令——这一观点认为，我们应该始终遵循能让所有人都遵循的原则——这正是有关道德的内在对话的本质。不过，艾希曼是如何阐释绝对命令的呢？他认为，这一观点意味着，纳粹党人应该永远遵守元首的指令！遵循黄金法则意味着永远做当权者让你做的事情！在此处，我们看到了不思考却装作思考的荒谬。

根据阿伦特的分析，艾希曼的内心生活是一连串的陈词滥调。他内心交杂着自相矛盾的陈腐话语以及单薄的合理化解释，他不愿坚持任何他认为是自己的原则。他是平庸之辈。他为纳粹主义赋予他的权力而激动，因此很愿意配合。他在法庭上懦弱地辩护，以及他在阿根廷满怀热情地期待新元首的回归，也许恰恰证实而非反驳了阿伦特的论点，即极权主义意识形态因其成员缺乏思考的能力而得以蓬勃发展。如果阿伦特使用的是“普通之恶”，而非她充满了谴责的“平庸之恶”，反对的意见会少一些吗？也许，我们越来越难以理解思维和行动的意义，以至于我们不再能认出平庸的面貌。也许普通正变得过于普通！

有趣的是，知识分子常常很难理解阿伦特所说的“思考”，而当我向社区大学的学生（他们许多人从事辛苦的工作）讲授她的观点时，他们完全能够理解“无思”这一概念及其吸引力。那些在商店工作，被教导该何时微笑、如何迎接顾客的人，那些在学校隔壁的工厂上班的人，那些在中学时代从一个行为纠正项目被推到另一个项目上的人，他们理解——套用一个在我们的讨论中不可避免地会出现的表达——“关掉大脑”的吸引力。他们也理解“公司人”（company man）（他们会不假思索，真正相信并且复述机构的陈词滥调）的现象。

显而易见，把一个纳粹战犯和一个杂货店工作人员进行对比，也只能到此了。我的观点是，不思考的吸引力以及鼓励不思考的体制，既不难理解，也不仅仅是遥远的纳粹时代的产物。当我们在这种体制中向上爬时，要想免于变得平庸，不可思议地难。虽然我们服从的结果并非总是邪恶的，但我们会成为内心虚空的人。而且，当我们养成“我只是在那里工作”的心理习惯时，我们正在为极权主义在我们的脑中扎根铺平道路。

对平庸之恶做出判断的问题在于，我们的道德和法律体系建立在这样一种理念之上，即如果人们不打算犯罪，那么他们就并非真正有罪。所以，艾希曼——或者任何人，即使导致可怕的后果，可他只是在做自己的工作——难道不应该为他所做的事负责吗？（类似的问题，有人问过导致2008年金融崩溃的所有交易员和银行家，他们的行为虽合法，但自私自利。）阿伦特的批评者们经常辩称，艾希曼确实对犹太人有一些可怕的虐待行为：应该判死刑的邪恶行为。虽然阿伦特确实并没有完全了解艾希曼，但艾希曼被指控的也不仅仅是传统的邪恶行为。他不仅因为一些残忍行为，而且因为大屠杀而接受审判。

不管他的意图如何，阿伦特认为，艾希曼**应该**对大屠杀负有责任，而且进一步地说，他必须为我们参与去人性化的体系所带来的无意义痛苦，承担一些责任。大屠杀的罪行要求那些犯下此罪的人为之负责，即便有一个纳粹分子的确只是在那里工作。艾希曼的罪行在于，他在应该思考和行动的时候，没有思考和行动，他在政治之中，却不关心政治。他的罪行在于，他无意做任何反对大屠杀的事情。尽管他也许只是纳粹机器中的一个行为零件，可纳粹机器本身在动，这个机器是具备人性的，它是成千上万的人默许的结果。以下是阿伦特所想象的合适判决：

> 政治并非儿戏；在政治之中，服从就等于支持。正如你支持并执行一项政策：不愿与犹太人民以及其他几种民族的人民，共同住在地球上——仿佛你和你的上级有权力

决定谁应该、谁不应该在地球上居住一样——而我们发现，没有人、没有一位人类成员，会想和你共同住在地球上。这就是你必须被绞死的原因，也是你必须被绞死的唯一原因。[17]

人类生活的平庸化并没有停留在政治领域。这种平庸化潜入工作场所，我们身份形成的另一个领域。正如我们的创伤有时会让我们忽略行动和行为之间的差异一样，它也会让我们模糊“劳动”和“工作”之间的差别。

“劳动”实际上指的是，我们必须做的不需要技能的重复性任务。“劳动”的主要以及几乎是唯一的动机是必然性。劳动的最基本形式是分娩。女性必须“劳动”，方可生出孩子。没有女性（更不用提男性）会说：“我真的只是对分娩感兴趣，我只是不想要孩子。”古往今来，数万亿的女人无论是否愿意，其分娩的原因都很简单：为了孩子。劳动具有重复性，因为劳动的结果会立即归入生命本身的历程之中。劳动的目的，就是消耗劳动。你为什么洗碗？这样你就能再把它们用脏了。你为什么种庄稼？这样你就能将食物端上餐桌，餐桌上有食物你才能吃饱肚子，吃饱肚子你才能种更多庄稼。你为什么生孩子？这样他们就能长大生自己的孩子。

为劳动本身感到骄傲，很困难，甚至有点傻。在很大程度上，劳动本身毫无意义。不要误解我：完成劳动还是很重要的，养家糊口很自然，也很好，更不用说为生孩子而忍受分娩之痛了。但是，在你洗好碗后，叫来家人和朋友，对他们说："让我们来好好欣赏我的劳动吧。"这会有点过分。作为一个被指控碗洗得不好的人，我不想过分强调这点，但基本来说，洗过的碗就是洗过的碗，没什么差别。你的劳动和我的劳动之间的差异微乎其微，如果是一种容易获得的能力，这种差异几乎不存在。尽管我们为提供必需品感到骄傲，但我们从劳动之中找不到我们独特的自我（事实上，僧侣们之所以从事劳动，正是为了将自己从自我中解脱出来）。因为我们从劳动本身中几乎找不到个人意义，所以我们一般都试图摆脱劳动。上层阶级让奴隶劳动，男人让女人劳动，有钱人让用人劳动，父母强迫孩子劳动，技术先进的社会发明机器来劳动。劳动没有展示出我们的诞生性。

相比之下，"工作"是有意义的，"工作"展现出了我们令人意想不到的人性。"工作"实际上指的是需要技能、为世界做出持久贡献的活动。匠人和艺术家工作，他们建造和制作东西，那些东西不同于劳动的产品，不会立即被归入系统之中，而是会被留下来，让我们觉得这个星球就像家一样——房子、帽子、鞋子、外套、绘画、歌曲、沟渠和寺庙等，就是这一类的东西。"工作"的第二种意思是指手艺人所做的事情，即那些修理被制造出来的东西，延长其使用寿命的人。你在建好一栋房子、织好一顶帽子或修好内燃机后，叫来自己的家人和朋友，说："欣赏我的工作吧。"这并不为过。像行动一样，工作展示出了你作为个体的特点，只不过这种方式更加具体。想一想所有那些制作爱好者和修理爱好者，他们心甘情愿舍弃自己的周末，捣鼓完全不必要的项目。

我们的工作不仅让我们了解自己的特点，还让我们了解自己的生活方式和文化——阿伦特称之为"世界"（the world）。如果你想了解另一种文化，比如古埃及文化，你可以通过查看陶罐、莎草纸和陵墓得知许多关于古埃及文化的信息。事实上，工作对个人来说之所以如此有意义，在很大程度上正是因为，我们为世界贡献了一些重要的东西。

正如行动被降低为行为，工作也被降低成劳动。从约翰·洛克（John Locke）、亚当·斯密（Adam Smith）到弗雷德里克·泰勒（Frederick Taylor）和亨利·福特（Henry Ford），人类发现了劳动本身具有的惊人力量。通过将工作分解成一项项需要劳动的小任务，即"劳动分工"（division of labor），和泰勒所谓的"科学管理"进行安排和监督，我们能释放出巨大的生产力。我们创造出数不清的工作岗位（不过，已经有越来越多由机器人完成），成就了前所未有的创新，创造出迄今无法想象的财富。但我们为这些收益付出了巨大的代价。马克思主义对资本主义劳动的批评非常出名：资本家没有给劳动者为他们的产品创造的基本价值支付报酬，他们延长劳动的时间，将工作转移到劳动力最廉价的地方，并随后对社区进行破坏与根除。阿伦特的观点影响非常深远：劳动力量的释放严重减少了我们在工作中找到意义的机会。将工作变成劳动，消除了自我发现和意义创造的关键空间。

这种退化最明显的例子是生产流水线。当福特最初建成工厂，开始生产时，他很难找到愿意在那里工作的人。从零开始造一辆车，甚至仅仅是修一辆车，曾经是一项了不起的工作。谁会愿意将这种真正的工作，换成单调乏味的流水线体力劳动呢？谁会愿意像《摩登时代》（*Modern Times*）开头的卓别林那样，一遍遍地拧螺帽呢？（电影中他的工厂到底在生产什么，一直不清楚，因为对身陷无聊生产过程的劳动者来说，能有什么不同呢？）这个小流浪汉被自己机器般的动作吞没了，他整个身体被吸入了流水线的内部运作之中，仿佛是一个机器和人的赎罪时刻。《摩登时代》一针见血地揭示出了潜伏的新罪恶问题：我们以进步的名义将自己变成了机器。

这种情况不仅局限于流水线。商业模式的流行语，“目标”“基于研究的”“考核”“可量化的”“效率”等词，现在已经逐渐进入“白领阶层”的工作，就像原来它们进入“蓝领阶层”的工作时那样，而且，令人遗憾的是，甚至进入了教育领域。马修·克劳福德（Matthew Crawford）在《摩托车修理店的未来工作哲学》（*Shop Class as Soulcraft*）一书中的一个核心观点是：

办公室白领的工作遭到了同样的“科学管理”，而这个“科学管理”，曾经将手艺人的工作降格为工厂劳动。克劳福德描述了他在资讯检索公司找到了一份工作，他天真地以为，自己做的是仔细阅读、认真概括学术文章的严肃脑力工作。可他很快发现，他要做的并不是阅读文章，而是运用一种略读方法。刚开始时，他每天要处理 15 篇文章，很快，他必须每天处理 28 篇学术文章！克劳福德使用了阿伦特充满价值观的语言，描述将脑力工作转化成劳动的效果：“那份工作需要少动些脑子，还需要一些道德再教育。”[18] 他必须学会如何不那么负责任，如何少花些心思。

我们为什么会甘于这种劳动呢？到底是什么让我们愿意为了实现糟糕的目标，放弃为我们的社会贡献有意义的东西，而选择那些可以替代的劳动呢？要记住劳动的目的：我们劳动，这样我们就能消费劳动的产品。换言之，我们做我们的工作，这样我们就能挣钱买东西。世界上的许多劳动者（比如，在血汗工厂中生产你我现在穿着的衣服的孟加拉国儿童）做他们的工作，仅仅是为了养活自己。“白领阶层”劳动者挣的钱足以照顾自己和家人，他们用自己的薪水，从事所谓消费主义的活动，这通常相当于试图买回被从我们这里偷走的身份。

克劳福德将我们的困境贴切地称为“消费主义的简易烘焙箱”。[19] 他指的是贝蒂妙厨（Betty Crocker），这家公司在 20 世纪 50 年代意识到，消费者不仅想购买产品，他们还想获得一种身份。我们想吃掉蛋糕的同时，还获得烘焙师的身份。那么，解决办法是什么？卖蛋糕粉，但我们必须往里面加鸡蛋。瞧！这个蛋糕现在是“自制的”。这种简易烘焙身份是大多数营销方案的核心。只有拙劣的本地广告才会去老实描述出售的产品。大多数广告都会将其产品与我们渴望获得的一种身份联系在一起：粗犷的个人主义者、酷酷的性对象、修理能手、艺术家、领导者、智胜环境者，甚至是消费主义的冷嘲热讽者。“将我们的产品添加到你的生活中去，”营销人员说，“然后——瞧！——你将获得一种真正的身份。”

问题是，因为没有阿伦特所谓的“工作”，大多数人都无法从我们的诞生性中塑造出真正的身份，所以我们拼命用另一种方式去获取。我们不仅试图通过合适的牛仔裤、摩托车或政治候选人来购买我们的身份，我们还被迫从我们所做的事情中去解读出一种身份。这一点在中层管理层发明的毫无意义的活动——“团建”等活动中最为明显，发明这些活动的目的，只是证明他们工作存在的价值。在其他人做着对公司的使命至关重要的劳动时，管理者仅仅玩字谜是不够的，他们必须做“领导者”和“推动者”，而这些基本上是为了描述官僚体系中被掩盖的身份而编造出来的名字。

通过剥夺我们真正身份形成的领域，劳动—消费的循环使我们变成奴隶，在某些情况下，是享受着各种舒适的奴隶，不过还是奴隶。不仅如此，这一循环还会吞噬这个世界。我们开始产生消费一切事物的欲望，比如衣服、房子、政治、新闻，乃至地球本身。阿伦特说：“消费不再局限于生活必需品……（它）隐藏着一种严重的危险，即最终世界上没有一个物体能够免于消费所带来的消耗和毁灭。”[20] 持久、稳定、意义，这些工作的理想遭到牺牲，取而代之的是注定会过时的一个世界。以效率、工作和金钱的名义，我们掏空了我们的生命，损毁了这个星球。我们正在对自己做的这件事，对我们来说十分怪异而可悲。

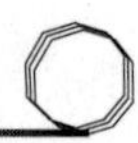

随着行动和工作的退化，以及我们能充分塑造身份的公共领域的干涸，我们面临着社会和政治秩序被侵蚀的风险。官僚主义——无人统治——的影响力越大，我们对维持秩序的焦虑就越大。这种情况下，一般会出现某种形式的恐怖主义，这是一种在当代日益强大的力量。阿伦特认为，要理解我们这个时代典型的恐怖行为，我们必须区分“权力”和“暴力”。

一个人可能会拥有力量，而“权力”指的是一起行动的能力。政府有权力。事实上，没有权力，就根本不会有社会。权力基本上源自共同的信仰和实践。想想任何社会秩序。我们中的大多数人都会红灯停车、不盗取邻居的财物、注册投票、纳税、在警车响起时停车。我们为什么会这样做？尽管我们会给出各种各样出于谨慎的理由（比如："我不这样做，我会进监狱的。"），但事实上，我们之所以大多会遵守法律，是因为我们有遵守法律的习惯，因为我们有意识或无意识地相信这些法律。我们遇红灯，即使没人，也会停车。这些法律具有权力。

"暴力"靠的是恐惧，而非共同的信仰。阿伦特认为，暴力革命毫无道理，非常危险。政治权力和政治暴力之间存在天壤之别。虽然恐惧确实常常能迫使人们按照恐怖分子的命令行事，然而，一旦他们实施恐惧的工具失效了，他们的"权力"也会消失。真正的权力，本身就是目的，因为它是我们共同生活的基础。而暴力与此形成鲜明对比，暴力具有工具性，因为暴力能强迫人们做事，而且暴力依靠的是枪支和炸弹等工具。

权力和暴力不仅非常不同，它们还是彼此的对立面。阿伦特认为："一方绝对统治的地方，另一方就不存在。"[21] 如果权力占据绝对地位，那么暴力有什么必要呢？如果暴力无处不在，任何机构或个人都没有任何权力。当然，这两个规则都不是绝对的。政府总是需要其军事力量和警察队伍，暴君和恐怖政权也需要密探和同志之人某种程度的共同信念。

暴力在人类生活中总会存在，虽然有时合适，但很危险。在最糟糕的情况下，暴力是一种维持政权的掠夺制度。在最好的情况下，暴力有一种明确的战略目标：保卫自己、保护他人、纠正不公、反抗压迫。然而，我们对暴力的理解却出现了混乱。人们总是倾向于忽视信仰的重要性，将暴力美化为政治权力的本质。

扰乱了我们对暴力的理解的最严重的事件，是原子弹的引爆。核武器使暴力看起来能影响一切，并且轻而易举。拥有核武器，就会被视为世界强国。但核武器让我们充满恐惧，不仅担心会导致我们自己的死亡，还担心会导致我们种族的灭亡，乃至整个世界的灭亡。这是一种新型的末世恐惧：担心人类，而非上帝，会毁灭地球。这种恐惧使勇气失去实际意义。菲利普·拉金（Philip Larkin）在《晨歌》（*Aubade*）一诗中说："变得勇敢，不会将任何人拉离坟墓。无论是哀泣还是抵抗，死亡并无不同。"[22]这显然是错误的。你是在卑躬屈膝时被杀，还是在抵抗时被杀，存在巨大的道德差异。然而，在面对核武器时，拉金失败主义的诗句完全正确。在如此巨大的暴力面前，勇气或懦弱已经毫无意义，我们都会平等地以原始生物的形式死去。

面对这种上帝般的技术性暴力，一种反应是：许多人完全失去了对暴力的兴趣，开始被非暴力吸引。静坐示威与和平抗议，巧妙地取代了暴乱和袭击。然而，非暴力抗议的作用与暴力非常相似，它们都是事先明确目标的有效策略。就民权运动来说，阿伦特虽然赞赏非暴力抗议成功推动了歧视性法律的废除，但她也指出，这些抗议"在面对大城市中心的社会条件时，彻底失败，反而产生了适得其反的效果，比如黑人贫民区的迫切需求，白人低收入群体在住房和教育方面的重要利益”。[23]就像暴力一样，非暴力在权力领域所能实现的目标是非常有限的。改变权力结构的唯一方法是改变人心及思想。

对这种上帝般的技术性暴力的另一种反应是：少数人被恐怖主义所吸引。暴力本身看似一种目的，一种塑造强大身份的方式。这和误以为劳动消费循环是身份形成的领域一样，大错特错。犯下这个错误的人，不光是恐怖主义组织和大规模枪击犯，还有像让-保罗·萨特（Jean-Paul Sartre）和弗朗兹·法农（Franz Fanon）这样的知识分子。官僚主义国家的权力是如此分散，因而经常极其不公正，并且用大量的暴力手段巩固自己，以至于恐怖主义的行动会对这种政权形成一定打击。阿伦特将官僚主义定义为：“每个人都被剥夺政治自由以及行动权的统治形式。因为无人统治不是没有统治，所有人都没有权力的情况下，我们即使没有暴君，也会受到暴君统治。”[24]在一个官僚主义政权中，明确表达自由的，是罪犯、恐怖分子、暴君。自杀式袭击对摆脱被认为腐败的无所不包的系统而言，是一种尤为强大的行为方式。

极权主义政权将恐怖融入其官僚体制。极权主义政权的政治秩序概念，部分目的是通过随意的大规模恐怖活动，重建失去的权威：一种几乎像上帝一样的权威。正如美国历史所证明的那样，自由民主体制也未能免于使用大规模的暴力手段，在我们幻想着巩固或建立我们的权力的地方，制造“震惊和敬畏”。可以预见的反击就是我们眼中的恐怖主义。阿伦特警告我们：“暴力行为像所有行为一样改变这个世界，不过，最可能的改变结果，是令这个世界更加暴力。”[25]

除了暴力和恐怖主义的随意干扰，我们还经常深深感觉到与自己的人性脱节。虽然我们得到越来越多的“自由”、自我满足、娱乐消遣，然而世界的实际权力却掌握在某种庞大的体系手中，由他们深明内情的工程师和偶尔出现的暴君释放其可怕的力量。谈到现代生活的官僚化世界，冷漠的权力结构与我们的生活之间的鸿沟不断扩大，米兰·昆德拉（Milan Kundera）说：“一个公民凭自己的权力，对他所处的环境，对他房子下正在修建的停车场，对他窗户对面装上的高音喇叭，他能做出什么改变呢？他的自由是无限的，也是无力的。”[26]

我们总是创造出令我们承受痛苦的社会和政治条件，比如奴隶制和农奴制、金权政治和暴政。阿伦特认为，我们现在施加在我们自己身上的，是通常使我们向上帝哭诉“为什么偏偏是我”的那种痛苦。虽然极权主义是这种自我施加的痛苦中最为极端的类型，但在消费主义、“科学管理”、恐怖主义，以及当代社会典型的破坏公共领域的各种形式中，这种痛苦也非常明显。我们正在以乌托邦的名义，剥夺自己的人性。我们正在丧失的不仅是人性或人类的善，还有善恶的根源。我们全都成了一种囚徒，受困于自己的权力。

对于这种新型的自我施加的痛苦，我们该怎么办呢？对于与作为半科技神和半进化兽，相伴而来的那种特殊的孤独感，有什么解决办法？阿伦特没有提供政治计划，也没有提供道德解决办法。她没有告诉我们所谓人类世（Anthropocene）的新规则，而是提醒我们：我们还是人。我们的人性有赖于自行思考、寻找并保存公共讨论的领域、在这些领域做出行动、找到真正的工作、塑造而非消费我们的身份、承担责任。在剥夺之中，我们获得了看清我们最需要的是什么的机会。在痛苦之中，我们获得了重振世界的机会。这是阿伦特陷入爱河时第一次所得的领悟。

阿伦特写了很多诗，讲述她与她的老师马丁·海德格尔之间混乱的关系。海德格尔已经结婚生子，而且比阿伦特大 17 岁。他们的关系之所以如此强烈，部分原因来自一位正在做出重要突破的杰出老师，和一位能够爬过高墙、窥见同样奥秘的杰出学生之间的某种神奇联系。他们是两个分享真理这一秘密的人。的确，她是他的缪斯，而他也是她的缪斯。他们的关系会失败，不仅是因为他已经结婚，也是因为他们之间存在不相容的地方：虽然是在哲学成果上不相容，但这依然是不相容。委婉些说：海德格尔是反犹分子，喜欢纳粹主义思想，讨厌古罗马和美国的政治哲学；而阿伦特是一个犹太人，喜欢古罗马和美国的政治哲学，纳粹所代表的一切，她都深深厌恶。

阿伦特从他们混乱的关系中，形成对痛苦的初步而根本的见解。她在25岁为海德格尔神魂颠倒时，写下了一首散文诗，她在这首诗中说："承受痛苦，然后懂得，完全清醒、满心怀疑地感受每一分钟、每一秒钟，懂得即便是最糟糕的痛苦，也必须心怀感激，懂得正是这种痛苦，才是一切的意义所在，是一切的报偿。"[27]她逐渐意识到古老的荷马智慧——因为我们承受痛苦，所以我们能够歌唱。

若说阿伦特年轻时关于痛苦和爱的领悟，能够运用到我们如何应对人类自身造成的恐怖主义上，有一点夸张。在爱情中，我们彼此施加一种奇妙的痛苦；在现代世界中，我们也彼此施加一种奇妙的痛苦。在两种情况下，我们都触及了最深处的自我；在两种情况下，我们要么支离破碎，要么生机勃勃。正如约翰·伯杰（John Berger）在谈到我们当代的处境时所说："慢慢地，人们发现，自由不在监狱外面，而在监狱的高墙内。"[28]为了对抗性欲之爱的痛苦，年轻的阿伦特求助于诗歌的语言；为了对抗现代世界的痛苦，年长的阿伦特求助于语言本身。她本打算将她的代表作《人的境况》（*The Human Condition*）命名为"Amor

Mundi”，意为“世界之爱”。

尽管我们不应该低估威胁要剥夺我们人性的力量，但我们也不应忘记与思想、行动和工作的退化相抗衡的强大力量。阿伦特刚从纳粹德国来到法国，然后又从被占领的法国逃到美国时，她写信给她的老师卡尔·雅斯贝斯（Karl Jaspers），向他讲述了美国的许多弊端：社会压迫（尤其是对黑人公民的压迫）、故意忽视死亡、根深蒂固的反智主义。但是，她也对她的新国家感到惊喜以及深切的感激："这里真的有自由这种东西，许多人强烈地感到，人无法脱离自由而活下去。共和国并不是一种寡淡无味的幻想。”[29]

她提醒我们，无论事情变得多么糟糕，人的整体境况，及其所有独特的诞生性，都依偎在为我们而诞生的每一个新生儿的身体内。人类价值的再生能力，以令人意外的新形式，存在于你我身上。阿伦特在《黑暗时代的人们》（*Men in Dark Times*）中，赞美了一些人，其中包括罗莎·卢森堡（Rosa Luxemburg）、卡尔·雅斯贝斯、伊萨克·迪内森（Isak Dinesen）、兰德尔·贾雷尔（Randall Jarrell）等，他们承受并面对了20世纪的怪物，却没有因此而沦为怪物。尽管各种哲学和宗教肯定会有所帮助，但并不是因为这些人拥有唯一的那种正确的哲学或宗教，他们的人性才得以被拯救，而是因为人的境况一直是开放的，总是会重新燃起它自身。

> 即使在至暗时刻，我们也有权期待一些光明，而且……这种光明很可能并非来自理论和概念，而是来自不确定、闪烁、时而微弱的光，一些男人和女人无论面对任何处境，都会在自己的工作和生活中，重新燃起这种光，而且只要他们存活于世，他们就会散发这种光。[30]

阿伦特没有就处于人的境况中该怎么做，给我们多少指导，可她却照亮了通往人类处境的道路。

不久前，我去参加了一个前囚犯所做的演讲，他从我的母校在监狱里开设的人文科学项目中受益匪浅。在描述了他对神经生物学和哲学的研究之后，他若有所思地说道："在我的一生中，我头一次感到像是一个真正的公民。"这句话令我感到惊讶而困惑。虽然神经生物学非常有意思，但研究这门学问和使你成为公民，有什么关系呢？在奥克代尔监狱（Oakdale Prison）的一次课后，我随便问了问我的学生，他们是否理解那名前囚犯说的那句话的意思。我的终身囚犯朋友西蒙举起手告诉我：

> 我很清楚他的意思。在我的一生中，我一直感觉像是我在对抗这个世界，仿佛我必须为我获得的一切而抗争。但在这门课上，情况并不同。我感觉我说的话是有意义的。我脑子中的东西是具有尊严的，我发掘我在学的东西正让

它拥有更多尊严。在这里，我感到像是一位真正的公民，就像那名前囚犯在他的课堂上所感受到的那样。谁知道会发生什么呢？

坐在临时讨论桌旁的囚犯们点头表示同意。一名囚犯补充道：“是的，我喜欢公民身份这个东西。”尽管我们为监狱百般辩护，不断地合理化它，但监狱大体上仍然是以一种复仇的形式瓦解人性的地方。然而，令人惊讶的是，即使在这里，人性依然能坚持下去。它让你热爱这个世界。正如兹比格纽·赫伯特（Zbigniew Herbert）所说：“即使城市陷落，我们之中只有一人幸存，他走在流亡的道路上，也会在内心怀揣城市，他就是城市。”[31]

插曲：罪恶问题

一些人告诉我，

上帝照顾老人和傻瓜。

然而，自打我出生以来，

他改变了规则。

——Funny Papa Smith（有趣老爹史密斯）乐队

哲学家所谓的“罪恶问题”，现在通常被用来证明，上帝如果造就了这些恶，就意味着他并不存在。为什么上帝作为一个万能、仁慈的存在，会允许世界中存在所有这些苦难？为什么上帝的创造会偏离我们的道德期望这么远？为什么邪恶常常战胜善良？以一个身患癌症的虚弱的孩子为例，似乎很明显，善良的神明是不存在的。如果上帝是万能的，那么他就有能力治愈这个孩子的癌症，或者更确切地说，创造一个孩子永远不会患癌症的世界。如果上帝是仁慈的，那么他显然会想要创造一个孩子不会受苦并且死亡的世界。因为人类经常遇到如此令人心碎的境遇，所以站在理智的角度，很难相信仁慈万能的上帝。如果你信仰的逻辑迫使你得出结论："因此，这是你应得的，小家伙。"这几乎是不道德的。

无神论者反对上帝的弱化版论据，有时被称为"严格的逻辑反证"，这一观点认为，完全仁慈的上帝在逻辑上容不下一丁点坏。一张全白的纸，意味着上面没有任何黑点。一个全白的造物主只会创造全白的创造物。同样，一位完美的上帝，创造的东西必然不包含任何不完美。一般来说，不完美有三种类别：死亡、痛苦和不公。如果生命是好的，为什么它不是无止境的？如果疼痛和苦难是坏的，为什么它们会出现？如果罪恶是恶的，为什么我们最痛苦的道德困境不是在冰激凌店选择什么口味的冰激凌？创造物有恶的污点，完全否认了完美上帝的存在。

然而，"严格的逻辑反证"存在严重的问题。我们之中，几乎所有人都认为，某些死亡、痛苦和滥用自由有着重要的作用。如果我们永远不死，要么人口就会严重过剩，要么新生命根本不会诞生。另外，生命只有从有限的过去延伸到有限的未来，才有意义。[1] 如果我们不会出现疼痛和消极情绪，那么我们的身心就没有任何警报系统。如果人们天生感觉不到疼痛，这是一种疾病，他们会咬掉自己的舌尖，他们的感染会恶化，骨头断了也不会注意到。悲伤、担忧、恐惧等消极情绪，也发挥着类似的作用，它们帮助我们弄明白什么是有价值的，使我们适应世界。如果我们没有做出一些糟糕选择的能力，我们也无法塑造性格。稍微有些智慧的父母、教练和老师都知道，我们不能将年轻人置于没有痛苦、没有风险、没有选择的环境中，这样做只会遏制面对风险选择、痛苦甚至死亡所产生的种种好处。约翰·济慈（John Keats）在写给他哥哥和嫂子的一首美丽的诗中，将我们艰难的生存称为一种“灵魂塑造”（soul-making）的场所。难道他没有至少部分正确吗？

不过，无神论者也可以提出比“严格的逻辑反证”更有力的论据。这一观点认为，问题不在于死亡，而在于夭折；不在于疼痛，而在于过度疼痛；不在于错误，而在于对自由的严重滥用。也许普通的痛苦与仁慈万能的上帝能够相容，可巨大的痛苦使这样的神明完全不可能存在。我记得《周六夜现场》（*Saturday Night Live*）中的一段小品，在这段小品中，摩天轮的最高设置是“快到让人飞离”。在某种程度上，这个小笑话总结出了反对上帝的“证据”。为什么在生物存在的摩天轮上，死亡的设置不仅包括年逾八旬的人，还包括年仅八岁的人？为什么人类苦痛的设置包括精神分裂症和偏头痛？为什么有关人类自由的摩天轮能一路设置到强奸和种族灭绝这一步？当然，我们能够理解，一个好上帝也会造成一些痛苦和死亡，就像一个好教练也会让运动员经受一些非常艰难的训练。没有苦痛，就没有收获。可是，如果我们基于对这个血腥世界的观察，得出有关其创造者的结论，我们难道没有理由认为，这个世界的设计者不是一名试图让我们都成为最好的精神运动员的教练，而只是一个偶尔想提高我们，多数时候单纯因为好玩，用棒球棍敲打我们小腿的醉醺醺的、虐待人的教练？或者，也许我们应该像大卫·休谟（David Hume）笔下的菲洛（Philo）在《自然宗教对话录》（*Dialogues concerning Natural Religion*）中一样得出结论："这个世界……只是某一个幼稚的神明的第一篇粗糙的文章，他后来放弃了这篇文章，为自己蹩脚的表现感到羞耻；它只是某个从属的下神的作品，是上神嘲笑的对象：它是某个老朽的神糊涂的产物。"[2]

在苦难面前，宗教信徒有时会说，这全都是上帝计划的一部分。我非常尊重这种痛苦中有意义可以找寻的想法。然而，如果他们说，痛苦的每一次疼痛和尖叫都是值得的，他们就大错特错了。所有的经文，包括《圣经》本身，都排除了这种可能。"上帝让太阳照在好人身上，也照在恶人身上，让雨降在正义之人身上，也降在不义之人身上。"[3] 一位 19 世纪的英国法官，写了一首轻快但深刻的诗歌：

雨水降在正义之人身上

也降在不义之人身上；

但主要降在正义之人身上

因为不义之人抢走了正义之人的雨伞。

犯罪常常有代价，坏事也会发生在好人身上。也许，用“好人”来描述我们这样的人，有点夸张。但是，发生在我们身上的事情，往往比我们应得的更糟糕。粗略地看这个世界一眼，然后认为痛苦的程度和位置就在它应当所在之处，这不是“荒谬”一词所能形容的：这是邪恶的。如果对上帝的信仰意味着这种冷酷无情的蛮不讲理，那么，我们应该都成为无神论者。

然而，反对上帝的证据的逻辑，更不用说那种“严格的逻辑反证”，暴露出我们无法理解无意义痛苦的奥秘是人性的根本。我们所认为具有独特人类属性的东西，比如技术、艺术、宗教、政治、哲学，都取决于世界真实的样貌与我们认为世界该有的样貌之间的差距。如果没有差距，我们就不会发明工具：工具又能带来什么改进呢？我们就不会在山洞壁或任何其他地方画画，因为我们的想象力缺乏动力：为什么任何事物应该有所不同呢？我们就不会有政治：事情怎么能比它们原来组织得更好呢？也不会有宗教或哲学：一切已经合乎情理。事实上，道德上的善的概念会消失，因为美德与自私会难以区分。那个世界的传记会非常无聊，其中最具戏剧性的事件莫过于我们选择了开心果冰激凌，而不是橙花冰激凌，或者更糟，晚饭后竟然没有吃甜点。一个没有人类思想，没有人类自由，也没有人性的世界。不仅仅技术、政治和哲学处理的是无意义痛苦，没有无意义痛苦，它们也不会存在，而且对抗无意义痛苦是我们的一项基本任务——这就意味着无意义痛苦必须存在！我不是说罪恶问题的证据是错的。就其自身而言，它是完全正确的：这个世界与我们对善的看法是不相容的。我们当然能想象一个比这个更好的世界；事实上，想象一个更好的世界，然后试图实现这个更好的世界，是我们的工作。然而，我们不能做的是，想象一个没有过度痛苦的**富有意义**的世界。康德在其杰作《纯粹理性批判》（*Critique of Pure Reason*）的开头所说的完全正确："人类的理性有一种特殊的命运，在它的某种知识里为一些问题所苦恼，而这些问题是理性的本性所规定的，它不能置之不理，可是这些问题超出了它的各种能力范围，所以它不能解答它们。"[4] 认为这个世界应该没有无意义痛苦，是一种自杀式的愿望。没有恶，就没有我们。罪恶问题只有通过否认人性，才能推翻上帝！

为了阐明无意义痛苦是人性的一部分这一观点，我需要说明罪恶"问题"是如何不断地困扰我们的，无论是否有上帝存在。尽管我们的社会受一种模糊的功利主义驱使，我们却不知不

觉为我们自己独特的罪恶问题，即“人类的罪恶问题”所困扰。正如阿伦特向我们展示的那样，我们开始向自己哭喊：“为什么偏偏是我？”急剧增长的科学知识和技术力量，使我们处于越来越尴尬的境地。我们获得了解决问题的超能力，变得像神一般，偶尔会遇到造物主的基本问题：在所有可以想象的世界中，哪个是最好的和我们应该试图实现的？如果我们以所有过度的痛苦都应该被解决的前提开始，我们很快就会发现自己处于一片混乱之中。

在当代关于罪恶问题的神学讨论中，经常会遇到这样的问题：“为什么上帝会允许像阿道夫·希特勒或亚当·兰扎（Adam Lanza）[1] 这样的杀人狂诞生？”很快我们可能会问：“为什么我们会允许阿道夫·希特勒或亚当·兰扎那样的人诞生？”事实上，科学家一直在分析亚当·兰扎的 DNA，看是否有任何明显的异常。假设他们分离出了一个与极端暴力的某些特征相关联的基因序列（虽然我认为，这项研究基于对基因作用的一种错误看法，但我还是会用“基因”一词，代表发现暴力根源的可能性），我们应该怎样做？我们应该冒着邪恶的风险，允许这些基因存在吗？如果我们这样做了，如果我们的决定产生了任何负面影响，遭受这些影响的人难道不会对我们叫嚷：“你们为什么不阻止这

[1] 2012 年 12 月 15 日美国一所小学枪击案的嫌疑犯，此次枪杀造成包括枪手在内 28 人死亡，其中包括他的母亲。他当时 20 岁。

一切？”如果我们摧毁了危险基因，或是杀死了带有这些基因的胎儿，先不考虑对于堕胎和人种改良等问题严重的道德疑虑，只说对于具有类似风险的基因组，我们如何划分界限呢？我们要允许暴力基因存在，但不允许大规模暴力基因存在吗？允许性骚扰基因存在，但不允许强奸基因存在吗？如果因为我们划分的界限而遭受苦难的人们，坚持快乐最大化和痛苦最小化的原则，难道他们不会仍然高声抗议吗？

让儿童免除癌症和其他致命疾病的困扰，显然属于人类能够想象的最好的世界。但是，有没有一个年龄界限，我们应该接受致命疾病，即使我们有能力消除它们？问题是，像癌症这样的疾病对于保持与死亡、疼痛和自由相关的种种好处，如人口控制、新生代崛起、繁荣的机会、与痛苦斗争的英雄气节、随时存在的死亡可能产生的意义感，具有结构必要性。然而，如果你有能力消除这些疾病，任何结构必要性的例子都变得难以承受。想象一下，如果我们对科技有一种“开明的”用法，只允许一定量的疾病，让这些好处得以保持，甚至占主导地位，难道就不会有我们允许“公平地”承受这些疾病的人，像曾经对上帝那样叫嚷：“为什么偏偏是我？”

但是，如果我们不限制生物技术力量的使用，又会如何？直到最近，都很难想象我们会面临过度治疗疾病、活得太久的问题。然而，迈克尔·沃尔夫（Michael Wolff）在一篇引人注目的名为《值得了结的生命》(*A Life Worth Ending*)的文章中，描述了他母亲的故事，就说明了这一现象。沃尔夫的母亲在84岁时，需要接受大型心脏手术才能活下来。尽管她已经出现了轻微的痴呆症状，并且不太情愿接受这样的大型手术，但医生们还是成功地为她做了手术。沃尔夫最初对此倍感欣慰。可是，他的母亲虽然身体健康了，但痴呆症却在快速恶化。沃尔夫写道："种种情况加在一起，掠夺了她作为人的所有希望、尊严和舒适。当我为母亲换尿布时，她发出了绝望的哀号声，有一阵子，在她完全失去语言能力之前，如果你仔细听，可以听出她一遍遍地在说：'这是种侵犯。这是种侵犯。这是种侵犯。'"沃尔夫在文章末尾说："我不知道死亡委员会怎么会有这样坏的名声。也许应该叫解救委员会。虽然对头脑清晰的身体，我不会这样做，但我祈求我母亲的死亡。"[5]

医院和养老院中不乏沃尔夫称之为"老老年人"的那些人。应该在他们的生命成为对他们任性的侵犯之前，允许这些受苦的人死于癌症和心脏病吗？让我们设想一个解救委员会告诉像沃尔夫这样的家庭，某些挽救生命的手术不能授权给不符合某些条件的病人。尽管这些决定至少在理论上，可能是理智而公正的，但不可避免的是，这些决定会导致当代约伯对人类同胞组成的委员会大声叫嚷："你们允许我的父母死去、我的孩子受苦，你们怎么能拥有如此多的权力，又声称自己是良善的呢？"

试图摆脱这一困境的一种说法是："如果这些受苦受难的人，能够像我们的解救委员会、医生、哲学家或我自己，想得那么清楚明智就好了！功利主义法律的最好例证，其实并不受到罪恶问题的困扰。它们最多受**表面上的**罪恶问题困扰。"这种辩解和认为看似恶的东西其实是上帝计划的一部分，如出一辙。不过，两者最大的区别在于，有神论者可以依靠上帝的无限智慧和仁慈，而我们的解救委员会却只能依赖于一个令人怀疑的假设，即某些自信的哲学家、政治家、科学家、医生或公民具有设想和成功划出理想的痛苦界限的能力。

另一种试图摆脱罪恶问题的方法认为，不应该强迫人违背自己的意愿，为了更大的利益牺牲自己；这应该是一种法律选择，我们每个人可以做出与我们的最大利益相符的任何合理概念的选择。沃尔夫似乎倾向于安乐死这一选择："与此同时，因为我像母亲一样，不能指望有人用枕头捂住我的头，所以我将会试着弄清楚自己动手解脱的方法的时机与细节。我们都应该如此。"

但是，这种自由至上的功利主义，即使作为政治手段具有合理性，也不能真正使我们摆脱这一哲学问题。如果人们没有利用好利益最大化选择，我们该怎么办？我们要么在阻止恶时允许恶，要么必须解决自由本身这一问题。为什么出于功利主义的原因，我们应该容忍自由选择，特别是当自由选择常常导致恶的时候？如果自由只是众多积极的功利主义利益中的一种，为什么保护自由比消除无意义痛苦更重要？也许我们应该彻底摆脱自由，让哲学王迫使人们做对他们最好的事情。

或许有更好的办法。为什么不研发一些技术，比如药物治疗、催眠、心理刺激、社会系统等，让人们感觉到自由，但在潜意识中只让他们做对自己好的事情呢？极端的极权主义为我们提供了试图将自由的人类改造成完美的行为系统的堕落而邪恶的种种例子。保姆式的国家主义虽出于善意，却体现出同样的野心。20 世纪 50 年代，美国杜兰大学（Tulane University）的精神病学家罗伯特·G. 希思（Robert G. Heath），在大脑中使用电极，改变有暴力倾向的病人的行为。他还偷偷用自己的实验，试图刺激他们往其他“好的”方向发展，比如，“治愈”同性恋。安东尼·伯吉斯（Anthony Burgess）在《发条橙》（*A Clockwork Orange*）中提到的“卢多维科疗法”（Ludovico's Technique），是希思梦想的著名文学表达，这种疗法操控人的欲望，使我们避免犯下不道德的罪行。这部小说的主人公，暴力的流氓亚历克斯（Alex）的眼睛被用金属镜撑开，在一种引起人恶心的药物的影响下，被迫观看暴力电影。因而，就像一条巴甫洛夫狗[1]一样，他被洗脑了，每当想到犯罪时，他就会感到恶心难受。尽管这个疗法确实让他变得温顺了，但缺点是，他看的这些暴力电影的配

[1] 巴甫洛夫（Pavlov，1849—1936）是俄国生理学家和心理学家，他利用狗看到食物或吃东西之前会流口水的现象，做了一个著名的有关条件反射的实验。

乐是贝多芬的《第九交响曲》。亚历克斯不仅无法犯罪，而且每次听到《欢乐颂》，他都会想吐。

如果我们能完善“卢多维科疗法”，即使我们能不去做类似试图治愈同性恋的傻事，最终我们也会瓦解英雄主义、尊严、勇气、希望和爱的价值。传记这个概念，就算不会失去所有意义，也会让人失去所有兴趣。正如安东尼·伯吉斯教导我们的那样，不会再有贝多芬，也不会再有《欢乐颂》了！康德指出，如果做对的事总是有报偿，那么做对的事就会丧失其道德价值。“假设我们能够获得关于上帝存在的科学知识……我们所有的道德都会崩塌。人在每个行动中，都会代表上帝做自己的奖赏者或复仇者。这一形象会强行进入他的灵魂，他对奖赏的希望和对惩罚的恐惧，会取代他的道德动机。”[6] 如果没有做错误选择的空间，如果在这个世界中，我们的道德观与事物发展之间不存在差距，那么自私行为与道德行为之间的区别会消失不见。我们需要一个道德不连贯的世界，才能拥有道德！我们需要无意义的背景，才能让生命具有意义！

如果不消灭我们的人性，我们就无法逃避“罪恶问题”。真正的人类存在需要由死亡、痛苦和自由构成。我们必须将一些死亡、痛苦和自由的例子称为“恶”。在必要的痛苦和不可接受的痛苦之间画一条界线，是人类存在的必要条件。那条线的任何形式，无论是上帝画的，还是一群哲学家画的，都在某种程度上将会而且必定会显得不公平，至少对受苦的一方来说如此，除非我们抛弃这难以控制的大脑。我们的境况便是如此——我们被正义和痛苦两种概念撕扯着。如果没有上帝将我们撕成两半，我们自己也会这样做。

无意义痛苦的问题既没有驳斥上帝，也没有驳斥我们；它构成上帝，它也构成我们。问题并非在于“解决”一个问题，而在于去过一种经过审视的生活，根据加布里埃尔·马塞尔（Gabriel Marcel）所说的奥秘：“一个问题侵入了它自己的数据，可以说是侵犯了它们，因此超越了其自身，成为一个简单的问题。”[7] 事实上，我并不想看到解救委员会，不过我希望有医生、护士、心理学家和哲学家或精神顾问组成的咨询小组，他们从伦理方面与患者及其家属，谈论其最重要的医学决定。重点不是通过画出理想的痛苦和死亡的界线，解决罪恶问题，重点是一起面对痛苦的奥秘——面对与生死相关的价值问题，作为一个共同体，寻求接受痛苦和使用有限的技术力量进行抗衡之间永不完美的平衡；重点是帮助患者自己做决定，根据他们自己的本性，做出痛苦的决定，超越病理学、医疗方法、延长生命、降低疼痛等技术问题。

我最近参加了我亲爱的朋友迈克尔（Michael）的兄弟史蒂夫·贾奇（Steve Judge）的葬礼，他突然在54岁时去世了。史蒂夫的一生可以说是研究痛苦的案例。他年轻时，顺风顺水，人聪明，长得又帅，擅长体育，善良又尽责。他在美国空军学院（Air Force Academy）表现优异，谁知他被蚊子叮了一口，结果患上了脑炎，昏迷了几周。等他清醒后，被诊断出患有严重的慢性精神分裂症。在接下来的三十年里，直到他心脏崩溃，他一直被妄想、焦虑和偏执困扰。宇宙就像一个顽皮的孩子，曾经用似锦的前程戏弄着他和他的家人，结果却像对待精心堆砌的积木一样，将他推倒。然而，面对精神疾病的种种挑战，在调动所有毅力、善良，甚至感激的努力下，史蒂夫和他的家人从中找到了一种全新的、安静的、单调的英勇行为。在他母亲的倡导下，史蒂夫服用了一种抑制精神病的药，可以缓解他的错觉，让家人偶尔看到他原来的样子。史蒂夫的姐姐凯特在葬礼上分享了一些简短而炽热的记忆，一些来自他的黄金时代，一些来自他的混乱时代。她总结道："我花了很长时间，才意识到问题不是'为什么会发生这种事'，而是'我们该如何回应'。"是的，这才是核心问题。

第二部分　看待痛苦的四种古典方式

这是个钻石般珍贵而稀有的礼物。

——安娜·斯沃尔

1506年，教皇尤里乌斯二世（Pope Julius II）被告知在圣玛丽亚马焦雷（Santa Maria Maggiore）附近的一座葡萄园中，发现了一些有意思的雕像。他派出了两位据他所知对古代世界有浓厚兴趣的人前往，这两个人是建筑师朱利亚诺·达圣加洛（Giuliano da Sangallo）和艺术家米开朗琪罗·博纳罗蒂（Michelangelo Buonarroti）。当他们来到出土雕像的坑时，朱利亚诺气喘吁吁地说："是《拉奥孔》（*Laocoön*）！普林尼[1]提到的那座雕像！"米开朗琪罗已经开始动画笔了。

[1] 普林尼（Pliny，23/24—79），世称老普林尼，古罗马百科全书式作家，著有《自然史》。

这座《拉奥孔》雕像一直在梵蒂冈博物馆的雕塑庭院中展出，它自文艺复兴时期被发现以来，基本上一直是人类难忘的关于痛苦的形象。拉奥孔是一位祭司，当希腊人试图使用特洛伊木马的诡计时，他告诉他的同伴们："不管那只木马是什么，不要相信它：即使希腊人手捧礼物前来，我也对他们不放心。"然后，他将手中的长矛投向挖空的木头上。可是，希腊人打败特洛伊人已经被预先安排好了，诸神不希望一位能够预言的祭司破坏计划。所以，密涅瓦（Minerva）[1] 派出两条巨大的海蛇，不仅杀死了疑心重重的拉奥孔，还杀死了他的两个儿子。

朱利亚诺和米开朗琪罗非常兴奋，因为普林尼称《拉奥孔》是"一件比任何绘画或青铜雕塑都要优秀的作品"。[1] 它确实没有令人失望，过去如此，现在亦如此。在这尊大理石雕像里，蛇与人物的四肢纠缠着，其表现力如此强烈，仿佛如果你伸手去碰，它就会扭动。拉奥孔的一个儿子被巨蛇咬了，几乎一命呜呼。另一个儿子仍在拼命地与蛇搏斗，他望着父亲，脸上带着失望和愤怒。拉奥孔在中间，他身体展开与蛇搏斗，陷入了痛苦的私人世界。

这座雕像其中一个吸引人之处在于拉奥孔的体格。正是那些肌肉的完美线条给了米开朗琪罗灵感：他对男性身体之美的感受非常强烈。根据普林尼的说法，三位雕刻家合力完成了这座雕

[1] 罗马智慧女神，希腊名为雅典娜（Athena），是三大处女神之一。

塑：阿格桑德（Agesander）、波吕多罗斯（Polydorus）和阿瑟诺多罗斯（Athenodorus）。据我所知，他们选择极度的痛苦作为主体，只是因为，这样他们就有机会展示每块肌肉同时活动时的模样。毕竟，痛苦是众多雕琢美丽的凿子之一。

这座雕像的另一引人入胜之处，在于它呈现出了人类处境的根本方面。它所讲述的故事是：痛苦毫无意义。雕像中的男人正遭受痛苦和死亡，**因为**他具有德行！而且，受惩罚的不仅是拉奥孔，连他的孩子都必须受苦并且死亡！雕像中刻画的人物是如何面对这一宇宙残酷事实的呢？一个孩子体现出人类理性最初的态度，他反叛。另一个孩子代表人类理性最终的挫败，他被剥夺了反叛的奢侈，脸上"为什么偏偏是我"的表情，逐渐变成对不可避免的死亡的无力的接受。而拉奥孔综合了左右两种态度。一方面，他强大的身体在尽其所能地击退巨蛇；另一方面，他的脸上没有对自己命运愤怒的拒绝。他只是在受苦，只是在呐喊。他的苦痛让他回归了动物的天真。从这个意义上说，这尊雕塑呼应了维吉尔（Virgil）在《埃涅阿斯纪》（*Aeneid*）中的诗句（抑或维吉尔的诗句呼应了这尊雕像——《拉奥孔》的确切完成日期尚不清楚）：

> 与此同时，他的手撕扯着绳结，
>
> 他的腰上沾满唾液和黑色毒液，

与此同时，他可怕的尖叫声刺破天空，

仿佛一头受了伤的公牛逃出祭坛，

试图抖落脖子上没有瞄准的斧头。[2]

“与此同时”的重复至关重要，强调了人类的复杂处境。我们必须使用我们的理性与我们似乎被没有瞄准的斧头砍了一刀的境况抗争；相悖的是，与此同时，我们还必须以无知生物的身份生活，以维持和毁灭我们的秩序。在与巨蛇搏斗之前，拉奥孔向神明献祭了一头公牛。而现在，他就是牺牲品。

维吉尔描述的悖论更为尖锐。如果拉奥孔成功警告了特洛伊人，让他们免于中希腊人的诡计，希腊人就不会征服特洛伊。如果希腊人没有征服特洛伊，埃涅阿斯（Aeneas）就不会逃离这座城邦。如果埃涅阿斯没有逃离特洛伊城，他就不会去拉丁姆（Latium），罗马就不会建立。因此，如果无辜的拉奥孔没有受难，罗马就不会存在。没有悲剧，就不会有文明。没有无意义的痛苦，就不会有人性。这是否赋予无意义痛苦以某种意义？是，也不是。在《拉奥孔》和十字架两个基本形象中，无辜者的痛苦都是那么强烈、那么过分，因而蕴含着最大的意义。

几年前，我荣幸地参加了贝蒂·库珀（Betty Cooper）的百岁寿宴。我知道她的祖先和托马斯·杰斐逊（Thomas Jefferson）一家乘同一艘船来到弗吉尼亚。当我和她握手时，我想着在她儿时也握过她的一位长辈的手。我想着，我离托马斯·杰斐逊只有两三个握手的距离！

如果继续我的这种幻想，使用《圣经》中的70年寿命作为粗略的标准，我们与莎士比亚只有6个握手的距离，与圣女贞德（Joan of Arc）只有8到9个握手的距离，离耶稣之间的距离也只有不到30个握手。换言之，如果我们在一个足球场上，将我们与耶稣之间的一连串生命排列起来，我们在重点区，他就在20码线附近。我们要想对话，几乎不用抬高嗓门。而再加上10个握手，我们就来到了拉奥孔和特洛伊战争的其他参与者那里。我可以准确地传球给阿喀琉斯（Achilles）。卡姆·纽顿（Cam Newton）[1] 能传球给拉斯科（Lascaux）洞穴[2] 的一位画家。想象到遥远的未来，我们的后代会将公元前1000年到公元3000年这样的时段，看作是一整个没什么差别的时间段，就像我们将新石器时代的几千年模糊在一起一样，我不觉感到可笑。

我所研究的思想家确实属于一段独特的历史，可以将他们

[1] 美国职业橄榄球运动员。

[2] 位于法国多尔多涅省，是一个保存了丰富的史前绘画和雕刻的石灰岩溶洞。发现于1940年，因洞中图像种类繁多，制作方法多样，被誉为史前的卢浮宫。

当作古代史探讨，可是，我用握手的例子是想说明，我们与历史记载的任何时刻都没那么遥远。你的祖父、曾祖母，或离你有 50 辈的老祖先，对生活的看法，也许没那么不符合现实。本书第四堂和第六堂将会探讨的思想家，《约伯记》的作者和孔子，位于苏格拉底和荷马之间；第五堂探讨的爱比克泰德离耶稣并不远；最后一堂探讨的悉尼·贝谢（Sidney Bechet），离我们只有一个握手的距离。我无意贬低历史的重要性。其实，我想看到更多关于历史的曲折如何影响痛苦的哲学和文化，以及又如何被痛苦的哲学和文化影响的那些细致的研究。然而，我认为有些思想和形象不会因为他们所处的时代背景而失去其意义。尽管自拉奥孔的时代以来，发生了许多变化，但多年来，虽然我们拥有美德，但我们仍在受苦和死去的这一事实并没有发生太大的变化。

孔子说："温故而知新，可以为师矣。"[3] 复兴人类遗产中有价值的东西是作为人的一个重要部分，用 W. H. 奥登（W. H. Auden）的话来说，就是"与死者共餐"（break bread with the dead）。[4] 与死者共餐时，我们当代的头脑可以学习古老的东西，从而创造出新的东西。目的就是复兴。波兰伟大的诗人和散文家兹比格纽·赫伯特，是我崇拜的对象之一，他说过，通过适当的脑力付出，我们能与达·芬奇同处一个时代，我们仍能见到活生生的苏格拉底，在岩洞壁上使用红赭石作画的第一个人可以成为我们的同代人。当赫伯特从法国西南部的洞穴壁画中回到现实时，他感觉到手掌上“拉斯科画家触摸的温度”。他宣称：“我是地球公民，不仅是希腊人和罗马人的继承者，还是几乎所有无穷时间的继承者。”[5]他在散文《协定》（*Pact*）中，描述考古发现了石器时代中期的一副受损的人类骨骼，其右臂放在一条五个月大的小狗的骨头上。赫伯特看到这个富有柔情的动作，感动地说：“石器时代的人用充满爱的声音，向我们低语。他证实了一万二千年前立下的协定，历史上有多少暴君的协定背信弃义，最终被遗忘和轻蔑的尘土所掩盖，而这个协定比它们都要持久。”[6]

感谢上帝，我们不会再回到过去的那种生活。如果现代性的工程为我们带来了一些重大的问题，那只是因为它解决了一千个其他问题。然而，这些重大问题仍然存在，现代最优秀的灵魂一直都坚持着努力纠正我们对自然的过度更改。在看到我们的局限，重新定位我们的价值观方面，过去不可或缺。我们与抚摩小狗的一万两千岁的兄弟，没什么区别。让我们忽略暴君的背叛，无论这种背叛是大是小，让我们继续证实他的协定。

这一部分探讨了四种看待痛苦的方法。至少还有四种看待痛苦的古典方法。在《下一站，天堂》（*On Death and Dying*）一书中，伊丽莎白·库伯勒-罗斯（Elisabeth Kübler-Ross）指出了我们对晚期疾病的不同反应阶段。前四个是否认、愤怒、讨价还价和忧郁。生活本身就充满各种各样的晚期疾病。我们常常处于遗忘、愤怒或忧郁等不同阶段，我们的技术生活方式是建立在试图通过讨价还价摆脱痛苦的基础上的。否认、愤怒、讨价还价和忧郁，是拒绝或无法从痛苦中找到意义的四种方式。这些反应都可以理解。我在自己的个人生活中，仔细研究过每一种反应！

库伯勒-罗斯指出的最后一个阶段，也是最诚实和最自由的阶段，即接受。如果这本书的第一部分是致力于探索无意义痛苦这一理念的命运，那么这一部分则是致力于探索无意义痛苦能够并且应该被有效接受的程度。在这些看待无意义痛苦的永恒方式中，有三种是现代之前的，而第四种植根于对美国黑人普遍的政治压迫，或许这并非巧合。这些处理痛苦、不公和死亡的方式并不是幻想天堂就在几粒药或几条法律之外。然而，这些方式并不是仅仅包括在面对痛苦时耸耸肩，直接放弃。关键是要认识到我们独特的脆弱之处，这样我们就可以从彼此和宇宙中得到弥补。这些看待痛苦的方式都使我们能够充分利用我们的能力，尽可能真实、公正、美丽和快乐地生活。

有一种可怕的图片，询问人们如果时间旅行成为可能，他们是否会穿越回去，杀死幼儿时期的阿道夫·希特勒。在我看来，提出的这个问题总是关于谋杀婴儿，而不是比如说，回到希特勒的母亲受孕的那一晚，在他的父亲阿洛伊斯（Alois）脱下他的母亲克拉拉（Klara）的内裤之前按响火警警报，这种设想对人性似乎是一个不好的信号。尽管反设事实有点愚蠢，但理解这部分想法所体现的中心悖论，这种接受与对抗痛苦的悖论，是去思考，如果有改变历史的时光穿梭机，你是否会救助拉奥孔和耶稣，即使你知道这样做将会抹除罗马文明、基督教及其所有分支。你会在神明有机会让拉奥孔永远沉默之前，到特洛伊城揭穿奥德修斯（Odysseus）的诡计吗？你会在罗马执政官庞休斯·彼拉多（Pontius Pilate）将选择一人减刑时，激发人群高喊“耶稣”而非“巴拉巴”（Barabbas）吗？一方面，如果你有能力救助的话，任由拉奥孔和耶稣承受苦痛的命运，是一件令人难以想象的可怕行为；另一方面，将西方文明从存在中抹去，也是一件令人难以想象的可怕行为。即使你想指控罗马和基督教，在其恐怖的统治下，带来的痛苦超过幸福，他们也依然为人类生活带来了无价的东西——如果有必要的话，想象西塞罗（Cicero）、莎士比亚、巴赫（Bach），或者你的姨妈——这些东西具有另一种完全不同的价值，它们超过了西方文明施加的无可否认的可怕痛苦。你会救助拉奥孔和耶稣吗？我们应该如何对待作为人性根本的无意义痛苦？

这一部分试图勾勒《拉奥孔》，不为其物质形象，而为其蕴含的精神悖论。

第四堂　痛苦展露无知：论《约伯记》与自由的意义

的确，未知是才智最大的需求，

然而，没有人想到感谢上帝。

——艾米莉·狄金森

我要向约伯身上再施加一次不公。稍后，我要对《圣经》中直接处理无意义痛苦的章节，犯下文学评论家克林斯·布鲁克斯（Cleanth Brooks）称作“释义的邪说”（heresy of paraphrase）的错误。但和上帝不一样，我愿意为我的不公行为，提供一种理由。

《约伯记》是希伯来“圣经”《圣文集》（*Ketuvim*）中的一本诗集，它本身就是不公正的结果。根据历史学家的说法，大家熟识的版本是混合而成的，是公元前7世纪至公元前4世纪，由多个不同的作者编纂出的两个或两个以上的文本构成的：一个是关于一位老实的约伯经历艰难依然保守信仰的简单的民间传说；另一个是讲述一位愤怒的约伯质疑上帝的复杂哲学讨论。在我看来，这种文本的不公，其实是伪装的公正，因为比起任何独立的版本，这个混合版本更符合现实的复杂性——不过，比起夹杂的有趣的民间故事，我自己更喜欢中间部分无聊的长篇讨论。

在迈克·塞万提斯（Mike Cervantes）的建议下，我在奥克代尔监狱一开始教的内容是康德的道德哲学。接着，我们对恶的概念进行了有趣的讨论。然后又讨论到罪恶问题和《约伯记》。因为《约伯记》文本的有些部分比较艰涩，所以我们在监狱的讨论没有用事先准备好的讲座开场，我觉得进行一场读者戏剧表演，将文本内容提炼成或多或少的现代声音，会更有效率，而且更有趣。所以，为了这些罪犯，我改写了《约伯记》，犯下了"侵犯"《圣经》的罪行。有时，或许"邪说"是通往神圣的第一步。

《约伯记》：一个不公正的阐释

个人戏剧

上帝或耶和华，造世主，据说仁慈而且万能。这个角色由我来扮演，不是为了享受权力，至少不主要出于这一目的，而是因为我想确保他的讽刺语调在最后高亢清晰。

魔鬼代言人（希伯来语，hassatan，“撒旦”），上帝最信任的顾问，这个角色心存怀疑而且寻根究底。*许多囚犯想要扮演这一角色！*

约伯，一个拥有一切的人：健康、财富、大家庭，以及使他值得拥有美好生活的道德品格。他确切信奉什么宗教尚不知晓，不过他既不是犹太人，也显然不是基督徒或穆斯林。*约伯的扮演者是一个19岁时因性虐待一个女孩八年（也就是说，他11岁时开始猥亵的一个女孩），而被判处终身监禁的年轻人。*

约伯的妻子，一个说话直白的女人。*将一个女性的角色，分配给只有男性的监狱的一名囚犯，我有种种顾虑，因此我让我的妹妹阿曼达（Amanda）来扮演这个女性角色，她在这座监狱中自愿教西班牙语。*

以利法（Eliphaz）、比勒达（Bildad）和琐法（Zophar），约伯的朋友。*扮演者是三个囚犯，分别是一个基督徒、一个自称信奉诺斯替教（Gnostic）*[1]*的教徒，和一个无神论者。*

[1] 诺斯替教属于基督教异端派别。

以利户（Elihu），一个似乎无所不知的年轻人。扮演者是我的朋友西蒙，他因涉嫌谋杀一个皮条客而被判处将近三十年的终身监禁。

旁白是迈克·塞万提斯读的，他是这个教育项目的协调员。

旁白：在中东一个安静的地方居住着一个叫约伯的男人，他是一位好丈夫、父亲、商人、邻居和上帝的仆人。在他头顶上，上帝和魔鬼代言人正在天堂聊天。

上帝：……我知道，我知道，人类这个发明惊人的糟糕。但我能从约伯身上得到安慰。你看看他！我希望所有人都像他那样真正善良。

魔鬼代言人：他真的善良吗？他确实没有做错什么。但是考虑到他的生活，做正确的事对约伯来说并不难。你肯定读过康德的著作，他认为要拥有真正的道德价值，一个人必须做正确的事，因为这样做是正确的，不只是因为这样做会带来好的结果。唯一能检验约伯是否真正善良的方法是，看他如果被剥夺了舒适的生活会怎么做。我个人觉得，他不会继续向善。

上帝：想打赌吗？

魔鬼代言人：正有此意。

上帝：那就让他遭受苦难吧。

旁白：接下来的几个月，对约伯来说是场可怕的考验。一支来自西方的帝国军队袭击了他安静的家园，以和平和正义的名义，用无人机发动袭击，摧毁了约伯所有的财产，还杀死了他所有的雇员。虽然帝国军队很快没有了战斗的意愿，离开了他的家园，但约伯的十个孩子却受到了严重的心理创伤。约伯鼓励他们去参加派对，忘却他们的烦恼。一场龙卷风袭击了举行派对的房子，约伯的十个孩子死在了废墟之中。

约伯的妻子（悲痛而愤怒地）：所以，这就是正直的生活带给我们的？如果我们想保留一丝丝尊严，现在只有一件事可做，那就是咒骂上帝。他也许手握所有的牌，但我们不必热脸贴冷屁股。

约伯：不，我绝不会诅咒上帝。当我们一切顺风顺水时，我没有问“为什么偏偏是我”；现在一切进展糟糕，我也不会抱怨。上帝赐予的，上帝拿走。这是他的权利。

旁白：他们继续悲伤。

上帝：看！约伯还很善良！

魔鬼代言人：他还拥有他的健康……

上帝（毫无迟疑地）：好吧，给他一种疾病。

旁白：于是，约伯患上了十分痛苦的高免疫球蛋白E综合征[1]。为了记住这种疾病可怕的症状，医学院学生会记一个缩略语——FATED：面容（Facies）粗糙或像狮子，寒性葡萄球菌脓肿（Abscesses），乳牙（Teeth）不脱落，血清 IgE 增高，皮肤病（Dermatologic）。约伯的朋友们，以利法、比勒达和瑣法，来探望约伯。他们看到他身心都受到巨大苦痛，于是静静地陪在他身边一个星期。终于，约伯开口了。

约伯：生命是恶的。我希望自己从没被生下来。

以利法：你反应过度了。别放弃！想象你曾经在人们遭受苦难时，给他们的建议：善有善报。而且，你还不是天使。上帝洞悉一切，甚至包括你内心深处的念头。你必须因你的罪恶而受到惩罚，这并不奇怪。

约伯：你可真是个好朋友啊！所以，上帝一直在监视我，统计我最细微的罪行，现在为了惩罚我，摧毁了我的财产，杀害了我的孩子，还额外添加了令人痛苦不堪的皮肤病？！这听起来真令人欣慰。谢谢你。

比勒达：你太以自我为中心了，约伯。这不是上帝的错。战争是拥有皇权的人发动的。派对是孩子们做的事。坏事情发生是有原因的。你的行为真的无可指摘吗？

[1] 此病也被称为“Job 综合征”。

你真的值得在人生路上没有一点坎坷吗？上帝对一切皆有计划。我们的祖先一直相信上帝是公平的。你不会认为你比他们更睿智吧！

约伯：听我说，我不是要审判上帝。我只是在问："为什么不审判人性？"我疼痛难忍，我的孩子们都死了，我的财产也毁掉了，哪有一点证据证明像我这样的人遭受这样的命运是我们应得的？好似上帝让恶统治着世界。

琐法：我赞成比勒达和以利法。上帝是仁慈万能的，你只是正好在受苦。而我们会在怀疑上帝之前，先怀疑你。

约伯：那是因为你们都傻。你觉得上帝会喜欢你用谎言奉承他吗？（对上帝说）如果监视我和我的家人，将我们做错的每一件小事都记录下来，这些你都有时间，你就不能花几分钟给我一个答案吗？我做了什么？你为什么躲着我？当我死后，我会永远消失。难道在无法理解的情况下生活、受苦、死亡，真的是我的命运吗？

以利法：你凭什么挑战上帝？！

比勒达：花一小会儿想想除你之外的其他人，约伯。我们大多数人是如何度过每一天的呢？我们相信一切都会好起来的。你真的想毁掉唯一给我们希望的东西吗？

约伯：先是上帝折磨我，现在我的朋友也折磨我。我没办法放弃我应该得到答案的想法！

琐法：约伯，不要往阴暗面想！坏人永远不会有好报的。他们的良心总是受到啃噬。

约伯：你在开玩笑吗？明明是恶人常常亨通。现在，我真希望自己是其中一个邪恶而快乐的人。

以利法：约伯，我们不想对你说难听的话。但是我们得承认，你是恶的。你生活富足，而世界上千千万万的穷人却在受苦。你觉得那是善良吗？现在你还自私透顶地要求上帝放下他统治整个宇宙的重任，给你详细罗列你忽略穷人或伤害他人的一千零一种方式。你应该庆幸，上帝没有让你受更多苦难！

约伯：我受够这些了！我想要找上帝，可我不知道在哪里能找到他。如果上帝要让我接受考验，我知道他会发现我并没有做任何值得如此遭遇的事情。

旁白：约伯和他的朋友们七嘴八舌地吵了起来，激烈地重申着各自的立场。最后，约伯的声音压过了他们的声音。

约伯：我不在乎别人说什么！只要我活着，我就要说实话。我们找到了每一个可以开采石油的地方，却仍然没有找到有一滴智慧的地方。我们能做的，不过是尽其所能说出真话，希望有一天我们能找到它……如果我能回到过去的美好时光就好了！我是个正派的人。如果我在说谎，那让我的妻子给我戴绿帽子吧！

旁白：一个年轻人一直在旁听他们之间的谈话。他终于开口了。

以利户：人们总是说，你应该听长辈的话。我一直在听你们说话，结果发现你们这些“睿智的”长者一直在找寻的答案，我手中就有。第一，你抱怨上帝不肯跟你对话。你做过梦吗？那是上帝在对你说话。第二，上帝是完美的。他不需要我们的善良，他也一点不会因我们的恶而困扰。他所关心的只是伸张正义。所以，你所得到的，约伯，肯定是你应得的。第三，即使你受苦过多，对你也有好处！痛苦让你成为更好的人。第四，你见过雷暴天气吗？那是上帝的杰作。你永远不知道他会做什么！所以，这些应该基本上回答了你所有的问题。

旁白：上帝一直在偷听他们的谈话，突然以杀死约伯孩子的龙卷风的形式出现。所有人都惊恐地藏起他们的脸，只有约伯直视着龙卷风。

上帝：我听得对吗，约伯？你是说，你想接受考验？没问题。勇敢点，回答我的问题。首先，你设计过像你现在所在的地球一样，有环环相扣的生态系统的生命星球吗？请你仔细告诉我要怎么设计——你知道的，就是那种当你完成设计时，所有天使都会鼓掌称赞的那种星球。或者，也许我们应该从一个容易点的问题开始。你建造过海洋吗？告诉我你认为的完美平衡的凝结、水位、光合作用、阿米巴虫、鲨鱼、盐度等，是什么样的。要不然让我们换一个更容易的问题，你要怎样让阳光在地球的大气层中产生黎明的绚烂色彩？还有，你知道宇宙最后会怎样终结吗？……另一边是什么？你知道你的生命会如何终结吗？……接下来会发生什么？你随时都可以开始回答这些问题。或者，也许你想先谈谈更容易的话题，比如雪花的产生、世界的毁灭、风相互的作用、冰雹的价值、沙漠花朵的重要性、露珠的形成、冰河时代的历史、闪电的形成、狮子和羚羊相互的进化、鸵鸟的美学，或猎鹰的眼科学。既然你知道这个世界应该如何运转，那我真的想听你说说……大声点，我听不见……你哑巴了吗？

约伯：对不起，我说得太多了。

上帝：你不是对我的判断有意见吗？快啊，装扮成上帝，在神座上坐一会儿，按照你认为合适的方式管理整个世界。别客气。惩罚任何你认为恶的人，奖赏任何你认为善良的人。消除人类对世界的看法与世界现状之间的差距。无可否认，你对如何管理宇宙一窍不通……但是，我肯定你的判断一定天衣无缝，一切都会顺顺当当、妥妥帖帖……听着，让我告诉你我的几样发明。首先，想想你甚至没有命名的那个东西。我们管它叫作贝希摩斯[1]吧。它是生命力，是性欲，是创造生命的野性。如果你想描绘它的样子，想象一条巨大的鳄鱼。你为什么不用绳子拴住这只巨大、贪婪、吃人的野兽，带它出去溜一圈呢？其次，想想我们所谓的利维坦。想象一头巨鲸。它是浩瀚的未知，是无穷，是生命形成和对抗的混沌。你想将利维坦装在鱼缸中吗？你想将利维坦切成寿司那样的碎片吗？你光是瞥见它一眼，就会当即倒下死掉。它打的喷嚏是闪电。除了我，它蔑视万事万物。贝希摩斯和利维坦，尽管它们的野性对你存在的意义和所有生命的存在至关重要，但你去驯服它们吧。让我们看看会发生什么。

约伯：我一直试图将叫不出名字的东西，塞进人性的微小范畴之中。我怀疑我的生命唯一可能存在的宇宙。到目前为止，我只听说过上帝，现在我亲眼见到上帝，现在我真的知道我不过是人类了，我会闭嘴的。

上帝：以利法、比勒达、琐法，你们过来。（以利户，我甚

[1] 贝希摩斯（Behemoth），传说中上帝创世第六天创造出了贝希摩斯和利维坦，贝希摩斯是一种巨大的怪物，又被叫作比蒙巨兽。

至都懒得理你！）如果你们认为我生约伯的气，你们就错了。我在生你们所有人的气。约伯问诚实的问题，而你们却给他虚假的答案。约伯和以往一样，表现得像是一个诚实的人。然而，和宗教信徒的惯常做法一样，你们表现得像是骗子。你们需要忏悔。如果我选择原谅你们，那也是看在像约伯这样的人的分上。

旁白：约伯身体痊愈了，他的财产恢复了，他的生意甚至比以前更成功。他和妻子又生了十个孩子，这些孩子个个都比他们以前的孩子更聪明、更好看。约伯活到亲眼见到他的孙子和曾孙出生，然后寿终正寝，安详死去。

完

我的释义当然不公正，很不公正。我撇除了世界上最庄严的诗意。《约伯记》的语言是高贵的，而即使是最好的译本，《约伯记》的语言也不仅仅是对其中信息的修饰，它本身就是要传达的信息。上帝的话语是无法改写的。上帝关于创造浩瀚与复杂性的诗意不仅无与伦比，而且带有浓重的反讽，因而显得更加宏大。[1]

[1] 本章《圣经》引文的中文译本，取自通行的和合本。

> 雨有父吗？露水珠是谁生的呢？
>
> 冰出于谁的胎？天上的霜是谁生的呢？
>
> 诸水坚硬如石头，深渊之面凝结成冰。
>
> 你能系住昴星的结吗？能解开参星的带吗？[1]

只有上帝有讽刺银河系的权威！然而，其中至关重要的不光是上帝的诗意，约伯的话语也诚心诚意，令人心痛。

> 树若被砍下，还可指望发芽，嫩枝生长不息，
>
> 其根虽然衰老在地里，干也死在土中；
>
> 及至得了水气，还要发芽，又长枝条，像新栽的树一样。
>
> 但人死亡而消灭，他气绝，竟在何处呢？[2]

我的释义也是罪恶的，因为有许多段落暗示着多重——似乎无穷无尽的——诠释。正如哈罗德·库什纳拉比（Harold Kushner）所说："在我使用的《约伯记》英文译本中，几乎每页都有一个脚注，写着'希伯来语的意义不确定'。"[3] 简言之，我将一首编号奇怪的贝多芬交响曲，改成了一首轻快的即兴乐队作品。

我希望我的释义能表明在文本中清晰可见的一点。上帝最终出现时，他多次强调，约伯的朋友在谈论他时，说得不对，而约伯说的是对的。这点引人注目，因为约伯的朋友们竭尽全力捍

卫上帝，而约伯坚持说他遭受的苦难不公。约伯虽然没有咒骂上帝，但他像投掷一枚接一枚的手榴弹一样，对上帝创造的一致性，提出了毁灭性的问题。约伯在抱怨和沉思的过程中，说了各种苛责的话，其中一些相互矛盾。尽管如此，上帝还是说，坚持说苦难毫无意义的约伯，说得对。

换句话说，《约伯记》是对哲学和其他人文科学的深刻辩护。说得对并不意味着说出你认为上帝或社会想听的话。它意味着，找到一种符合充满无聊、恐惧和自豪的现实的语言。它意味着不听信胡言乱语，努力看清事物的本来面目。在这种说话方式中，诚实提问比简单回答更好，试图将事情做对而导致的自相矛盾，比试图掩盖不妥的和谐更好。换句话说，这是哲学、科学、文学和其他人文学科的做法，这些学科不仅仅是一堆需要记忆和掌握的想法，也不仅仅是找工作、操控自然的便利工具，也绝对不是能够解释一切的一堆漂亮的理论，而是理解上的冒险。《约伯记》展现出了上帝所代表的一种令人毛骨悚然的自由。不过，它也向我们展示了哲学的自由，这种自由是从宇宙不公的苦痛和壮丽中拧出来的。这就是我们在表演后讨论《约伯记》时囚犯们的自由。

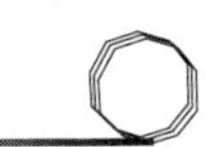

无神论者们在《约伯记》中找到了大量驳斥上帝的弹药，

信徒们也从中找到了大量捍卫上帝的弹药。有趣的是，尽管我没有让囚犯们继续戴着他们的面具，可多数囚犯还是会为其饰演的角色辩护。例如，扮演约伯的囚犯坚持说，上帝从未真正解释过自己：世界上大量的不公，不可能有合理的解释。由于在抽象讨论的表面下，常常隐藏着非常真实的痛苦和焦虑，我想知道，在多大程度上，我这位远非无辜的约伯接受了他造成了如此多无意义痛苦的事实。我也想知道，在多大程度上，他感到自己像是上帝不公正的受害者。他毕竟是一个11岁就开始猥亵一个女孩的人。如果他真的对自己的罪行感到愧疚，那么他的人生出现过很大的错误，这个错误不是完全或主要由他造成的。我想知道，是否在我们所有人心中，即使是最铁石心肠或反社会的罪犯，也有一种无限温柔、无限痛苦的东西，更不用说这位热情的、受伤的、有罪的年轻约伯。我开始感受到索福克勒斯所写的悲剧或悉尼·贝谢演奏的蓝调乐曲，其核心的那种伤痛，约伯如此痛苦地表达的伤痛。当我开始用更笼统的语言概括出我的思考时，我们的谈话被打断了：一名健谈的囚犯必须在被送往另一所监狱之前，与我们最后道别。在与我们拥抱和握手后，他的临别祝福是："我衷心祈祷，无论走在哪一条路上，你们每个人都能找到自己寻找的东西。"

在表演《约伯记》之前，我给囚犯们讲了经典的罪恶问题，即如何调和一位仁慈万能的上帝与无意义痛苦的存在。一些坚定的信徒对这一问题的反应，几乎与约伯“虔诚的”朋友们的反应完全一致。我问道：“为什么有些孩子出生时患有严重疾病，很快就夭折了？”一名犯人回答说：“也许这个孩子长大会做恶事，现在上帝让我们免受其恶果。”另一个说：“这个孩子因人类以往的罪孽而受到了惩罚。”还有一个人说：“也许因为这个孩子的癌症，我们会找到一种治疗方法，挽救万千性命。”这些回答都不能解释为什么**这个**小约伯必须受难。我问道：“有没有人愿意向当地医院受苦的孩子及其父母这样解释？”

从《圣经》这一权威信息来源中，我们能够看出，这种对苦难的“虔诚”反应是虚假的——也许并不是不诚实，但也没有多真诚。那些做出这些反应的人，并没有试图找到解释，而是试图保护他们作为信徒的身份。他们就像约伯的虚假安慰者一样，在合理化自己的身份。他们不是真的相信上帝是仁慈的，他们是担心如果他们说上帝不仁慈而会发生的事情。（说句公道话，提出罪恶问题作为反驳上帝的依据的无神论者，一般也在合理化自身，他们寻求了一个巧妙的方法，想让儿时所学的上帝突然消失。）

在《梦的解析》（*Interpretation of Dreams*）中，弗洛伊德（Freud）讨论了大脑经常为了实现愿望使用自相矛盾的逻辑。他像是在指约伯的朋友们所说的话。

整个辩词……生动地回忆了一名被邻居指控归还了一

个破损水壶的男子的抗辩。他说，首先，他将水壶原封不动地还了回来；其次，他借的时候，水壶上已经有洞了；最后，他从来没有借过那只水壶。[4]

我认为以利户的话尤其反映出了标准的捍卫上帝的水壶逻辑："第一，上帝已经解释过无意义痛苦。第二，没有无意义痛苦可以解释。第三，你的无意义痛苦让你成为更好的人。第四，闭嘴，上帝可能在注意听，给你施加一些无意义痛苦！"

阅读《圣经》（并非使用通常的阅读方法，将它当作上帝的话进行赞美或将其作为一堆迷信的废话予以摒弃）的其中一个好处是，发现《圣经》对宗教人士有多严苛。当希伯来《圣经》或基督教《圣经》中的人们，以宗教的名义行事时，他们的行为要么愚蠢，要么恶毒。我开玩笑地安慰囚犯们："我本人认为，《圣经》在这一点上是不对的。尽管宗教往往空洞而邪恶，但我认为它也有其优点，我们不应该仅仅因为上帝的话，就抛弃宗教。"

上帝没有解释宇宙。正如 G. K. 切斯特顿（G. K. Chesterton）[1] 所说："他没有向约伯证明这是一个可以解释的世界，而是坚持说这是一个比约伯想象的更为奇异的世界。"[5] 上帝没有给约伯答案，而是将他的困惑平方，然后三次方。不能被理解的不仅是痛

---

[1] G. K. 切斯特顿（G. K. Chesterton，1874—1936），英国作家、文学评论家。代表作《布朗神父探案》。

苦，宇宙本身也不能被人类理解。即使在最深远的科学进步之后，即使在最深刻的哲学之后，即使在最崇高的艺术之后，即使在最宏大的宗教之后，即使在我们的爱因斯坦和我们的《圣经》之后，宇宙中还是充斥着永远无法解答的奇异性和多元性，它们是深不见底的储备，能够激励更多科学、哲学、艺术和宗教的诞生。我们是贝希摩斯和利维坦的孩子。《约伯记》完全支持无神论者对罪恶问题理解的基本逻辑，只是它之后颠覆了无神论的逻辑。**毋庸置疑，这个世界在道德上说不通。我们需要一个根本上混乱的世界，尽管这种世界永远坚持被崇拜和解释。**（在我们的讨论结束之后，一个囚犯将我拉到一边，给我看了他的那本《圣经》。他在上帝向约伯讲述创造物那令人眼花缭乱又费解的荣耀之语旁边，贴上了明信片和杂志中剪的描绘大自然壮丽景色的图片。）

切斯特顿还说："在怀疑论的大戏中，上帝自身扮演着怀疑论者的角色……例如，他做了苏格拉底做的事情。"[6] 确实如此！苏格拉底是带领那些认为自己知道的人认识到他们的无知的大师。这种新获得的无知，在完全被接受时，会是人类所能获得的最高智慧。正如苏格拉底所说："我肯定比这个人更智慧，很可能我们两个人没有什么值得夸耀的知识，但是他认为他知道自己并不知道的东西，而我深知自己的无知。无论如何，我比他智慧这么一点点，我不认为我知道自己并不知道的东西。"[7] 苏格拉底的所有哲学，以及所有称职的哲学家，都是以我们的无知为前提的。

罗伯特·弗罗斯特（Robert Frost）在《理智的假面具》（*A Masque of Reason*）中，也对约伯犯下了不公。这部1943年发表的诗剧据称是讲《约伯记》的最后一章。在弗罗斯特的版本中，他的约伯像我的囚犯约伯一样，对上帝拒绝回答为什么要如此伤害他感到沮丧不已。约伯甚至绝望地说："当有那么多虚伪而深奥的玄学时，很可能晦涩是一场掩盖虚无的骗局。"（这不光是弗罗斯特对上帝的判断，他对T. S. 艾略特[1]也做出了同样的判断。）最终，上帝给出了一个平庸得可笑且可怕的答案："我只是在向魔鬼炫耀，约伯，正如我在第一章和第二章中所讲述的那样。"[8]

但在《理智的假面具》里，在约伯之前与上帝的一次对话中，我们找到了为什么我们会毫无意义地受苦的更深刻的答案。上帝感谢约伯证明了："人不能从他的理应受到的惩罚与他得到的东西之间，找到任何联系。"我们的痛苦对于上帝来说，比对我们自己更不重要！

我感谢你让我摆脱了人类的道德束缚。

那里唯一的自由意志起初是人的，

[1] T. S. 艾略特（T. S. Eliot，1888—1965），英国诗人、剧作家和文学批评家，代表作《荒原》。

人能自主选择行善或是作恶。

我别无选择，只能追随，

带着人类理解的惩罚和奖赏。

我必须惩恶扬善。

你改变了这一切。你让我自由地统治。

你是你神的救主。[9]

你觉得弗罗斯特的观点奇怪吗？有谚语说："义人不遭灾害，恶人满受祸患。"[10] 如果真的善有善报，恶有恶报，那么上帝就成了我们的道德奴隶。他浩瀚的宇宙必须屈从于我们渺小的人类意志，至少在我们未到达道德善良的时候如此。在这种情况下，上帝特别不像上帝。

坦白说，我们在承受无意义痛苦时，解放了上帝——至少展现了上帝的自由与崇高，或者他的**神性**——而且实话说，他也没起到什么安慰的作用。不过，这一事实确实将我们置于与自己的一种新型关系中。正如上帝因约伯的苦难而获自由，约伯因自己的苦难而获得上帝赐予的自由。在魔鬼代言人向上帝提问的部分，我提到了康德，部分原因在于，我和囚犯们讨论过康德的道德哲学，但主要原因是，《约伯记》是一本非常康德化的书（康德本人有一篇赞美《约伯记》的文章）。这位伟大的哲学家认为，只有当一个行为是出于对我们有益的原因以外的原因做出时，这一行为才是自由的。如果我的每一个慈善捐赠，恰好也给我带来大量的赞誉和税收减免，那么，我怎样才能知道我是不是真的仁慈呢？如果约伯的道德与给他带来幸福的东西完全一致，那么，他的道德不就看不见了吗？另外，我们的道德价值只出现在一个与我们的道德不符合的世界中，一个我们经受的痛苦超过我们应得的世界。在情绪激烈的中间章节，约伯对上帝的质疑是自我认知的过程。通过这一方式，约伯痛苦地打破我们的幻想，认识到自己是真正的道德行动者。我的许多学生，特别是在监狱中开始信教的那些，对这一突破非常熟悉。

因为无意义痛苦使耶和华作为上帝获得自由，约伯和剩下的我们作为人类获得自由，所以上帝和人类现在能有一种富有意义的关系。如果上帝的任务仅仅是奖励我们的道德行为，他会是我们的奴隶，一个我们的道德神灯中的精灵。如果我们的任务仅仅是获得道德行为的奖励，那么我们就无异于被拴在仁慈宇宙上的狗——抑或更可能的是，因为恶劣行为而被关起来的狗。然而，因为我们都是自由的，所以我们的善良具有意义，宇宙也具有意义。无意义痛苦让我们触及我们作为独特的道德生物的部分，让我们触及使我们的存在成为可能的那种宇宙。无意义痛苦让我们离上帝更近。

我担心曾经充满意义的神学语言，如今在许多人听来，就算不是完全的胡说八道，也是脱离现实。尼采说过一句声名狼藉的话："上帝已死。"我在和囚犯们讨论"无意义痛苦让我们离上帝更近"这一想法的时候，我能看到，对一些扬起眉毛的无神论者来说，听起来像是我在说："无意义痛苦让我们能够看到精灵在草坪上跳舞。"这太糟糕了，因为这一点超出了我们对宇宙之中实体科学描述的信念。神学语言其实说明了一些事情，即使很难甚至无法解释清楚这些事情是什么。古往今来，人们使用宗教语言，作为谈论世界上无限意义的最精准的方式，他们不只是在吹"迪克西"（Dixie）[1] 口哨。

为了拓宽这一点，让其超越信徒与无神论之间的分歧，我复述了飞蛾（The Moth）之中一个最著名的故事，飞蛾是一个致力于讲故事的非营利组织。喜剧演员安东尼·格里菲思（Anthony Griffith）讲述了他的一段具有讽刺意味的悲惨命运。那时，他两岁大的女儿病逝，他哀悼着自己女儿，与此同时，为了偿付她的医疗费用，他还在表演喜剧。格里菲思充满激情地讲述着，正当他跌入谷底的时候：

[1] 指美国南部各州及该地区的人民，与指美国北部人的洋基意义相对。

我脑中响起一个声音，就像电影《训练日》（*Training Day*）中的丹泽尔（Denzel）说的："坚强点，黑鬼！你以为你是唯一一个失去孩子的人吗！今天25个患癌症的孩子走进了医院，只有5个活着走了出去！这可不是情景喜剧！不会在30分钟后，出现快乐结局！这是生活！欢迎来到真实世界！"[11]

安东尼·格里菲思说的话，是对上帝所说的"你要像勇士束好腰带"比我更好的解释。虽然像丹泽尔这样的声音，取代了在旋风中说话的上帝，但是，这是与欢迎我们来到真实生活同样的神学体验，不过，这种生活不是我们希望的那种，而是本来面貌的生活，充满扣人心弦、令人心碎的壮丽景观。

正如约伯的朋友和许多信徒所认为的那样，我们称为上帝的，并不仅仅是脱离了种种恶习的宙斯。这样的宙斯受到了《约伯记》和罪恶问题充分的驳斥。这种上帝概念，无论多么普遍，都是肤浅的，难以与《约伯记》那样的《圣经》相一致。宇宙的性质超出了我们的理解能力。可我们还是像约伯一样，要求获得某种意义。上帝出现，不是为了回应我们的要求，而是为了澄清这一悖论。如果宇宙是由一些完全不可接受的东西构成，比如无意义痛苦，那么相信宇宙全善显然不可能，甚至不能被理解。但是，我们还是应该坚守道德，努力去理解。上帝是产生这一问题的地方，而不是这一问题的解决办法。上帝是我们讨论一系列复杂事物的方式：浩瀚的宇宙、我们在其中寻求意义的能力、我们在仁慈之外的希望、不公这令人痛苦的存在。人类学家克利福德·格尔茨（Clifford Geertz）说："作为一个宗教问题，矛盾的是，痛苦这一问题，不是如何避免受苦，而是如何受苦，如何对待身体疼痛、个人的损失、世俗的失败，或对他人痛苦的无助思索，这些痛苦是可以承受的东西——正如我们所说，是可以忍受的东西。"[12] 就像我做的那样，试图用抽象的话语，表达终极神圣的现实，只到某种程度上有其用处。很快，这些抽象话语就会不足以表达，我们开始渴望用"上帝"这样的词汇构成的神秘诗歌，这些诗歌既能够包含矛盾，又能体现出我们试图表达、忍受或庆祝的事物的深刻性和个性。尽管我们必须用隐喻讨论被欢迎进入终极现实的体验（上帝、旋风的声音、我就是我、丹泽尔），但我发现，我们很难相信，在人类历史中如此普遍、在人们的生活中如此之多的神秘体验，没有任何意义。

约伯所说的最后一句话："Al ken em'as v'nihamti al afar v'efer." 被翻译成了不同的版本。在美国犹太出版协会（Jewish Publication Society of America）的版本中是："因此，我放弃追问，不过是尘土。"詹姆斯国王版本中是："因此我厌恶自己，在尘土中忏悔。"当代著名翻译家斯蒂芬·米切尔（Stephen Mitchell）的版本，痛苦的感觉要少得多："因此，我会安静下来，为自己是尘土感到安慰。”[13] 我的版本是：“现在我真的知道我不过是人类了，我会闭嘴的。”有一个基督徒囚犯忍不住说，詹姆斯国王版本中提到了忏悔，他觉得我的版本没有那一版好。虽然我赞成詹姆斯国王版本是无法被打败的，但我仍然认为，强调约伯发现了他的人性至关重要。

我们有时认为，“人性”只是一个用来描述像我们这样的生物有机体的词汇。然而，它的传统意义却是指一种独特的中间状态，柏拉图称为“metaxu”。“人性”是指占据一种位置，在这个位置上，我们使用独特的能力，使我们高于其他动物，而我们仍然心怀敬畏和尊崇地看着一种远远超过我们能力的秩序。人性独特的自由可以用“理性”“必死性”“诞生性”“哲学性”等明亮的词描述。我们的内在都存在人性，但它可能忽明忽暗。因此，我们才说一个行为人道和不人道、富有人性和完全丧失人性。我们一直以来面临的危险——用“罪”“傲慢”“非人化”“仇恨”等黑暗的词描述——将我们分裂成为上帝和野兽、统治者和臣民、弗兰肯斯坦和弗兰肯斯坦的怪物、罪犯和受害者。在我们与痛苦的关系中，这种危险最为明显。正如“上帝”一词包含了宇宙既富有意义，又总是超出我们的理解能力之悖论，“人性”一词包含了我们具备理解能力，却在根本上无知，我们具有道德倾向，却又有坏的冲动的悖论。人类是以上帝的形象做成的，这一神学观点似乎是正确的：上帝和人性都是一种不稳定而又美丽的自由，尽管人类是尘土之身，理应谦卑地使用这种自由。拥有漂亮的女儿、在《今夜秀》(*The Tonight Show*)[1] 讲滑稽的笑话、在监狱中讨论《约伯记》——过这样美好生活的条件，是痛苦、不公和死亡。上帝和人性是神秘发生之地，而不是问题的解决方法。格里菲思将自己在飞蛾讲的令人心碎的故事命名为："最美好的时光，最糟糕的时光"。

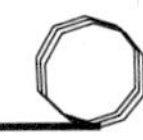

最后，我和囚犯们讨论了《约伯记》的结尾。我抱怨说，我觉得这个结尾很恼人，约伯恢复了一切，并且获得了更多恩赐。约伯的十个孩子都被夺去了性命，其中有七个儿子、三个女儿。他在与上帝见面后，得到了十个新的更好看的孩子。新的孩子确实是一种安慰和福分，可是，我们生命中逝去的亲人，是无法替代的，更不用说是我们自己的亲生骨肉。我不确定安东尼·格里菲思在女儿死后，是否又生了一个孩子，我能确定的是，即使他生了更多孩子，他们也无法替代他的女儿。他将永远因为失去她而伤痕累累。正是这些我们在某种形式上都有的伤痕，令《约伯记》的最终章节对我来说很难接受。如果我们想在

[1] 美国全国广播公司（NBC）于 1954 年创办的一台晚间谈话类和综艺类节目，是美国家喻户晓的强档节目。

阅读《约伯记》时苛刻一些，我们可以指责上帝所为是虐待孩子的父母惯常做的事情。他们先是打孩子一顿，然后为了弥补，带他们去游乐园玩。别误会我。我知道一个故事如果以“一个好人受尽苦难。他的朋友在他为什么会受苦上欺骗他。他一直不知道他为什么会受这些苦难。完。”为结束，或者以“美国是建立在对黑人公民的系统性掠夺和虐待之上的。美国人在这一现实上欺骗自己。完。”为结束，很难令人接受。伟大的道德哲学家告诉我们，即使这些凄凉的故事是真的，我们也必须努力向善。可是，我们内心的某种东西，某种对真实故事形状的基本感受，难道不会大声抗议吗？

约伯的三个新女儿——“在所有的大地上都找不到如此美丽的女儿”——被命名为耶米玛（Jemima）、基洗亚（Kezia）、基连哈朴（Kerenhappuch），翻译过来是鸽子、肉桂和眼影。如果我们在阅读《约伯记》时宽容一些，可能会将这些复活的女儿视为精神觉醒的象征：鸽子代表精神上的和平，肉桂代表精神上的财富，而眼影象征着精神上的恩赐。在对《约伯记》第一幕的描绘中，威廉·布莱克（William Blake）描绘了一个昏昏欲睡的家庭一起祈祷，父母的膝盖上放着书；在最后一幕中，他描绘了一个精神饱满的家庭在各自的乐器上演奏着有力的音乐。正如斯蒂芬·米切尔所说：“在《约伯记》的最后，女性的突出，有某种令人十分满意之处……就好像约伯在学会放弃后，他的世界也放弃了男性的控制冲动。”[14]

这些富有男子气概的囚犯对一个女性美德取胜的寓言，不怎么喜欢。甚至连最坚定的基督徒囚犯，也很难接受《约伯记》的结尾。不过，多数囚犯都认同，我们内在的某种东西强烈渴望得到一个幸福的结尾。最深思熟虑的囚犯说，《约伯记》的好莱坞式结尾，应该被看作是象征性地指代来世，这是唯一一个令幸福结局可信的方式。我环视房间里囚犯们的一张张脸，其中有些人被判处终身监禁，不允许保释。我感受到了他们所犯罪行的受害者幽灵般的存在，那些受到虐待、被强奸、被杀害的人。我自己的过错以及他们造成的苦痛，突然间充斥着我的内心。我几乎能够听到我们之中震颤着的悲伤的源头。我们所有人都迫切需要一个幸福的结局。与此同时，要说那些受苦的人一切都会好起来，对我们所有人来说都似乎很难，甚至恶毒。

就在这时，警卫队长，一个强壮的白人男人，再也忍不住了，他用洪亮的嗓音说："我只是想说，你们知道你们的问题是什么吗？"他指着囚犯们，"你们就是不能为自己负责。我知道你们不是坏人，可你们被关在这里，是因为你们无法说不。那些你们以为是你们的朋友的人，他们说：'嘿，来吧，我们一起干这件事吧。'你们就是无法说不。或者，也许是一个你们无法说不的作恶的冲动。不管怎样，你们就是不能说：'嘿，我为自己负责。'别误会我。我年少无知的时候做的事情，也很可能让我落入你们的境地。可是我为自己负责任了。”他接着这样说了一会儿。在那一刻之前，讨论一直活跃而激烈，监狱的事实似乎烟消云散，只剩下自由的思想，追随着重要的东西。也许正是那种自由激怒了这位狱警。在他发表演说的过程中，监狱的高墙在我们周围，慢慢地、清晰地重新变得坚实。当他的演说结束时，我成了局外人，而他们是囚犯，他是狱警，在我们周围全是混凝土。囚犯们闭上了嘴，一些囚犯甚至低头垂肩或者弓着背，仿佛有一个重物刚刚放在了他们的肩头上。

在我们演绎的《约伯记》的最后一幕，出现的不是耶和华，而是一个狱警。不是上帝责备的说假话的安慰者，而是一个低级神明，声称这个灰色宇宙的惩罚和奖赏都是公正的。我想，感谢上帝，上帝超越了对与错的范畴，对我来说，它们从没有像从那位狱警口中说出来时那么微不足道。感谢上帝赐予我们位置。感谢上帝赐予我们上帝！

《约伯记》中最重要的一个细节通常被忽略了。约伯遭受重大打击后，他的朋友前来看望他，静静地陪在他身边一个星期。“他们就同他七天七夜坐在地上，一个人也不向他说句话，因为他极其痛苦。”[15] 约伯的朋友受到苛责，多数指责确实是他们应得的，但是在这里，他们做得很好。他们没有开口，只是陪在他身边，无声安慰。这一点非常值得学习：对于那些受苦的人，陪伴比说安慰或有意义的话更为重要。痛苦在我们耳边低语："你无依无靠，你被隔绝开来，你完全属于我。"而仅仅是他人在一旁陪伴，就能反驳这种可怕的声音。

但我认为，约伯朋友在一旁陪伴的意义，远远超过了这宝贵的一点，不幸的是，他们对朋友提出了尖锐的指控，从而背叛了这一点。我认为，它让我们看到《约伯记》要传达的终极信息，即痛苦让我们离上帝更近；或者可以换一种说法，痛苦是宇宙独特、奇妙而可怕的个性。

痛苦的威胁不仅要将我们与所有人隔绝开来，还要将我们与所有事物隔绝开来。约伯是谁？他是一个父亲、一个商人、一个爱人、一个朋友、一个宗教信徒等。然而，他失去了他的孩子，他失去了他的生意，他的疾病令他无法体恤他人。如他的朋友所表现的那样，甚至连他的宗教都将他视作某种贱民。那还剩下什么？就这一点而言，我的朋友西蒙被判以终身监禁，所以他必须在监狱度过他人生最美好的时光，那他是谁？就这一点而言，在文明盔甲之下，我是谁？当我们以这样或那样的方式毫无意义地遭受痛苦之时，我们还剩下什么？

在某种程度上，剩下的是一切。被剥夺所有我们认为是自己的东西后，我们有机会看到我们不仅仅是我们的角色和成就的综合。像约伯遭受的那样的毫无意义的痛苦，不可避免地会击碎我们，但从这些碎片之中，我们有机会成为我们真实的令人惊讶的自我。我说这些，不是为了安慰，我认为这是一个无情而艰难的真相。当囚犯们讨论约伯的妻子“咒骂上帝，然后死去”的请求时，他们一直认为，她说的是自杀。他们都认识接受了她的建议的囚犯。他们中许多人在那个建议的阴影下，度过黑暗的长夜。

启蒙运动伟大的犹太哲学家摩西·门德尔松（Moses Mendelssohn），遭受了与安东尼·格里菲思类似的命运。在他十一个月大的女儿去世后，门德尔松写道：

> 这个无辜的孩子没有白活……她的思想在那短短的一段时间里，取得了惊人的进步。她从一只爱哭爱睡的小动物，变成了一个崭露头角的聪明生物。我能看到种种热情的绽放，仿佛是春天小草发芽，穿透坚硬的地表。她表现出怜悯、憎恨、爱、羡慕。她理解与她说话的人的语言，而且试着让别人知道她自己的想法。[16]

这是只有到达悲伤的另一面时，我们才会有的明亮的语言。当不带着她应该如何发展的幻想，去审视一个十一个月大的生命时，她不再像是一场悲剧，开始呈现出她本来的面貌：一个礼物，不是情感意义上的礼物，而是真正悖论意义上的礼物。我想到，西蒙在我自己的生活中，也像是一个礼物。他在讨论康德、爱比克泰德和《约伯记》时，比哲学会议上我的多数同人，都更饱含哲学性和人性。而且，他为我的生活带来了一种独特的悲伤。

《约伯记》的结尾体现出了我们对事情最终变好的强烈愿望，从这个意义上来说，这样结尾是有道理的。我能理解。西蒙和我都不能完全抛弃他可能会出于某种原因获得减刑的念头。那么，为什么我还是觉得约伯的结局不真实呢？我想是因为，这一结局感觉像是之前消失的一切珍贵的东西，所有的悲伤和疑问，都在新的分配中消失了。即使我考虑到《约伯记》具有童话逻辑的权利，我仍然觉得幸福结局只是遮掩伤痕的眼影。

为了说明我的观点，我将《约伯记》的幸福结局与另一个著名的幸福结局做比较。在他们的老师被残忍折磨并被谋杀的几天后，一些教友聚集起来，试图想出如何在没有对他们最重要的人的情况下，继续前进。忽然，他们被杀害的老师，奇迹般地有血有肉地出现在他们之间，知道他们该做什么。又过了几天，这些迷惑的教友遇到他们的同学多马，于是告诉多马，他们亲眼见到他们的老师活得好好的。

> 那些门徒就对他说："我们已经看见主了。"多马却说："我非看见他手上的钉痕，用指头探入那钉痕，又用手探入他的肋旁，我总不信。"过了八日，门徒又在屋里，多马也

和他们同在。门都关了。耶稣来了站在当中说：“愿你们平安！”然后对多马说：“伸过你的指头来，摸我的手；伸出你的手来，探入我的肋旁。不要疑惑，总相信。”多马说：“我的主，我的上帝！”[17]

和多马一样，我很难相信真正的复活，也很难相信历史的弧线终有一天会取得正义。我能理解，我们内心渴望存在的全部象征不仅仅是钉死在十字架上。我能理解，当我们争取正义与和平时，即使我们意识到此生永远不会亲眼见到它们得以实现，我们还是喜欢耳旁响起“我有一个梦想”这种充满希望的话语。然而，我没有那些“未曾亲眼见过，却一直相信”的人那么幸运。和多马一样，我即使胜利在手，也有一种强烈的需要，想去触碰木桩钉出的伤口。

关于《约翰福音》(*Gospel of John*)中复活的故事，无论从字面上看还是从其他方面看，我喜欢的是耶稣的伤口还在。无论他获得了什么奇迹般的新生命，他仍然担忧过去生命中痛苦的标记。他仍然带着他的伤痕以及与之相关的故事。如果我们真的在地球上或天空中找到天堂，如果我们只是在追求正义和幸福的方面取得了进展，如果上帝保佑，西蒙能出狱，我们知道新的境遇将是美好的，不仅仅因为它的和平、财富和自由，还因为我们的朋友还能触摸到我们的伤痕。

第五堂　痛苦用自然弥补我们：爱比克泰德与感恩存在

啊，我活着就是做生活的主人，不是当奴隶……

不发怒，不厌倦，不抱怨，不冷嘲热讽。

向天空、海洋和大地的壮丽法律，

证明我内心的灵魂岿然坚定，

任何外来的事物休想支配我。

——沃尔特·惠特曼

尽管我们对于爱比克泰德的生平所知甚少（我们甚至都不确定他的真实姓名），但让我们试着想象一下发生了什么。我们能够确定的是：第一，他小时候是罗马帝国的奴隶；第二，他的一条腿有毛病。为什么他的这条腿有毛病？最可能的解释是他的主人将它打断了。有一种说法是，当他的主人虐待他的时候，这个男孩说："我的腿快要被你打断了。"当这个主人真的将其弄断时，这个男孩平静地说："跟你说过会断的。"这个故事能够追溯到塞尔苏斯（Celsus），公元 2 世纪的异教徒哲学家，他写了一篇文章，全面反驳基督教。一本叫《反对塞尔苏斯》（*Against Celsus*）的基督教哲学书籍讲述了这个故事。塞尔苏斯用它来嘲讽他的基督教读者："你的神在遭受惩罚时，说过什么话，能与此相比？"基督教的早期辩护者试图让人们对断腿的故事产生怀疑。他们争辩说，这个男孩很可能生下来就有残疾。换言之，是上帝弄断了他的腿。

没有人否认罗马奴隶主们做过类似打断奴隶骨头的事情。即使基督教辩护者们说的是对的，他真的是天生残疾，这种事情无疑也在许多其他像他这样的人身上发生过。所以，姑且先相信塞尔苏斯的故事。为什么主人会打断这个男孩的腿呢？大概是为了惩罚他。因为什么？可能是没有完成一项任务。将酒洒在了客人身上？拒绝了命令？也可能打断骨头并不是惩罚，也许主人这样做只是为了好玩。奴隶制的本质是奴隶主阶级任意将自己的意志强加在奴隶阶级的身体上，以此来确认和彰显自己的身份。即使此举是惩罚，也不难想象，主人喜欢惩罚人，所以当这个男孩告诉他，他的腿快要断了的时候，他当然没有停下来。塞尔苏斯赞美这个男孩在承受痛苦时的镇定。可毕竟他还是个孩子。如果塞尔苏斯的故事是真的，我敢打赌，这个男孩在强忍住眼泪，压制住哭的冲动时，努力不让他的主人得逞。毫无疑问，阵阵疼痛穿过他的身体——他的腿扭动着，骨头在击打之下努力保持着形状，但最终还是断裂了，神经细胞裂开，骨髓溢出，锯齿状的骨头撕裂了各种组织。没有人帮他接上断掉的骨头。这个男孩以后的人生，走路都一瘸一拐。

最终，他被带到罗马，卖给了尼禄（Nero）[1] 的秘书。尼禄残暴不仁，是施加无意义痛苦的行家。尼禄在失去对帝国的控制后，曾经试图自杀，但失败了。最终，当凶猛的骑兵逼近时，这位皇帝强迫他的秘书割开他的喉咙。在随后的混乱中，这个男孩——现在已经成长为男人——获得了自由，开始听斯多葛学派的课，并且拜在伟大的哲学家穆索尼厄斯·鲁弗斯（Musonius Rufus）门下为徒。这位跛足的前奴隶后来也成了一位伟大的哲学家，也是罗马帝国有史以来最伟大的哲学家，他曾对自己的学生说：“如果我是夜莺或天鹅，我就唱它们生来唱的歌曲。但是，我是一个理性的人，所以我必须歌颂上帝。”[1] 我们只知道他叫爱比克泰德，是希腊语，意思是“得到”。

斯多葛派是西方哲学最伟大的传统之一。这一传统十分

[1] 罗马帝国第五位，亦即最后一位皇帝。

深厚，许多人，比如现代哲学家和思想史学家皮埃尔·阿多（Pierre Hadot）认为，斯多葛学派只是西方为“人们在寻求智慧时，人类存在的一种基本而永久的可能性”冠以的名字。[2] 在中国哲学中，其名字一般是“道”“求道”。斯多葛学派最初的名字并没有道那么宏大。基提翁的芝诺（Zeno of Citium）以苏格拉底和犬儒主义者克拉特斯（Crates）为榜样，开始在“Stoa Poikile”（画廊）讲学。与他相关的人被称为斯多葛派，基本意思是“廊上的那些人”。尽管古希腊人创作了许多斯多葛派的杰作，但存留下来的文本只有引文和段落。现存的主要资料来源于罗马时期，比如马可·奥勒留的《沉思录》（*Meditations*）以及塞涅卡（Seneca）的各种散文和书信。斯多葛派最雄辩、最完整的论述是爱比克泰德的《哲学谈话录》（*Discourses*），由爱比克泰德的学生阿利安（Arrian）在公元 2 世纪初记录整理而成。

无意义痛苦的问题在于什么？答案很简单，宇宙中有太多死亡、痛苦和不幸——难道不是吗？在爱比克泰德看来，完全不对。我们厌恶死亡、疼痛和不幸，并因此而悲伤，这才是无意义痛苦的真正来源。我们的悲伤是世界苦难的成因，而不是其结果。死亡、痛苦，甚至罪恶，如果正确理解，都是存在的美好事实。我们都应该像理性的夜莺一样歌唱。

哲学的其中一个核心问题，是命运或机遇是否主宰宇宙——换句话说，我们的基本价值观是否与事物的发展方式相协调，或者事物的发展方式是否违背我们的基本价值观。正如罗马历史学家塔西佗（Tacitus）所说："最睿智的哲学家不赞同这点。[伊壁鸠鲁派（Epicureans）] 认为天堂与我们的生死无关，事实上，与人类总体都无关，也不在于好人常常受苦，而坏人享福。（斯多葛派人）并不赞同。"[3]

伊壁鸠鲁派认为宇宙是由原子偶然组合而成的，他们很可能是希腊哲学传统中首个构想罪恶问题的学派，这绝非巧合。正如古希腊哲学家伊壁鸠鲁（Epicurus）所说："神愿意阻止恶，却办不到吗？那他就不是全能的。他办得到，但不愿意吗？那他就不是仁慈的。他既办得到，又愿意吗？那恶是从哪里来的？他既办不到，又不愿意吗？那为何还称呼他为神？"[4] 当我们认为世界是偶然的结果，我们想要的并不总是与事物的真实情况相一致。伊壁鸠鲁的"神"（我们现在很可能叫作"物理和生物的法则"）并不怎么在乎我们。是的，如果我们生活得对，我们能提高获得某种程度的幸福的可能性，可是却不能保证一定会带来健康幸福。坏事情有时会发生在好人身上。生活是一场赌博。

在传统基督教神学中，摆脱罪恶问题的方法是，认为这个世界上看似偶然的不幸，其实是公平惩罚（比如，对亚当和夏娃原罪的惩罚）的结果，以及它是一个塑造灵魂的场所，为了迎接天国到来而做的准备，所以我们必须与种种艰难困苦作斗争。但是，斯多葛派以完全不同的方式，躲开了罪恶问题。他们拒绝想象一个比产生并维持我们生命的世界更好的世界。幸福的秘诀——不仅是幸福，还有自由；不仅是自由，还有我们的理性——在于，让我们的思想与事物的发展同步。天堂此刻便近在眼前。事实上，天堂只在此刻近在眼前。当我们令自己的思想适应自然的种种曲折，世界就会在我们眼前呈现出它真正的样貌：一个完全适合我们的地方。地狱只是我们对自然的反叛。

皮埃尔·阿多认为："斯多葛主义是一种建立在对生命自然存在的非凡直觉上的具有自我连贯性的哲学。"[5] 这种非凡直觉开始于对事物努力坚持、努力生存的普通洞察。生命对其自身的存在表示肯定。但是，如果我们作为理性的人，想清楚了生命自我肯定的种种后果，我们会发现，我们是一个更大、更非凡的秩序的一部分，这种秩序是爱比克泰德所谓的"自然"或"宙斯"，即整个正在展开的宇宙。自然不是无数个体全都彼此偶然相撞，尽管有时候看起来像是如此。自然是无数个体，它们全都依赖它们帮助形成的那个自我肯定的秩序。

以死亡为例，乍一看，死亡似乎与我们天生的生存欲望相悖。如果我们仔细考虑这一问题，就会发现，有机体的死亡是其生命的条件。如果没有死亡，我们所知道的生命就不会存在。旧细胞必须死亡，新细胞才能出现。动物必须死亡，其他动物才能生存。人们必须死亡，新的一代才能繁盛。如果我们拥抱生命，我们必须接受我们必死这一事实。这是世上唯一游戏的必要规则。

在总结爱比克泰德哲学思想的《手册》(*Handbook*)的第27章中，我们读到："正如靶子挂起来不是为了被错过的，恶也不是世界设计的自然组成部分。"[6]后半句的意思很清晰：在宇宙的设置中，没有无意义痛苦。前半句更神秘一些，对理解这句话的意思至关重要。爱比克泰德并不是说，我们总是击中靶子，他是说，飞镖游戏就是按其应该的样子设置的；同样，宇宙的法则也是按其应该的样子设置的。

稍稍改变一下这个类比，想想下国际象棋。想让象棋有不同的规则，就是不想下棋。我记得儿时第一次和爸爸下棋。很快，我发现自己只剩一个王、一个马，我多么希望我能让我的马像后一样移动，将我父亲剩下的许多棋子都吃掉，将他逼到将军。如果我父亲是宠孩子的那种父母（他不是），他可能就会让我那样做。我可能会"赢"，而我的胜利却意味着破坏我想要赢的象棋比赛的规则。结果，他轻而易举地几步就将我打败了。这场比赛本身没有错。

对于伊壁鸠鲁来说，我们就像棋子。我们能够走的步数是有限的，我们最终会被打败，可正是这些限制构成了我们自己，构成了象棋本身。我们就像棋子，但我们与棋子有重要的差别，我们内心住着一个精灵（daimon）——有一点神性，我们的理性——它让我们与整个棋盘联系起来。正如沃尔特·惠特曼精辟地指出，这个精灵与让一切运动的“神秘”意义相连：“只有凭你那同样包含着我的法则，你的上涨和下落，大脑才能创作这首歌，声音才能吟唱这首歌。”[7]即使我们被对手打败，即使我们的一方输了，我们知道，比赛还会继续，我们为它的延续尽了力。爱比克泰德说：“你还不如说，树叶飘落、一颗新鲜的无花果变成干无花果、一串葡萄变成葡萄干，是不吉利的……是的，你将不是你现在的样子，但你会成为宇宙所需的其他东西。”[8]事实上，我们的生死不仅维持宇宙的秩序，我们不断变化的大脑和吟唱的声音，为这个充满老虎和虎皮百合、星星和星鱼的复杂棋盘，增添一点趣味。

请允许我再改变一下我的类比，这次从国际象棋变到篮球。想想魔术师约翰逊（Magic Johnson）和拉里·伯德（Larry Bird）[1]之间伟大的竞争关系。如果我们根据非斯多葛主义的范畴来考虑，我们倾向于认为，这两个人肯定恨透了彼此，因为他们都阻碍了对方获得胜利。然而，这两位伟大的运动员怎么看待这种竞争关系呢？拉里·伯德说：“人人都说一定有仇恨的成分在。其实没有。我只是充满敬意。因为他非常棒，所以你从不放松警惕。”魔术师约翰逊说：“我很荣幸，我是他侧边的一根刺。我理应在篮球场上打败他。那是我的工作，而他的工作是打败我。

[1] 两人皆为伟大的前美国职业篮球运动员。

我不想让拉里喜欢我。他没必要喜欢我。但我们尊重彼此。”[9]拉里·伯德如此，痛苦亦如此。就像伯德是魔术师约翰逊的魔术的一部分，痛苦也交织在我们的自然存在中，如果消除痛苦，我们的自然存在就会被拆解。没有死亡，我们就不能拥有生命，生命这一过程依赖于物质的新陈代谢。没有痛苦，我们就不是动物，动物的自然性就是感受自己的欲望。没有自由，我们就不是人类，人类的自然性是从世界中抽离出来，反思并改变我们行动的目的。爱比克泰德所提倡的在面对困难时应该有的态度是："让它来吧！让我们看看你有多厉害！"

在爱比克泰德看来，万事万物皆有天意，天意将事物连接在一起，让它们显现出现在的面目。如果事物有所不同，我们就不会处于现在这个情况下，成为现在这个样子。当"邪恶"之事出现时，这只不过是违反了局部的一些策略。总体秩序总会繁盛，只要我们将自己视为这一秩序的一部分，我们也会繁盛。当我的象棋策略失败时，象棋游戏还在继续，精彩如旧。即使在失败之时，我也应该记住，我想下象棋，而棋这个游戏有失败，也有成功。当我发现自己被将死时，我作为一位下棋者的内心，不应该受到冒犯，我甚至应该庆祝。即使在我们失败时，象棋游戏也永远不会失败。在这种意义上，失败属于游戏成功的一部分。靶子挂起来，不是为了被错过的。

爱比克泰德认为，如果我们振作我们的灵魂，那么我们在任何情况下，都应该能感到非常幸福，包括那些一般认为是失败的情况。即使我们发现自己身陷囹圄，我们也应该能够说出亚历山大·索尔仁尼琴（Aleksandr Solzhenitsyn）对自己在古拉格（Gulag）的十一年所说的话："我在那里滋养我的灵魂，我可以毫不犹豫地说：'监狱，感谢你曾经是我生命的一部分！'"[10] 要检验这一假设，哪里还有比监狱更好的地方呢？所以，在奥克代尔监狱的一次课上，我向囚犯们讲授了爱比克泰德的斯多葛主义，并清楚地告诉他们：幸福的秘密不在于让事情按我们的愿望发生，而在于希望事情自然发生；事情本无好坏，是我们的想法让其变得如此；我们的心态是如何被我们自己控制的；如果我们经历一定的心智训练，我们能接受疼痛、死亡，以及不公；我们能够努力对抗看似过度的痛苦、过早的死亡，以及严重的不公，不过我们最终应该接受，这些是维持我们生命的宏大秩序的一部分；我们真正的幸福在于改造我们的灵魂。简言之，即使在监狱中，你也应该感到幸福。

根据我的经验，伟大著作（比如爱比克泰德的《哲学谈话录》）的一个决定性的标志，是无论讨论者是谁，无论是学富五车的学者，还是粗暴的犯人，都会出现同样的基本人类反应——

尽管对学者来说，会更慢。这些囚犯就像当代的马克思主义者一样，问了我一些难题，比如，斯多葛主义是否会导致政治沉默主义。他们和古代的神学家一样，想知道斯多葛主义在多大程度上与基督教或伊斯兰教相容。他们像蒙田一样，来来回回地讨论，斯多葛派的理想对人类来说是否能够实现。就斯多葛主义者是否能成为革命者，以及革命者是否有必要成为斯多葛主义者，我们展开了一场有趣的酷似阿尔伯特·加缪（Albert Camus）的戏剧《正义的杀手》（*The Just Assassins*）的辩论——这场辩论似乎令警卫队长感到不安。

正当我试图捍卫爱比克泰德的时候，一名囚犯气势汹汹地站了起来，他开始说，斯多葛主义是失败者的哲学，是那些无法出头的人的酸葡萄心理在作祟。我问他："失败者到底是什么意思？被钉在十字架上的耶稣，是失败者吗？从未到达山顶的马丁·路德·金，是失败者吗？著名的死在温泉关（Thermopylae）的那 300 个斯巴达勇士，是失败者吗？"我试着找到那些透过其世俗失败的面纱，能轻松看到其内在道德的人作为例证。他反驳说，300 这个数字是假的，我告诉他那部夸张的电影[1]的核心是历史事实，他就是不相信我。我提到马可·奥勒留，他绝不是一个失败者，他的斯多葛主义思想给了他力量，使他履行作为罗马

[1] 指 2006 年的电影《斯巴达 300 勇士》。

皇帝的职责。那个犯人越发生气了。听我提及一位皇帝，他似乎怀疑我参与了在全监狱展开的试图让犯人们更顺从的阴谋。

另一个犯人站了起来，替我说话，他用手指着他说："你知道你在哪儿吗？你猜怎么着？你就是个失败者！我们都是失败者。不然，你觉得我们为什么都被关在这里？"那个愤怒的囚犯回答道："好吧，我是个失败者，就像你们一样。可我不是而且永远不会成为一个真正的失败者。真正的失败者是承认自己是失败者的人，我不接受被关在这里。我拒绝接受我是犯人！"他转身面向狱警，对他怒吼道："我再也受不了这些了。带我回我的牢房。"

一个拒绝接受自己是囚犯的人，却要求回到自己的牢房，那些留在我们这个又黑又脏的学堂的人，也体会到了这种讽刺。大家震惊地看着他离去，然后我的一个学生高声说："爱比克泰德的意思是，真正的自由来自内心，来自接受自己的遭遇——对吧？他不正是在告诉那些对斯多葛主义存疑的人，他们正走回自己的牢房，无论他们是否真正身处我们这样的监狱吗？"我从未如此强烈地感觉到，我在参与一个苏格拉底式的对话——对话者深思熟虑，能不被卡利克勒斯（Callicles）或特拉叙马库斯（Thrasymachus）这样的火爆人物影响，对真理进行真正的探索。

那个愤怒的囚犯的反驳——斯多葛主义是无行动的哲学——是基于对斯多葛主义的普遍误解。根据爱比克泰德的说法，选择并不在行动和不行动、反叛和酸葡萄心理之间，而在尽自己的职责和像个傻瓜一样行事之间。回到我的象棋类比。如果你喜欢下棋，你就不会停止下棋！恰恰相反，你会尊重规则，尽全力赢得胜利。没做到这些，就是扫兴。你不应该做的是欺骗或抱怨，更不应该在要输时，推翻棋盘。生活亦如此。尽自己的职责——换句话说，不要试图欺骗自然法则（插播一条新闻：你也无法欺骗），但是无论做什么，都要竭尽全力。如果你从政，就尽力做个政治代理人，但是记住政治游戏必须以分歧、妥协、失去等为条件。如果你成为家长，记住孩子不会完全按照你的期望成长，他们会生病，甚至可能死在你的前面，会挑战你，等等。一旦你接受你的孩子是凡人，不是神童这一事实，你就更可能成为好家长。

爱比克泰德提倡的态度，正是我们在孩子玩游戏时试图教会他们的看似矛盾的道理。一方面，我们对他们说："要尽全力。"另一方面，我们告诉他们："这只是个游戏。"认为这两项指令是相互抵消的，即使按照儿童的标准，也是幼稚的理解。作为父母，我们理应让我们的孩子对游戏有双重心理。我们想让他们明白，游戏的乐趣在于有人赢，有人输（"这只是个游戏"）；然而乐趣以及性格塑造，都取决于玩家尽其所能（"要尽全力"）。同样的双重心理是爱比克泰德的斯多葛主义的精髓。套用一位当代斯多葛主义学者的话，我们必须学会对同一件事严肃对待，与此同时又不严肃对待。[11]

如果你蒙冤入狱，你当然应该对你的判决提出上诉，但是你也应该充分意识到你的上诉可能会得到批准，也可能不会。与此同时，你得应付其他困难。我最近听了一个参加了格林内尔学院（Grinnell College）监狱人文科学项目的前囚犯做的一个演讲。他谈起囚犯们会抓住彼此身上任何明显的弱点互相嘲笑——比如，上哲学课。他在监狱里的一个同学就忍受了这种羞辱，最终，这种羞辱变成了身体虐待。但那个犯人知道，如果他反击，他就会被关禁闭，不能再上课。“为了那门课，他不得不挨几拳。”这名前囚犯说。这就是爱比克泰德所说的尽自己的责任。

但是，这个囚犯必须挨那些拳头，这难道不是有失公平吗？这难道不恰恰证明了伊壁鸠鲁是对的，爱比克泰德是错的吗？这些常见的事情，难道不表明坏事情确实会发生在好人身上，宇宙不是一个伟大而有序的整体吗？如果孩子不过早死去，如果蒙冤入狱的囚犯不在监狱丧生，如果痛苦能够以某种方式减到最小，乃至消除，这个世界难道不会更好吗？难道“自然”这个词不是指我们尚未具备能力改变的东西吗？这个反驳要比被动反驳有力得多，它是这本书的核心。

当新斯多葛主义在现代早期盛行时，其倡导者之一戈特弗里德·莱布尼茨认为，当时的宇宙是“所有可能世界中最好的”。伏尔泰在《老实人》中，以邦葛罗斯博士的形象，对这种形而上学的乐观进行了著名的讽刺，这个角色在面对地震、奴隶制、酷刑和悲惨的选择时，没心没肺地宣称，一切都会好的。在《老实人》中，我们会遇到一位老妇人，她讲述了一个尤为可怕的故事。在一次围困中，她被困在了一座城堡中。守卫城堡的人开始挨饿时，他们割下每一个女人一半臀部为食，包括她自己的。她最后说：“只要有一个人没咒骂过自己的生命许多次，不常常自视为世界上最苦的人，你尽管将我倒提着，扔下海去。”[12]

但是，我们不要忘记，爱比克泰德在残酷的罗马帝国时，被主人打断了腿，因而也就不奇怪，这种痛苦对于伏尔泰这样的人来说，这就是对斯多葛主义再直白不过的反驳了。爱比克泰德显然没有认为，一切都朝向某个幸福结局发展，每一点痛苦都将会带来巨大的回报。回报就在此时。就在这会儿，宇宙的秩序是完美的。根据斯多葛派的智慧，此刻在你面前的，是你的幸福自由所需要的一切东西——事实上，很可能远远超过你所需，无论你是否蒙冤入狱。我想到威廉·詹姆斯在讨论沃尔特·惠特曼的诗歌时所说的一段话：

> 无可争辩的事实是，这个世界从未在任何地方或任何时候，包含比（我们的）眼睛能随意看到的更多的根本神性，或是永恒意义。有生命在此；离生命一步之遥的，是死亡。有世上一直以来的唯一的美在此。有古老的人类奋斗，及其果实。有经文和布道，真实和理想合为一体。[13]

生命本身就是礼物。这是一个艰难而神秘的礼物，就像童话故事中的礼物那样，看起来像是一种诅咒，可正是我们获得拯救所需要的。我们的基本职责是感恩。感恩你能够奋斗、受苦、找到你真正在意的东西，这些东西是你通过其他方式，永远无法找到的。你是一个理性而自由的人类，你被赐予表现自己的理性和自由的机会。正如魔术师约翰逊遇见拉里·伯德。

但是，那些面对可怕的苦难、遭受极度的痛苦、被世界上的种种杀戮包围的人，又如何呢？斯多葛派经常因持有一个人即使在遭受折磨时也能感到幸福的观点而受到嘲笑。在这里我们尤其要小心，不能将斯多葛派与一种脆弱的幸福联系起来。爱比克泰德被打断的腿，有可能是更严重虐待的一种委婉说法。此外，爱比克泰德在尼禄的宫廷为奴，而尼禄的主要成就包括将基督徒浸入油中，点上火，以此点亮罗马的夜晚。斯多葛派对我们可能拿来反驳他们证明生活并不幸福的种种苦难，十分了解。对于那些遭受折磨和冤屈的人，爱比克泰德所谓的幸福是哪种？他们有幸为人。他们有幸面临挑战，一种极端的、考验我们的人性的挑战。面对最艰难的痛苦、不公和死亡的考验，他们的态度应该是“让它来吧”。

我们还有什么选择？我们应该与苦难和不公做斗争，可是它们并不会消失。我们该怎样应对这一事实呢？爱比克泰德厉声对那些控诉生命难以避免不公的人说：“最重要的是，要记住，门是敞开的。不要比孩子还懦弱，他们总是会说：‘我再也不玩了。’当你对游戏感到厌倦时，再说‘我再也不玩了’，然后离开。但是，如果你留下来，就不要抱怨。”[14] 如果你拒绝接受你自己的苦难或者世界的苦难，你就不必参与在世界中的生存。尽管斯多葛派让我们勇敢拥抱生命，但他们对那些选择自杀的人有一种深刻的理解。令他们感到恼怒的是抱怨的人。生命也许是监牢，但你的牢房的门并没有锁。

在我的《最深刻的人类生活》一书中，我讲述了詹姆斯·斯托克代尔（James Stockdale）的故事。他是一名海军飞行员，在越共手下遭受了长达八年的残酷折磨。斯托克代尔在大学中学过爱比克泰德的思想，在邪恶的深坑中，他使用他所记住的斯多葛智慧，维持乃至增强他的人性。他并不总是坚持斯多葛原则。有时他很崩溃——就像我们在现在的生活中一样，虽然通常令我们有此感受的情况并没有他的那么糟。但是，他获释后说出：“监狱，感谢你曾经作为我生活的一部分。”从局部的角度看，斯托克代尔经受了恶劣的不公，他竭尽全力与之斗争。从宇宙的角度看，我们的思想不过是宇宙伟大思想的微小的组成部分，他参与了做人的伟大游戏，这场游戏涉及自由，因而也涉及对自由的侵犯。监狱教会他感恩的意义。

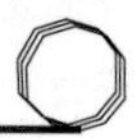

对我们现代人来说，另一个绊脚石是，斯多葛派认为宇宙有一个灵魂和一个目的。当代法国哲学家吕克·费里（Luc Ferry）对斯多葛主义嗤之以鼻："如果今天有人声称，世界是鲜活的，有生命的——它拥有一个灵魂，拥有理性——人们会认为他疯了。"[15] 在费里看来，现代物理学和进化生物学明显排除了宇宙具有生命的看法。

斯多葛学派充分意识到了物理宇宙的可能性，这一宇宙由原子构成、受偶然性把控——这是伊壁鸠鲁学派的观点。尽管斯多葛学派并不认可这一观点，但他们似乎认为，即使偶然性而非天意把控这个宇宙，我们还是应该做斯多葛主义者。如果我们并非欣然服从宙斯的意愿，那么我们更应该肯定我们与偶然性相对的理性。如果我们不能作为属于理性宇宙一部分的斯多葛主义者，那么我们应该作为反抗无意义宇宙的斯多葛主义者。

话虽如此，我却不太确定宇宙具有生命这一想法是否真的如此疯狂。确实，多数物理教科书都描绘了一个由随机碰撞的原子构成的宇宙。然而，这种将人类的思想置于一边，将一个机械的宇宙置于另一边的笛卡尔式宇宙观，一直被认为是存在问题的，甚至是存在致命的缺陷。这种宇宙观所产生的巨大神秘感，着实令我们感到尴尬。我们自己的意识是如何、从哪里、为什么而产生的呢？当代哲学家和科学家似乎完全不知如何回答这个问题。我们最先进的科学似乎能够解释除了我们之外的一切！

在大众心目中，进化论让随机碰撞的生物体为了生存彼此之间进行混乱的斗争。但是，事实上，这一理论将生物体深深嵌入其环境中，以至于我们不能完全区分彼此。尽管目前的科学理论不需要我们信仰存在一种活着的秩序，我还是不能认为它排除了这种可能性。斯多葛派对于天意的看法，并不是某种盲目乐观式的观点，认为生命会不断“进化”到更好的状态。斯多葛派只是有一种比我们通常的观念要大得多的秩序，我们的生命依赖这一秩序而存在，我们能利用这一秩序增加我们的幸福。对果蝇的研究，或者人类与其他哺乳动物关联的观点，在什么意义上排除了这一观点？事实上，我们的生物科学难道不能支持斯多葛派对自然的虔诚信仰吗？我们也许能从哲学家汉斯·约纳斯（Hans Jonas）或建筑师克里斯托弗·亚历山大（Christopher Alexander）之类的“疯狂”思想家身上学到一些东西。他们都写过一本叫作《生命的现象》（*The Phenomenon of Life*）的引人入胜的书，并在书中争辩说，笛卡尔的遗产已经寿终正寝，我们现在需要形成对生命更丰富的认知。也许我们应该认真考虑一个事实，即古往今来多数人都是有灵论者，认为一切都与灵魂相关。尽管斯多葛派的某些关于物理宇宙的观点需要更新，才能与科学协调，也或许爱比克泰德生机宇宙的整体观点并不是落后于时代，而是超前于时代。

当我向专业哲学家们讲述斯多葛主义时，他们中的许多人都对我们必须接受我们所得这一观点抱怨不迭。他们认为，“自然”只是一个阻碍进步的词语。作为从战胜我们曾经认为自己是上帝意志的创造物中受益匪浅的现代人，他们拒绝接受斯多葛派的自然概念，认为这是一种根本局限。哲学家们愿意将现代理念推向极端，甚至质疑死亡的必要性。我发现自己对那些以追求智慧为职业的人说：“我要斗胆断言，我们都必有一死。”这着实令人不安。

尽管古代的斯多葛主义者没有预想到，人类改变所得的能力到底有多大，但我认为，他们的自然概念对我们的科技时代仍然很重要。事实上，考虑到威胁生命秩序的环境破坏，也许复兴这种关于自然法则的古老观念，对我们来说至关重要。只要在我们看来，自然存在根本缺陷，我们对自然的技术破坏就仍会迅速进行。与其将自然看作是一套已知的限制，也许我们更应该将其视作通过我们的挑战，可以深入我们的了解的一套限制。让我重申自己的观点，我认为死亡其实是一个已知的限制（而且，如果我们能够克服这一限制，那将会是一场噩梦）。此外，我认为普遍意义上的疾病和不公也是已知的限制（而且，我认为，如果人类也克服了它们，那将同样会是一场噩梦）。然而，死亡、疾病和不公能在多大程度上得到遏制，仍是一个悬而未决的问题。我认为，斯多葛学派的思想中并不存在任何阻止我们努力战胜一种疾病或延长一个人生命的东西。但是，斯多葛学派坚持认为，我们必须认识到，自然是一种在我们的努力之上的一种秩序，疾病和死亡（树木和老虎）应该受到我们的尊重，即使我们经常与它们相对。做战士很好，但我们需要学会如何在比赛后鞠躬。

在《哲学谈话录》中，有一个富有禅意的段落，爱比克泰德在其中给出了下面一段斯多葛式对话：

“他的船沉了。”

“发生了什么？”

“他的船沉了。”[16]

我认为，这个对话的意思是，我们在描述或思考某件事时，应该摒弃价值判断。我们通常的对话像是这样的："他的船沉了。""发生了什么？""发生了一场可怕的风暴，他不幸丧生。"我们为一个在根本上并不包含苦难的世界，添加了苦难。他的船沉了，如此而已。在我们的思想不去提供恶的时候，恶就会消失。在罪恶问题的解决办法最简单、最好的版本中，爱比克泰德给出了以下对话："'但是我的鼻子在流血！'你不用手去擦鼻血的话，你长手干什么？'但是我开始流鼻血，怎么会是对的呢？'与其想着抗议，难道直接将鼻血擦掉，不是更容易吗？"[17]

尽管这种不带判断的描述可能看似是对现实的一种没有情感色彩的认识，但在实施时，带来的是单调的内在生活的反面。世界的沉船甚至可能突然呈现出更鲜亮的色彩、更浓重的线条。斯多葛主义的实践像是一种绘画技巧，卡拉瓦乔（Caravaggio）或伦勃朗（Rembrandt）之类最伟大的画家的绘画技巧，他们突破了我们的障碍，呈现出世界惊人的纹理。我最喜欢凡·高的一个方面，是他画的鞋子，不是特意收拾的新鞋子，也不是对穷人艰难处境的控诉；他画的椅子不是王座，而是你坐在上面穿鞋子的椅子；他画的乌鸦既不是吉兆，也非凶兆，而是碰巧飞过田地的乌鸦。然而，这种由破旧的鞋子、吱吱作响的椅子和脏兮兮的乌鸦构成的世界，却十分明亮，充斥并回旋着神圣之感。我想说的是，当我们思考现实时，不去思考经过我们预先判断的现实，而是粗糙真实的现实，我们的视野一点都不会因此减弱，事实恰恰相反。让我再次引用沃尔特·惠特曼的话：

> 在我遭遇困难的时期——当我睡不着时——躺在那里想着，想着我根本不应该想的事情——我感到心慌挫败——感到担心。然后，我将所有注意力集中在星体系统上，就会恢复平静——星体、球体——广阔无垠的空间——宇宙永恒、永恒、永恒的流动和流动方式、必然性、可靠性。它令人惊奇、敬畏、镇静——总是能让我回归自己。[18]

我很喜欢那个新的表达——“心慌挫败”。

不带判断的观察被用在与人类同胞的关系中时，尤为令人变得高尚。尽管爱比克泰德建议我们对自己树立最高的标准，但他说，我们对待别人应该不断地去原谅。最糟糕的道德家到处评判他人，却轻易原谅自己。真正有道德的人评判自己、原谅他人。正如爱比克泰德所说：“所以，当有人赞同一个错误的主张时，一定要确信他们并不想赞同，因为正如柏拉图所说：‘每一个灵魂都被剥夺自由，尽管这并非其意愿。’他们只是把某些假的东西误认为是真的了。”[19] 爱比克泰德建议我们追随古代的犬儒主义者。“你将会如一头驴般被鞭打，你必须爱你的折磨者，好似你是他们的父亲或兄弟。”[20]

我们都是一个伟大的有机体的组成部分，都是宇宙的公民。

我们的行为应该有利于整体。尽管斯多葛学派并不反对社会秩序，但他们还是透过表层的阶层制度，看到了下面了不起的人性。当一个奴隶主问爱比克泰德，该如何对待一个笨拙的奴隶，他答道："我的朋友，这就像忍受你自己的兄弟，他的祖先是宙斯，他和你出生于同一种族、同样高贵的血统……记住你是谁，你统治的是谁——他们是你的亲人、天生的兄弟、和你同为宙斯的后代。"[21] 这是历史上人类博爱思想的首次清晰表达。

电影史上最有趣的场景之一，发生在卓别林的有声电影《舞台生涯》（*Limelight*，又名《舞台春秋》）的结尾。他扮演一个名为卡尔维罗（Calvero）的年老没落的喜剧演员，卓别林如果没有在电影界大放异彩的话，他本可能成为这种人。卓别林自己对情节的描述是，这是"一个失去滑稽骨头的小丑的故事"。我对《舞台生涯》中卡尔维罗重新找到自己的滑稽骨头的场景很感兴趣。卡尔维罗终于获得了一次盛大的复出表演的机会，并且争取到了一位喜剧演员的支持，他是卡尔维罗的老同事，扮演者是巴斯特·基顿（Buster Keaton）。两位无声喜剧的巨人穿着小提琴演奏手和钢琴手的夸张装束，郑重其事地走上舞台。他们要演奏一曲二重奏。然而，他们周围的一切似乎都在与他们的音乐会作对。即使是将乐谱放在钢琴架上这样简单至极的任务，基顿也一次又一次地失败，几乎不可能完成。与此同时，卡尔维罗的一条腿不知为何开始变短。这只腿直接消失在他的裤子中——这是卓别林身体喜剧的一个杰作。当基顿试着给卡尔维罗弹一个音调，以便他为小提琴调音时，谁知钢琴像是突然患上了一种怪病，音调越升越高。最终两个乐器都完全被毁坏了。正如罗伯特·沃肖（Robert Warshow）所说："卡尔维罗和基顿在柔和地试图举行一场音乐演出时，他们所遇到的种种困难无可讽刺。宇宙与他们作对，不是因为宇宙是不完美的，而仅仅因为宇宙存在。上帝自己无法构想一个他们能不出差错地完成最简单的事情的宇宙。"[22]

然而，卡尔维罗和基顿用无尽的耐心，接受了这个任性的宇宙。他们一遍遍地处理手头的意外（努力将一条腿恢复到正常长度，努力固定钢琴的琴弦，而琴弦出于神秘的原因，总是在绷紧和放松）。最终，卡尔维罗魔术般地从背后变出一只小提琴，基顿开始疯狂地弹起恢复好的钢琴，他们表演了一个搞笑而令人满意的曲目——这个乐曲在悲伤的慢板（卡尔维罗哭着对他的小提琴说话）和疯狂的急板（令基顿从他的钢琴凳上掉了下来）之间来回摇摆。

这个场景体现了斯多葛主义——不是许多人想象的病态的斯多葛主义，而是现实生活中的斯多葛主义。事实上，我认为，如果我们是真正的斯多葛哲人，我们甚至不会笑话这个场景，因为它看起来像是最明显不过的现实情境。宇宙与我们的意愿作对（这就是我们许多人认为的无意义痛苦），是我们本性的一部分，是我们的命运。但是，每一次作对都是宏大喜剧设计的一部分，没有这些作对，这个场景本身就失去了其意趣与意义。卡尔维罗和基顿了不起的地方在于，他们和卓别林与巴斯特·基顿完全一样，这两位睿智的老喜剧演员了解生活，放弃了对生活的愚蠢抗议，他们明白，最终唯一真正无意义的痛苦，是我们对无意义痛苦的信仰。用斯多葛派的话来说，他们与自然融为一体，他们在理性地作为。当卡尔维罗情绪激动，在悲伤的哭泣和滑稽的慌乱之间摇摆时，他只是暂时扮演合适的角色。用爱比克泰德的话来说，他在尽自己的职责。这一片段的结尾，戏剧化地表现出卡尔维罗和基顿的胜利，他们的胜利，正如沃肖所说：

> 从那种深奥中走出来，呈现在我们眼前。在这种深奥性中，艺术变得完美，似乎不再有任何含义。尽管这一片段滑稽至极，但是我想到的类比却是悲惨的：李尔王的“永不，永不，永不，永不，永不！”或者卡夫卡的“箭头正好与它们所造成的伤口吻合，就足够了”。[23]

换言之，它超越了喜剧和悲剧，进入了在人类头脑中产生喜剧和悲剧的纯粹现实。

爱比克泰德完全可以理解腿莫名其妙变化的问题。在罗马帝国的荒诞和混乱之中，他像这两个睿智的老喜剧演员一样，找到了秩序与平和。斯多葛主义常常被认为会导致冷酷和情感冷漠。然而，当爱比克泰德最终结束教师生涯后，他做了什么呢？传说，他收养了一个孤儿，也许是一个将要被卖为奴隶的男孩——无论怎样，是一个没有父母的孩子。他为了给这个孩子一个好的成长环境，费尽心血。难道孤儿不应该得到通常给予亲生骨肉的同样的关爱吗？难道孤儿不是宙斯的孩子吗？正如古典主义者罗伯特·多宾（Robert Dobbin）所说："他很久都没有建立家庭生活，这说明他将哲学视作一个爱妒忌的情妇，几乎要他投入自己全部的时间和注意力，这是家庭生活所不能允许的。这种对家庭生活的放弃，代表一种真正的牺牲，这一点能从他退休后立即建立家庭这一事实中看出。"[24] 我常常想象年迈的爱比克泰德和他的儿子嬉闹的情景。

在这一章中，我一直在引用沃尔特·惠特曼的话，这并非偶然。这位极其热情洋溢的美国诗人深受爱比克泰德影响，终其一生，他都在从斯多葛学派中获取洞见与安慰。在他去世的前几年，惠特曼写信给一位朋友："在我看来，爱比克泰德是我所有的老朋友中，直至今天依然重要性未减的一位。他位于最好的伟大导师之列——他自身是一个宇宙。他用大量光明、生命与事业，让我获得自由。”[25] 对于爱比克泰德的《手册》，惠特曼告诉霍勒斯·特劳贝尔（Horace Traubel）：“在某种意义上，这本书对我来说神圣而珍贵：它一直伴我左右——我对它分外熟悉，仿若与它一起生活。”[26]（斯多葛学派虽然对惠特曼的影响十分深刻，但我们不能将这位诗人简单等同于一种哲学。惠特曼还说过：“我想，我有很多关于爱比克泰德及斯多葛主义的体悟——我至少在这方面努力过……但是，我很清楚，我包含、允许、大概教授了一些斯多葛主义不会赞同和摒弃的东西。一个人的脉搏和骨髓并非毫无缘故是民主和自然的。”[27]）像惠特曼这样的人提醒了我们，斯多葛主义应该激发的是更强烈的远见和愉悦的环境保护主义，而不是沉闷和情感消除。诗人惠特曼深知，当幸福的半神走了，真正的神就可能到来。

插曲：天堂与地狱

当人类将所有痛苦和折磨都置于地狱，

天堂中剩下的就只有无聊了。

——叔本华

人类具有一种根本上十分奇怪的属性，那就是我们有时间感。虽然现在是我们唯一的真实住所，但我们通常会将自己投射到一个叫作未来的不存在的区域，而且在一个叫作过去的不真实的土地上四处漫游。因为我们勾画出了昨天和明天，所以我们也认识到现在是现在，尽管有时我们喜欢现在的流逝，但通常情况下，我们希望能将其放慢或加快。其他动物——婴儿也如此——似乎能在永恒的体验中遨游，不过动物和婴儿偶尔也似乎有一种基本的时间感，这种感知将他们锁在他们自己的笼子中。

是什么先出现：对时间的意识，还是对痛苦的意识？一种说法是，我们因为受伤，才产生了时间意识。当我们意识到对自己所得的处境的一种模糊的不满时，我们开始思考情况如何能够出现不同。我们饥饿的不适感，会唤起我们过去的饱足感。我们对自然的不足和工具的可能性的感知，促使我们规划未来。因而，痛苦催生了时间。想想看，这个说法很可能是错的，因为它似乎已经假定了一个痛苦迫使我们进入的过去和未来。豪尔赫·路易斯·博尔赫斯（Jorge Luis Borges）写过一篇很棒的文章，叫作《对时间的新反驳》(*A New Refutation of Time*)，这个标题就是对其自身论点的微妙反驳。所以，也许正相反，时间是痛苦之母。因为我们想着过去和未来，所以我们认为现在不够好。抑或，仅仅是人类的意识催生时间和痛苦，这两个是同卵双胞胎。西蒙娜·韦伊（Simone Weil）说："时间和美丽，这两个事物不能进行任何简单的合理化。我们必须从它们开始。"[1] 其实是三个事物：时间、美丽和痛苦。

无论如何，人类调制出了时间不可思议的变体：天堂和地狱。因为我们的道德原则和最深处的渴望与现实有冲突，所以天堂和地狱都在别处：在天上星辰之间，在地下某个地方，或者在另一个玄妙的地方。它们常常是指导我们度过人生的理念的想象化身。例如，摩门教徒认为，夫妻生生世世都是夫妻。婚姻并不是在现实中立即发生的，除此之外，它塑造了我们的性冲动和情感冲动，使之成为一种人类的创造物，而这种创造物永远无法完美地符合我们的本性。摩门教对天堂的信仰，是一种说“婚姻真的真的很重要”的方式。古挪威人相信，战死的勇士们的灵魂会进入天国阿斯加德（Asgard）的神宫瓦尔哈拉（Valhalla），在那里享用奥丁神的侍女瓦尔基里（Valkyries）端上来的蜂蜜酒，直到他们与一只巨大的狼悲惨地战斗之前，这个信仰表达了对世界上最有价值的东西的一种不太相同的看法。

我并不是说，天堂和地狱不是真实的。仅仅因为某个事物是创造出来的，并不意味着它不会是一种发现。仅仅因为过去是想象力的产物，并不意味着昨天的事情并未真正发生。仅仅因为未来是幻想，并不意味着我们预测的东西永远不会成真。仅仅因为天堂和地狱是创造出来的，并不意味着我们吐出最后一口气时，一切就玩完了。诚然，如果摩门教徒或古挪威人是对的，当我的骨肉被蠕虫啃噬时，我的灵魂仍然困在一桩婚姻或一个蜂蜜酒餐厅中，我会感到有些惊讶。但是，考虑到这个宇宙的奥妙，我不会完全惊讶。

另外，对天堂的信仰，在心理学上也具有很多意义。这个世界充满无意义痛苦，我们拼命去理解和减轻这些无意义痛苦。我们期望并且努力获得一种没有痛苦的处境，难道是不可以理解的吗？天堂和地狱的复杂梦幻结构，起源于我们对世界上的不幸大声喊叫出的“该死的！”正如我在有关约伯的章节所说，故事本身的形态与无意义痛苦背道而驰。“主人公出生了，遭受了毫无意义的痛苦，然后死了。结束。”这样的故事很难讲。虽然不是不可能（我想到了某些法国电影），但是非常难。一个故事——甚至是一个悲剧，事实上，尤其是悲剧——很自然地会赋予痛苦意义。此外，我们最伟大的悲剧故事的结局，在某种程度上也是幸福的。虽然俄狄浦斯（Oedipus）[1] 的命运十分可怕，可对他的惩罚，治愈了忒拜城的瘟疫。

天堂（heaven）和乐土（paradise）之间能分出一种差别。乐土有时被称作人间乐土，是我们对不存在任何苦痛的人类生活的想象。乐土也许很迷人，但归根结底是粗俗的，是只想要快乐、一味避免痛苦的灵魂的卑微一面的产物。相比之下，乐土准确而言，是我们对不存在产生无意义痛苦的弊病的人类生活的想象。在某种程度上，这种想象可以是深刻的，但乐土不能。当流浪汉作曲人哈里·麦克林托克（Harry McClintock）唱道："在那巨石糖果山，不用换袜子，岩石下溪水流淌。”他想象的是乐土。当马丁·路德·金开始说“我有一个梦想”时，紧接着说的是天堂。

[1] 应验了将“弑父娶母”神谕的忒拜城国王。

乐土的蓝图似乎很容易就能画出来：将所有荆棘从存在中去除就好了。不想变老死去吗？那就来两个喷泉，一个能让你长生，一个能让你不老。不想感到疼痛吗？那就赶走自然灾害、疾病和任何其他苦痛。我们给彼此造成的痛苦呢？那就用催眠音乐令我们人间乐土中的所有公民都为之陶醉，让他们永远不会想到伤害彼此。基本上，我们是在想象海珀尔波利安人（Hyperborean）[1]的生活，就像古希腊诗人品达（Pindar）描述的那样：

> 缪斯女神永远不会离开这片土地，
> 因为这就是她们的生活：
> 到处都有女孩在翩翩起舞，
> 竖琴的声音响亮，
> 还有笛子的声音。
> 她们用金色的月桂叶束起长发。
> 她们尽情享受美食，她们心满意足。
> 疾病以及令人厌恶的年老永远不会
> 触及她们神圣的身体：
> 她们住在那里，

[1] 古希腊神话中，在北风之源以北的极北地区，有一个温暖且阳光充足的乐土，居住着一群人。

没有劳苦，没有战争，

不扰乱复仇女神严厉的天平。[2]

尽管这种平和宁静的景象在许多文化中都很常见，但这是我们所能想象的最好的乐土吗？

在我看来，在华纳兄弟（Warner Bros.）和汉纳 - 巴伯拉（Hanna-Barbera）的动画片中，可以找到一种更好的乐土景象：傻大猫和崔弟（Sylvester and Tweety）、兔八哥和爱发先生（Bugs and Elmer Fudd）、汤姆和杰瑞（Tom and Jerry），以及他们所有其他奇妙的作品。难道你不是宁愿与哔哔鸟和大笨狼（Road Runner and Wile E. Coyote）一直奔跑，也不愿与品达的海珀尔波利安人没完没了地转来转去吗？说真的，你能忍受"笛声"多久呢？

我在孩童时代常在星期六早晨看动画片，其美妙之处是挖掘了我们最基本欲望的怪异之处，这是有必要的，因为他们最初的目的是吸引小孩子的注意力，小孩子的欲望如激光般纯粹而强烈。问题并不是对品达仙岛的认可会造成乐土使我们本想去除的对自由的滥用重新出现。问题是，乐土的魅力取决于我们被允许违反我们在当前生活中必须忍受的行为规范。禁止和风险在一定程度上会产生和增强快乐。欲望的本质是我们想拥有我们的蛋糕，并将它吃掉。虽然伊甸园应该受到法律和禁忌统治，但其存在的目的只是加强快乐，并且在某种程度上创造快乐。孩童明白这一点。

富有弹性的卡通身体，在被压扁或压碎后立即恢复原状，聪明地满足了我们既想冒险、享受乐趣，又不会遭受疼痛和伤害的孩童愿望。在动画片中，疼痛是一种纯粹的视觉现象：在公牛将你顶飞后，你的屁股会冒出细小的线条和小星星，或者你的头被钢制重物砸出大包后，头顶出现叽叽喳喳的小鸟。但是，只要摇一摇头，扭一扭屁股，你就又能恢复到完美状态，重新回到游戏中。

经典的乐土版本通常是素食性的，狼和羊羔友好相处。作为厨师和食物爱好者，这可不是我想对羊羔做的事情！但我也有稚气的一面，既想晚餐吃羊肉派，又不想任何羊羔死去。因此，动画片既是食肉性的，又是素食性的：尽管卡通动物们总是饥饿的，梦想吃到美食，可没有动物被消化掉。狼从来没有完全将羊吃掉，但也不会和羊友好相处。狼梦想吃羊，到处追赶羊，偶尔吞下羊，但羊总是被救活，就像鱼腹中的约拿[1]。对欲望问题的一个巧妙的解决方法是，我们永远饥饿，永远在吃东西。

漫画家解决羞耻和内疚问题的方法也很巧妙。他们创造的迷你戏剧具有一个重要特征，那就是有一个没有实权的权威人

[1]《圣经》人物，被一条大鱼吞下，在鱼腹中待了三天三夜。

物。比如在傻大猫和崔弟的动画片中，有一只尽职尽责的斗牛犬或者一位打额头的老奶奶惩罚捕食者，让吃掉猎物显得有一点罪恶。然而，这种道德禁忌在阻止猎食者犯下罪行方面并没有效果。当傻大猫被抓时，它的愧疚总是假装出来的。装模作样的禁忌，其功能与古怪的幻想差不多。

伟大的漫画家对理想关系的设想是如此美妙，以至于几乎不可能向任何没有看过他们动画片的人描述。经典动画片中所有伟大的关系，都有强烈的性（有时是同性恋）的暗流。不过，他们也融合了友谊和深刻的竞争。想想傻大猫和崔弟、哔哔鸟和大笨狼、汤姆和杰瑞。漫画家们想到了一种神奇的方法，将欲望、友谊、敌意混合在一起——这种混合，反映并表现出了孩子们形成的深厚但未经定义的关系。

最好的例子是兔八哥和爱发先生。在《什么是歌剧，伙计？》（*What's Opera, Doc?*）的那一集中，兔八哥为了躲避它的仇敌爱发先生［“杀死那只兔子！”（Kill da wabbit!）］的追捕，穿上了一身挪威女装，然后爱发先生爱上了女装版的兔八哥。他们重新演绎了半神齐格弗里德（Siegfried）的浪漫故事。在某个时刻，兔八哥不小心伸开了耳朵，暴露了自己的真面目。爱发先生恼羞成怒，一心要抓住并杀死兔八哥［“打死那只兔子！”（Stwike da wabbit!）］。但兔八哥真死后，爱发先生变得闷闷不乐，仿佛失去了自己真正的恋人，他抱着兔八哥的尸体，朝着夕阳走去。他失去了他无限渴望的对象！当然，兔八哥最后会振作起来说：“你期待什么——一个幸福结局吗？”通过引入死亡，这一集动画片将我们带到了乐土的界限之外，然后在最后一刻，神奇地将我们拉回来，提醒我们，死亡并不是真的。

我们对兔八哥十分满意，就像对最后那句讽刺的台词一样，因为兔八哥又回来了。大多数卡通人物不知道他们居住在乐土。他们追赶猎物，仿佛他们饥饿难当；他们逃跑，仿佛慢一点就会丢失性命。但兔八哥不是这样的。当其他所有人都沉迷于追捕猎物时，兔八哥优哉游哉地啃它的胡萝卜，它编造奇怪的场景，享受自己的智慧和能力。在某种意义上，它体现出了艺术自身的能力：能够超越这个世界，与此同时又能优雅地参与其中疯狂的事情；在另一种意义上，它预示着电子游戏的魅力，即能够一遍又一遍地上演暴力和“死亡”，却不会让任何真实的东西遭受风险。

尽管查克·琼斯（Chuck Jones）、弗里兹·弗里伦（Friz Freleng）、威廉·汉纳（William Hanna）和约瑟夫·巴伯拉（Joseph Barbera）的漫画非常出色（我们应该为这些伟大的民主艺术家感到骄傲，即使他们的艺术常常被用来兜售甜麦片），但我认为，这些大师并没有成功地想象出伊甸园的模样。如果他们都没做到，这件事根本就不可能办得到！以兔八哥为例。难道它没有感受到深深的无聊吗？它不断地问：“出什么事了，伙计？”这个问题的答案恐怕是：“什么事都没出。”问题是，在消除死亡、痛苦和自由的荆棘时，我们也除去了克服无意义的资源。一旦生命之恶被消除了，我们在松了一口气后，除了心想“现在怎么办？”外还能做些什么呢？拥有一个自我的部分意义，在于有一个故事；而有一个故事的部分意义，在于有邪恶；有一个故事的另一部分意义，在于有一个结局，无论幸福与否。兔八哥被迫永远在下一集中复活。它永远依附在真实故事上。正如它在《什么是歌剧，伙计？》最后的那句话中表明的，兔八哥的故事永远不会结束。就像任何其他乐土一样，电视变成了地狱。神最终渴望成为凡人。我不是有意让人毛骨悚然，但我有一种感觉，如果兔八哥能够说出实情，它会重复那位库迈的女预言家（Sibyl of Cumae）的请求——阿波罗赐予了她无限长的生命，最终她大喊：“我想死。”也许“出什么事了，伙计？”只是兔八哥委婉的表达方式。

莱谢克·柯拉柯夫斯基（Leszek Kolakowski）[1]在他的文章《恶魔能被拯救吗？》（*Can the Devil Be Saved?*）中，这样说：

> 人与自己及其社会和自然环境完美结合的景象，就像天堂的概念一样，令人难以理解。其中所含的矛盾基本上是相同的：一个尘世间的乐土必须将满足与创造性结合起

[1] 20世纪波兰著名哲学家、哲学史和宗教史学家。

来，一个天堂的乐土必须将满足与爱结合起来。两种结合都是不可想象的，因为没有不满足、没有某种形式的痛苦，就没有创造性、没有爱。完全的满足是死亡；部分的不满足，意味着痛苦。[3]

罗伯特·弗罗斯特在他的诗《白桦树》[1]中，描述了他对摆脱这个混乱痛苦的世界的渴望。但是，他限定了他逃脱的愿望："别来个命运之神，故意曲解我，只成全我愿望的一半，把我卷了走，一去不返。你要爱，就扔不开人世。我想不出还有哪儿是更好的去处。"[4]他渴望通过爬一棵柔韧的白桦树来逃避人世，而白桦树的枝丫最终会被他的体重压弯，再将他轻轻放回地面。我们需要兔八哥和海珀尔波利安人，但又希望命运之神不要故意曲解我们的目的。笛声结束，我们应该感到庆幸。妈妈关掉动画片，让我们出去玩，我们应该感到高兴。

我们对天堂的想象，经常包含浓重的乐土元素。天堂一般被认为是没有死亡和痛苦的地方。就这种意义而言，柯拉柯夫斯

[1] 中译本取自方平的翻译。

基是对的：它会摧毁人类必不可少的创造性和爱。但是，真正意义的天堂，超越了乐土的矛盾，可以用来照亮我们的本性及其更高的使命的可能性。即使你不相信来世，你仍然能相信天堂。

我已经提到过马丁·路德·金的《我有一个梦想》演讲。马丁·路德·金将美国的前景比作一张尚未兑现的银行支票，不过他说："我们拒绝相信正义银行已经破产。"对天堂的渴望总是表达出希望的美德，不顾种种证据，依然坚定地相信，正义永远不会破产，最终会得到报偿。从这种意义上说，天堂并不是另一个玄妙之地，而是我们内在的可能性和美德。马丁·路德·金表达出了一种美国天堂，一种摆脱种族主义毒瘤的生存可能性，只要我们相信梦想的力量，这一理想就能激励并引导我们。马丁·路德·金是美国土生土长的菩萨，一位致力于从事拯救受难者的无休止工作的摆脱偏见的菩萨。

《天堂》(*Paradiso*)[1] 中，我最喜欢的场景之一是，但丁在围绕太阳的天圈中，遇到一群神学家，他们中的许多人在他们的尘世生活中为相互矛盾的理论争论不休。而在天堂里，多明我会（Dominican）的成员托马斯·阿奎那（Thomas Aquinas）开始歌颂多明我会的竞争教会的创始人圣方济各（St. Francis）；方济各会的成员博纳文图拉（Bonaventure）开始赞颂圣多明我。这就

[1] 但丁的长诗《神曲》中的第三部分。前两部分是《地狱》(*Inferno*)、《炼狱》(*Purgatorio*)。

是天堂！来更新一下但丁的想法，想象一下，绕着太阳，进化论者热情地谈论《圣经》里上帝创造世界的故事，创造论者赞美达尔文的智慧与见解；想象共和党人和民主党人、无神论者和信徒、康德主义者和黑格尔主义者、共产主义者和资本主义者，都赞扬他们对手所留下的最美好、最光明的遗产。每一方都有几分道理，都出于某些善良的动机。当我们能摆脱自我，认识到自己的缺点和隐藏在我们的敌人中的高尚时，那就是天堂。正如但丁所说："这样做十分恰当：在一位所在之处，另一位也必然介入，正像他们并肩战斗，宛如一人，所以现在他们的光荣一同照耀。"[5]

审视美国生活的历史和惯例，得出结论——我们的国家将作为一个种族主义国家走向灭亡，是完全合理的；同样，得出结论——人类本性将永远具备派系和罪恶的特征，也是完全合理的。我认为，这样的结论并没有使对天堂的信仰变得不合理，因为短时间消除不公是可能的，而如果短时间的消除是可能的，更普遍的消除也是可能的。难道"在佐治亚的红色山岗上，昔日奴隶的儿子同昔日奴隶主的儿子能够同席而坐，亲如手足"不可能吗？难道我们不可能根据正义、节制、勇气、谨慎、希望、信仰或爱行事吗？此外，相信这些可能性，会令它们更可能。关于天堂最重要的一点出自耶稣之口："上帝的国就在你们心里。"[6]

我们想象地狱，总是带着比想象天堂更大的热情，这一点很有说明性。让我们面对现实吧：地狱很大程度上只是我们对折磨他人的渴望。尼采称但丁为“在坟墓上作诗的狼”。[7]虽然这对《神曲》的作者来说，有些不公平，但并不是完全不公平。这位伟大的基督诗人似乎很喜欢想象，他之前的一位朋友在阴曹地府中像拿着一盏灯笼一样，拎着他被割掉的头颅，这只是无数尴尬例证中的一个。

但是，我们对地狱的想象，并不仅仅是虐待性的。有时候，对地狱的正义性渴望也会非常强烈。我还记得，当我第一次读到杰里·桑达斯基（Jerry Sandusky）因52项性侵男孩的指控而被捕的时候——你可能也记得，桑达斯基是宾夕法尼亚州立大学一位深受欢迎的足球助理教练，他写了几本关于足球的书，创立了一家为贫困男孩设立的慈善机构，而且有家有口。可是，后来爆出，他利用自己的教练职位和慈善机构，性侵处于危险边缘的青少年。当我了解到他的罪行时，我满脑子都是一种清晰的景象，像是做了一个清醒的噩梦，我想到所有从未被抓住的儿童猥亵者，他们头顶“社会栋梁”的光环步入坟墓，而他们的受害者却承受着难以愈合的心理创伤，得不到公道，死不瞑目。我发现自己极度渴望地狱的存在，这样才有公平，这样宇宙的终极故事才不是保佑坏人，惩罚受害者。

渴望地狱的存在并不完全是坏的，但也不全是好的。美国人希望希特勒下地狱，这很容易，但我们自己的牛仔、政治家和开拓者对土著实行种族灭绝，希特勒对此钦佩并且努力效仿，可是要让我们希望他们下地狱，却很难。希望杰里·桑达斯基下地狱，令我感到满足，可是我却发现很难希望自己下地狱。事实上，我不仅很容易就能抵抗猥亵孩子的诱惑，而且猥亵孩子对我来说不可能。然而，当我受到错误行为的强烈诱惑时（幸运的是，是那种比起性侵儿童，没那么严重的错误行为），我的记录也不是一尘不染的。尘世的公道并没有清算我的所有罪恶。我很容易就能想象，那些被我施加不公的人中，一定有人不会介意见到我在恶魔的实验室待上一段时间。

我不想自己下地狱，但是我有时的确希望经历炼狱。难道我们不需要相信自己身上有好的地方，有值得保留的东西吗？正如 C. S. 刘易斯所说：

> 我们的灵魂渴求炼狱，难道不是吗？如果上帝对我们说："我的孩子，你确实有口气，你的衣服破破烂烂，直滴泥浆，但是我们都很仁慈，没有人会因为这些责备你，也不会远离你。进入乐土吧。"难道不会让你心碎吗？难道我们不应该回答："主，我不敢违逆您，但如果您不反对，我

还是先洗干净吧。”“可能会疼，你知道吗？”——“即便如此，主。”[8]

不可否认，有时候，我的灵魂想待在一个汩汩美酒从岩石上流淌下来的地方！然而，当我在真理和正义之光中审视自己时，我的灵魂想经历炼狱，就像刘易斯所说的那样。我不是只想得到奖励，我也想自己配得上这些奖励。或者，至少近乎配得上——一点点恩典对我来说肯定是必要的！

也许我们应该希望每个人都经历炼狱？在进入大宴会厅之前，我们不是都需要盛装打扮吗？或者，换句话说，难道我们不应该诚实地清算我们的问题，而是让人神奇地为我们解决掉吗？例如，我倾向于认为，我们许多解决种族不公的尝试，比如警察身上的随身摄像头、平权行动等，常常都仅仅是为了将我们根深蒂固的问题一下子清除，从而避免清算。我对今天的美国，基本的愿望不是希望它成为人间正义的天堂，而是成为令我们配得上正义的炼狱。

地狱的一个常见问题是，作为惩罚的长度，永恒似乎有点太长了。有人应该永远受折磨吗？很难看出有谁。报复式正义受到以牙还牙、以眼还眼原则的限制。即便是希特勒，在服刑六百万年左右后，难道不应该有一次假释的机会吗？如果地狱被构想为上帝对我们犯下的罪行所施加的惩罚，我看不出我们怎么能抵抗住那些完全否认永恒惩罚概念的异教团体所给的希望。

然而，还有一种构想地狱的方式，这一种也许不会被指控为不公。也许地狱不单纯是上帝为罪人设下的酷刑室，而是一个违背正义和爱的灵魂的状态。也许在服刑几百万年后，希特勒还是坚持《我的奋斗》（*Mein Kampf*）一书中的观点，也许还是不想上天堂。灵魂转化的奥秘需要的条件之一，是心灵的同意。简言之，对地狱永恒性的信仰，掩盖了一种对人类自由和尊严的值得称赞的坚守。在但丁的《地狱》中，在地狱深处有一个令人着迷的场景——骄傲的保皇党贵族法利纳塔（Farinata）脸朝上，用双手推开上帝。他不想待在天堂。如果上帝不顾他的意愿，强迫他待在那里，那会比将他留在熊熊燃烧的地狱中还要残忍。自己选择的地狱，比别人强迫的天堂好。

我个人最喜欢的来世景象是在《摩诃婆罗多》的结尾找到的，这部印度史诗讲述的是般度族（Pandavas）和俱卢族（Kauravas）之间的自相残杀。在伟大的般度国王坚战、他的四个兄弟，以及他们的妻子黑公主（Draupadi）（有趣的是，他们奉行的是一妻多夫制）的共同努力下，最终赢得了战争。在使其国土恢复了和平与繁荣后，他们舍弃了自己的财富和王国，一起前往山林，不带任何身外之物。唯一的小例外是，一条流浪狗在旅途中一直跟着他们。般度族人一个接一个地开始倒下。先是黑公主死了，然后是坚战的每个兄弟。旅程就这样完成了。

最后，众神之王因陀罗（Indra）乘坐一辆战车，出现在坚战面前，他提议送坚战上天堂，而坚战唯一要做的就是割舍这个世界。“我已经舍弃了一切。”坚战说。因陀罗指着那条流浪狗说：“你还有那条狗。你不能带它一起。”国王低头看着那条悲鸣的狗说：“我做不到。只为了我上天堂的私欲，就背弃一条如此忠诚的生命，这样做是不对的。”[9] 神与国王争辩了一会儿，但坚战还是坚持他的立场。后来，他才知道狗就是正义之神达摩（Dharma）本尊。因为他不肯放弃达摩，坚战通过了因陀罗的考验，赢得了进入天堂的权利。

坚战发现，天堂是他能够想象的最美丽的地方。但令他惊讶的是，他在那里遇到了他的宿敌俱卢族，而他的兄弟和妻子，他却怎么也找不到。因陀罗说：“别担心，他们很好。你就和我们一起享受天堂吧。这里没有任何敌意。”但是，坚战坚持要去看他的家人。当一位天差将坚战带到他们身边时，他发现他们住在一个散发着腐烂长蛆的尸体味道的洞中。天差说：“他们就在那里。现在，让我们回天堂吧。”可是坚战不肯回去。尽管洞中奇臭无比，他还是要和他们一起待在地狱中。很快，因陀罗又出现了，他将地狱变成了天堂，他说：“这只是另一个考验。只有真正经历过地狱，你才能真正体验到天堂。”

尽管般度一家人都来到了天堂，但《摩诃婆罗多》会留给你一种凡事都离奇得短暂的强烈感觉，这就像是你从梦中醒来，然后又醒来时的那种感觉。这会不会又是一种测试，又是一种幻觉？

没有人是完美的，在《摩诃婆罗多》中尤其如此。坚战虽然总的来说是美德的典范，但他也有特别糊涂的时候，他的糊涂最终导致了战争。他赌博成瘾，将整个王国都输给了俱卢族。然而他还是停不下来，赌上了他的兄弟，最后是他的妻子黑公主。他将他们都输掉了，而美丽的黑公主被赢得她的家庭强暴了。她慷慨激昂、像律师一般地抗辩说，用人命做赌注是无效的。但是，俱卢族却丝毫不为之所动。他们命人撕掉她的纱丽。然而，黑天（Krishna）神站在黑公主一边，他用魔法将她的纱丽变得无穷无尽。他们在将纱丽解开时，它在地板上越堆越高。

正如俱卢族永远无法得知赤裸的黑公主的样子，我们也永远无法得知完全净化的生命的模样。在《摩诃婆罗多》的结尾，一个接一个的考验，仿佛是在扯那件纱丽。要点似乎是天堂总是在被推迟——或者，在最好的情况下，像微光一般，闪烁不定，令人困惑。尽管如此，我们还是必须努力让自己配得上天堂，即使上帝似乎让我们置身于地狱。这都是考验！我的建议是：不管你被许诺了什么，都不要舍弃那条狗所代表的东西。

第六堂　痛苦唤醒我们的人性：孔子的仁与礼

> 人生中愉悦和快乐短暂而稀少，更多的是伤害和悲痛、苦难和绝望——接受了这一真相，就不再会因挫折而神伤，因自怜而愤怒，相反，会热爱并关切人类境况。
>
> ——戴夫·希思

读完《论语》的前十篇后，我们脑海中浮现出了孔子的形象，与他在绘画和雕塑中被描绘的样子一模一样：一位若有所思、从容不迫、目光睿智的老师。然后，我们来到了第十一篇。刚开始还很平静。孔子说，论遵守礼乐的规则，他一般更喜欢乡野平民的方式，而不是贵族君子的方式。[1]《论语》内容的安排

[1]　子曰："先进于礼乐，野人也；后进于礼乐，君子也。如用之，则吾从先进。"本章所有《论语》引文，均引自《论语译注》，杨伯俊译注，中华书局，2012 年版。此处采用与作者用数字标明所引篇章和段落同样的形式标明引文，例如，此段为：11.1。下同。

似乎非常随意，接着，我们听他谈起他最得意的门生——颜回。这位年轻绅士学识渊博、道德高尚，如果孔子是柏拉图，他就相当于亚里士多德。孔子说笑道："颜回对我没什么帮助。我说什么，他都心悦诚服。"[1] 然后，我们了解到，"有一个叫颜回的学生，真正好学，不幸短命死了。现在再也没有一个像他那样的了"。[2] 这种对悲剧的平淡讲述突然发生剧烈变化，孔子陷入了巨大的悲痛之中。他开始大声感叹："老天爷要我的命呀！老天爷要我的命呀！"[3] 他的弟子们平时对他毕恭毕敬，也忍不住说他悲痛过度了。孔子怒气冲冲地说："我悲伤过度了吗？我不为他悲伤过度，又为谁呢？"[4] 这是文学史上最引人注目的时刻之一：孔圣人情绪失控了。

我们习惯了平常人因为失去亲人而痛不欲生，但我们认为智者应该能将我们带到一个更高的意识层面。尤其在面对死亡时，圣人们应该揭开智慧的宝石，这个宝石散发着宇宙命运的光芒。我们为什么要读《论语》？难道不是因为孔子用权威的答案，回复我们灵魂的困惑吗？尤其是当这些答案像谜一般时。然

---

[1] 子曰："回也非助我者也，于吾言无所不说。"11.4。

[2] 季康子问："弟子孰为好学？"孔子对曰："有颜回者好学，不幸短命死矣，今也则亡。"11.7。

[3] 子曰："噫！天丧予！天丧予！"11.9。

[4] 颜渊死，子哭之恸。从者曰："子恸矣！"曰："有恸乎？非夫人之为恸而谁为？"11.10。

而，面对颜回之死，孔子给我们的只有我们平常对死亡简单直接的悲痛。我们甚至连一句晦涩的话都没有得到。如果孔子流的是和我们一样的眼泪，他还有什么作用呢？

当我对他这种平淡无奇的悲痛的震惊消退之后，我开始从孔子令人不安的感性之举中，既得到了安慰，又得到了智慧。他在哀悼无意义痛苦时，所处的纯粹悲痛空间，正是作为人所处的空间，正是他的整个哲学——以及文明本身——诞生的空间。他拒绝将悲剧美化为其他任何东西，他这样做有其深刻的道理。

要想了解孔子的世界，可以想想和他同一时代的伍子胥。伍子胥是一位政府官员，他的父亲被楚王扣为人质，并将其杀害。伍子胥一心复仇，却发现凶残的楚王已经被杀了，他失望至极，挖出楚王的尸体，抽打了三百鞭。然后，他和正与邻国交战的吴国结盟。吴王夫差很快背叛了伍子胥，逼迫他自尽。他在临死前，留下遗言："你们一定要在我的坟墓上种植梓树，让它长大能够做棺材。挖出我的眼珠，悬挂在吴国都城的东门楼上，让我见证越寇进入都城，灭掉吴国。"[1] 吴王将伍子胥的尸体装进了

[1] "必树吾墓上以梓，令可以为器；而抉吾眼县吴东门之上，以观越寇之入灭吴。"《史记 · 伍子胥列传》，引自《史记》，司马迁著，中华书局，2006 年版。

皮革袋子中，然后无情地将其扔到江中，不过在此之前，他先帮伍子胥挖出了眼珠，悬于城门之上。无巧不成书，伍子胥那双血淋淋的眼珠确实看到了越国灭吴。[1]

如此残暴的行径在春秋末期十分常见，最终导致了所谓的战国时期。强权者相互挖眼珠子，是整个社会崩溃的象征与征兆。此时中国古典哲学的核心难题，本质上也是罗德尼·金（Rodney King）的问题——1991 年洛杉矶警察局对他的殴打，被录像拍下，引发了广泛的骚乱——“我们难道就不能好好相处吗？”儒家思想，一如百家争鸣的所有哲学流派，在很大程度上，解决的是不公的痛苦问题，而这些不公是由我们自己施加的。哲学常常诞生于惊奇和崩溃之中。

孔子生于公元前 551 年，死于公元前 479 年。从某种意义上说，他的人生是失败的。他认为自己的使命，就是要从社会的礼坏乐崩之中，重新建立起其偶像周公五百年前在中国建立起的和平文明的秩序。孔子周游列国，希望能得到统治者的任用，实现自己的理想。然而，孔子只有在最开始担任过官职，还是一个无关紧要的官职。各个诸侯王和统治者一般都会礼貌地听孔夫子游说，然后将他送走，有时还会以暴力相威胁。对于没有取得世俗的成功与认可的人，孔子给出了这样的安慰：“天下有道就出来做官，天下无道就隐居不出。国家有道而自己贫贱，是耻辱；国家无道而自己富贵，也是耻辱。”[1]2

尽管相传他是许多经典著作的作者或编辑者，但我们目前很难考证有一些书真的出自他的笔下。我们对他的人格和哲学的了解，主要来自《论语》中描绘出的孔夫子明锐的精神形象。我们不仅见证了他与学生们满是幽默与洞见的互动，我们还从中了解到了其他令人动容的细节，比如孔子是一位狂热的运动员、猎人和弓箭手，他对音乐的热爱是如此之深，以至于他一度因为听到一首罕见的古曲，三个月内吃肉都不知味道。[2]

尽管在春秋晚期，顽固的诸侯和统治者没有将儒家思想当回事，但儒家思想是处理无意义痛苦的最实用的哲学之一，而且至今效用不减。苦难以及对苦难的反应，是儒家美德的基础。与大多数实用性哲学不同，儒家思想并没有真正给我们任何硬性的原则或指导方针，它只是给了我们一个温和版的黄金法则：“己所不欲，勿施于人。”3 孔子对唤起真正丰富且人道的人性的兴趣，比其他任何哲学家都浓厚，因为他认为，任何没有以人为本的秩序都不堪一击、不得人心。艾伦·沃茨（Alan Watts）说：

“是人让真理伟大，不是真理让人伟大”[3]是儒家思想的

[1] 子曰：“笃信好学，守死善道。危邦不入，乱邦不居。天下有道则见，无道则隐。邦有道，贫且贱焉，耻也；邦无道，富且贵焉，耻也。”8.13。

[2] 子在齐闻《韶》，三月不知肉味。7.14。

[3] 子曰：“人能弘道，非道弘人。”15.29。

> 一条基本原则。既然人自身比其可能创造的思想都更伟大，所以“humanness”（人性）或“human-heartedness”（人心）感觉起来总是比“正义”更伟大。有时候，人们的情感比原则更值得信赖……尽管人们通情达理，总是能够做出妥协，但有些人盲目崇拜某种想法或理想，使自己丧失人性，这些狂热信徒对抽象概念的敬拜，令他们成为生命之敌。[4]

孔子用“仁”来表示我们所有的阻碍和破坏力量都被消除了的状态。“仁”的翻译各种各样：除了沃茨提到的“humanness”和“human-heartedness”，还有“benevolence”（仁慈）、“love”（爱）、“goodness”（善良）、“authoritative conduct”（威信行为）。我觉得，这些英语的对应单词，像是熟练的玩家向靶子投掷的飞镖。也许它们都没有完全正中红心，但是这些飞镖一起显示出了靶心的位置。

中文的“仁”字由两部分构成：一部分是人，另一部分是数字二，或者一个表示超越的符号。两种意义都耐人寻味。人与二相加，体现出了我们只能在关系中发现和证明自己的儒家观点。正如学者赫伯特·芬加雷特（Herbert Fingarette）所说：“对孔子来说，除非有至少两个人，不然就不可能有人。”[5]人与超越相加，让人想起我们能驾驭自己的生物本能，努力让品行高尚。

正如孔子自己所说："那些行为有威信的人（仁）喜爱山。"[1]6

混乱，无论是内战、暴乱、犯罪，还是孩子耍脾气，都有一种常见的处理方法，那就是通过用规则施加秩序，如不服从，就予以惩罚。在西方政治哲学中，托马斯·霍布斯（Thomas Hobbes）最为明确地表达了这一观点。在中国古典哲学中，墨子和韩非子表达了这一观点。韩非子是征服六国的秦国的谋士。

孔子持相反的观点。他认为，规则和惩罚是从混乱中产生秩序的错误方式。他说：

> 用法制禁令去引导百姓，使用刑法来约束他们，百姓只是求免于犯罪受罚，却失去了羞耻之心。用道德教化引导百姓，使用礼制去统一百姓的言行，百姓不仅会有羞耻之心，而且也守规矩了。[2]7

对孔子来说，刑法是一场没有胜算的游戏。在已经确立的

[1] 子曰："知者乐水，仁者乐山。知者动，仁者静。知者乐，仁者寿。"6.23。

[2] 子曰："道之以政，齐之以刑，民免而无耻；道之以德，齐之以礼，有耻且格。"2.3。

秩序中，也许一些惩罚是必要的。然而，在创建和维护文明社会的过程中，刑法充其量只是创造了秩序的假象；情况最糟糕时，刑法甚至加剧了促使刑法实施的种种倾向。正如孔子所说："我们必须使诉讼的案件根本不会发生！"[1]8

想想一项将虐待儿童定为犯罪的法律。如果使父母、老师和邻居不虐待孩子的主要原因，是害怕国家施加惩罚，那么我们的社会就存在极其严重的问题。我们不应该想要虐待我们的孩子！如果我们偶尔感受到这样做的冲动，将其压制下去的应该是羞耻感、仁心。如果遵守法律，将那种仁心排除出去，社会将一直徒劳地重新建立给我们的生活带来秩序、使其具有价值的纽带，比如父母与孩子之间的那种纽带。

孔子提议用**礼**代替刑法。对于这一概念，英语译者使用了"ritual"（礼仪）、"rites"（仪式）、"custom"（习俗）、"etiquette"（礼节）、"propriety"（规矩）、"morals"（道德）、"rules of proper behavior"（行为规范）和"worship"（尊敬）等词。我喜欢当代的重要儒家学者罗杰·T. 埃姆斯（Roger T. Ames）和亨利·罗斯蒙特（Henry Rosemont Jr.）的《论语》译本，他们将礼翻译成"ritual propriety"（礼仪规范）或"observing ritual propriety"（遵守礼仪规范）。他们指出：

---

[1] 子曰："听讼，吾犹人也。必也使无讼乎！"12.13。

礼是那些具有意义的角色、关系和制度，它们促进了交流，培养了社会意识。礼的涵盖面很广：所有的正式行为，从餐桌礼仪到问候和告别的寒暄，再到毕业典礼、婚礼、葬礼，从言行恭敬到祭拜祖先……它们是社会语法。[9]

让我们以一个小例子开始。你走在路上，心不在焉，撞到了我。我的第一反应是气愤。如果你什么都没说，继续往前走，我可能开口骂你。结果，一件事接着另一件事，很可能我们会拳脚相向。但是，如果你撞到我后，说："对不起！我很抱歉。"我的怒气会立即消失。我不会将这件小事放在心上。"没关系。"我们的关系就从互相争斗变成和谐共处。仅仅因为一个小小的礼仪举动，我们就脱离了敌意，进入了仁的状态。礼编排了一种关系，赋予我们共同的人性（仁）尊严。即使一丝敌意尚存，我咕哝了一句："下次走路小心点。"至少你的礼仪规范行为避免了暴力。

说"对不起"和其他遵守礼仪规范的小行为，对于一个正常运转的社会来说至关重要。做父母的一大任务，就是不厌其烦地提醒孩子说"请""谢谢"和"对不起"。这些"神奇的词"确实具有不可思议的能力。它们让我们与他人和谐相处，让我们能成功地、心怀敬意地在人类世界中航行。如果我对你吼："把桌上那本书给我。"你可能会感到自己不过是听命于我的意愿的工具，因而要么愤懑不平，要么会拒绝。如果我使用柔和的语气以及那个神奇的字——“能请你把桌上那本书递给我吗？”你的人性得到认可，你会高兴地将书递给我。

不遵守这些礼仪规范的行为，会导致暴力、混乱和残忍行径。在西方传统的伟大悲剧作品中，我们认为苦难命中注定，是一个古老诅咒或原罪或生物构造的结果。然而，儒家思想却将许多苦难看作忽视礼仪规范所导致的直接后果。想想李尔王的故事，如果他没有无礼地命令他的孩子们赞美他，如果科迪莉亚（Cordelia）对自己的父亲说话再礼貌一点……如果哈姆雷特的母亲和叔父没有在哈姆雷特的父亲尸骨未寒时，就有失体统地早早结婚——“葬礼中剩下的残羹冷炙，正好宴请婚筵上的宾客。”那么，哈姆雷特和奥菲利亚（Ophelia）可能会成为夫妻，在王座上度过余生。如果戏剧中的反面人物直接让正面人物进行埋葬亲人的基本仪式，索福克勒斯的多少戏剧将会无聊至极？如果俄狄浦斯在路上撞到一位老人时，直接说句“对不起”，他整个令人难受的悲剧就可以避免了。

据我所知，俄狄浦斯在不知情的情况下谋杀了他的父亲，是文字记载的第一个路怒症（road rage）的例子。在拥挤的高速公路上驾驶，时常会感到懊丧不已，而且危险重重。这能说明在只有最少的礼仪时，生活会是什么面貌。当我们被困在各自的车子中时，我们很难用“请”和“对不起”进行沟通。不可否认，道路上还是有一些礼仪的，通常是某一地点特有的，但在很大程度上，道路秩序的遵守，尤其是在交通不畅的大城市，靠的是规则的内化和对交警的害怕。如果儒家“仁”的概念指的是处于关系中的两个人，那么，在高速公路上很难找到仁，因为我们都是被钢铁包围的孤独的竞争者。

当我为了读研究生，从艾奥瓦州的格林内尔（Grinnell）搬到了佐治亚州的亚特兰大（Atlanta）时，我是一位非常有礼貌的司机，我习惯了中西部的那种轮流、让别人先行、闪前灯警示危险、安安静静开车的礼仪。突然之间，我来到了《福布斯》（*Forbes*）杂志曾经证明是美国交通状况最糟糕的城市，我发现自己在让一辆车先行后，眼睁睁看着三十辆车利用了我的礼貌。当时，我充满了小城市的淡定，自鸣得意地告诉自己，我品格优秀，不会像那些大城市的神经病一样，握紧拳头猛捶他们的方向盘。然而，经历了几年没人轮流、没人让行后，路怒症开始在我心中发酵。我也开始寸步不让，让不断的咒骂成为我日常通勤的一部分。一想到我的车子反正又老又破，遇到我觉得不太野蛮的车辆，我就超过它。当一辆左转的车没有让我先行，我猛踩刹车，朝着窗外吼了一些不太儒家的话后，我终于意识到自己变成了什么样子。那辆车停了下来，司机向我吼了回来。开了五年的车，遇到过无数白痴，我的名誉受到的攻击够多了。于是，我下车准备为捍卫自己的名誉和他打一架。另外那个司机的经历一定更加糟糕，因为他不仅下了车，还按开了一把弹簧刀。我读过《俄狄浦斯》(*Oedipus*)，深知其中悲剧，于是我急忙回到车里。在启动车子时，我开始反思自己的品格没我之前想的那么优秀，而且比我想的更容易受到社会塑造。

借用一个文学批评中的术语，路怒症是社会冲突的提喻——代替整体的部分。我们越是感到被冷冰冰的自我包裹，我们的生活就越不受礼仪左右，我们就越可能成为残忍行为的行使者和受害者，就像伍子胥。即使当暴力因自私自利和对刑罚的恐惧而得以避免时，就算车流顺畅，我们还是感到压力重重，人性仍然处于动荡之中。用孔子的话来讲，我们成了小人，比起人性和社会，更关心我们自己的好处和私利。

我一直在讲一些对相对较小但至关重要的礼仪规范的遵守，但是，礼涉及的范围要比“对不起”和“谢谢”广得多。在《论语》中，有关于何时和怎样吃米饭、喝酒、说话、穿着、上车，以及送人礼物的时候该怎么拿等教导。人类的生活是一种艺术，将我们在世界中的存在方式，提升为更优雅的存在方式。深谙礼仪之道的人不仅不会冒犯他们的邻居，并且他们的生活优雅而美丽。

我的囚犯学生们在学习孔子时，被礼仪与仁心的重要性吸引，他们好奇为什么儒家思想这样的东西在我们自己的教育体系中没有扮演更重要的角色。然而，尽管他们被摆脱法律和惩罚深深吸引，他们还是怀疑儒学在这一点上的可行性。没有刑法可行吗？礼仪规范真的能维持社会秩序吗？这些重犯想知道，当有人犯下重罪时，我们该怎么办？他们中至少有一些人持的是韩非子的怀疑态度：韩非子嘲讽儒家理想，说如果秩序有赖于一位有德行的领导者激励整个国家遵守礼仪，那么我们还要等待极其漫长的时间，才能取得和平稳定。

什么是犯罪？标准的答案是，犯罪是违反法律。什么是正义？相对应的答案是，我们应该找出犯罪者，给予罪犯应得的惩罚，从而恢复法律体系的平衡。但是，刑事司法系统的一种叫作“恢复性司法”的新运动，却对这些问题给出了不同的答案。尽管我不知道是否有直接影响，但恢复性司法表明，即使在当代美国，让礼仪和人性维持秩序的儒家思想也没有那么牵强。所以，我们在探讨了《论语》之后，简单讨论了恢复性司法，来思考孔子试图完全清除诉讼案件在多大程度上是对的。

当你仔细思考，被我们的刑罚体系的喧闹所忽视的两方是受害者和罪犯，你会感觉非常怪异。在倡导恢复性司法运动的人看来，犯罪是对人、关系以及社群的伤害。需要恢复的不是法律，而是人与人之间的关系。罪犯需要重新融合进受尊重的社会关系中，而受害者需要让他们的伤口愈合。司法的首要任务是找出谁被谁伤害，受害者的需求是什么，犯罪的原因是什么，谁与这项犯罪有利害关系。接下来的任务是让主要利益攸关方，尤其是罪犯和受害者，参与到恢复社群平衡、修补犯罪所导致的破裂关系中去。从根本上说，恢复性司法涉及一种旨在恢复我们人性（仁）的一种仪式（礼），有点像老师让操场上的一个孩子为打了另一个孩子道歉，这样游戏才能继续。基本上，相关方通过诚实地描述现实，讲述和倾听彼此情感上坦率的故事，来相互接触。如果这种接触产生了效果，犯罪的一方会道歉，对伤害进行补偿，甚至会做出超过补偿范围的慷慨行为。

杰里·帕特里奇（Jerry Partridge）是我的家乡艾奥瓦州华盛顿县（Washington County）的一位老检察官，我从他那里学到了很多关于恢复性司法的知识。20 世纪 60 年代，杰里十几岁时因持械抢劫被捕。一位法官让他从坐牢和去越南打仗中做出选择。他加入了海军，打起精神，战后上了法学院，成了一名县检察官。当他发现他所在地区的大多数临时寄养都是门诺派（Mennonites）教徒提供的，他认为自己有责任了解他们的信仰，经过一次肃穆的洗足仪式后，他最终改变了信仰。他的新信仰促使他写了一篇关于受害者与罪犯和解的文章，他在别无他法时试过这个方法，发现效果出奇得好。他理解的恢复性司法非常直接：将受害者和罪犯放在一个房间里，让他们承诺自己会表现得真诚，然后等魔法产生。

杰里最喜欢的其中一个关于恢复性司法的故事，几乎像是关于其优点的寓言故事。在故事开头，一个叫 A.J. 的男子在普斯普剂（PCP）的作用下，产生幻觉，闯入了一栋他认为是自己的房子。那栋房子真正的主人受到了极大的惊吓，A.J. 也如此，他们彼此将对方看作是入侵的坏人。A.J. 开始一遍遍叫喊："我要杀了你们！"警察最终赶到，在关键时刻，阻止了嗜毒如命的 A.J. 实践他的誓言。作为县检察官，杰里判定这位男子两项谋杀未遂的罪行，每项判以 25 年监禁。

在犯罪行为发生后，受害者发现自己总是感到不安全。他们受到的创伤甚至蔓延到了他们的贵宾犬身上，每当有车经过，它就会疯狂吠叫。当他们告诉杰里，他们正在考虑搬到另一个州，希望能过上正常点儿的生活时，杰里回复说："印第安纳州的人还是有车，有毒品。信不信由你，我认为最好的办法是，面对对你们做了这件事的人。"最终，虽然那位丈夫还是不肯与 A.J. 见面，但那位妻子同意了，A.J. 本人也同意了。

他们尴尬地围成一个圈坐着，杰里让他们尽可能诚实。于是，那位妻子站起来，开始痛斥 A.J.，详细描述了她和她丈夫的生活受到摧毁的各个方面。她在结束她的长篇演说时说："这是这辈子发生在我身上最糟糕的事。"她停顿了一会儿，补充道，"在某些方面，这也是最好的事，因为我找到了对上帝的信仰。"

接着，A.J. 站了起来，他开始讲述他的生活也遭到了摧毁。他要在监狱里待 50 年，这意味着他不会再有妻子，也不会再有工作，他和自己的孩子们之间的联系将变得脆弱，为了换取自由，还必须忍受沉闷乏味的生活。他又补充说，在听完她说的话后，令他感到最为懊丧的是他毁了他们的生活。“这也是发生在我身上的最糟糕的事。”他叹了口气，然后像他的受害者一样承认，这也是发生在他身上最好的事，因为他也找到了对上帝的信仰。双方都感到那种原初的愤怒消散了，痛哭流涕。

A.J. 在出庭受审时，坦承了自己的罪行。在几周后的判决中，他请求法官严惩他，他解释说，无论惩罚如何，都是他应受的，他已经准备好接受了。尽管那位丈夫作证说，A.J. 应该被判处最高的刑罚，但检察官在那位妻子的要求下，请求给予仁慈的判罚。法官感到不知所措。当被告要求司法公正，而控告方要求仁慈判罚时，你该怎么办呢？他退回了办公室。一个小时过去了，他出现了，发表了如下裁决：“我判你 50 年监禁。但如果你能在 5 年时间内遵守这份列出的条件，我会暂缓这一刑罚。”他拿出了一份文件，上面列出了方方面面的要求，包括滴酒不沾，总是按时上班。“我不认为，你能满足所有这些要求，如果你的假释监督官发现你违反哪怕一条，你将被判 50 年有期徒刑。但是，如果你能清清白白地过上 5 年生活，你将会成为一个自由人。”A. J. 做到了。

当我问杰里，恢复性司法能达到的效果是否有局限时，他说，除非是极少数的反社会者，至少作为刑事案件的起点，恢复性司法没有任何局限。即使进步派能够制定最好的社会政策，保守派能够维护一种富有道德和个人责任感的健康文化，犯罪还是会不可避免地发生。我们不是天使，但是，我们也不是恶魔——至少我们之中很少有人是恶魔。坦诚相见既能帮助罪犯洗心革面，又能减轻受害者的痛苦。真相真的能让我们解脱。我追问道："那强奸呢？你真的愿意将一位强奸受害者和强奸者放在一个房间里吗？"他回复说，恢复性司法对强奸案件来说尤为重要，因为根据他的经验，许多强奸受害者终身都在受到潜在伤害，那种伤口只有在直面真相后，才能愈合。他说，这个伤口一直难以愈合，因为受害者欺骗自己说，他们在某种程度上应该为发生在他们身上的事负责。消除这种自我欺骗的最有效的方法，是让强奸犯当着受害者的面，为他的行为负全责。虽然他承认，强奸，特别是在受害者是儿童的案件中，为恢复性司法带来了困难，但杰里坚持认为，在我们的刑事司法系统中，我们需要更多恢复性司法的诚实和仁慈的精神。

恢复性司法是否能像孔子所梦想的那样，取代法律和惩罚制度，是一个棘手的问题。我的犯人学生们不无道理地争辩说，也许我们需要将报复作为后备办法，在罪犯不愿为他们的罪行承担责任时使用。也许我们也需要将报复作为一种威胁。但是，我难以向你描述，这些囚犯无论刑期有多长，他们是多么渴望得到与受害者的一次恢复性会面。他们几乎每个人，都渴望与社会重新连接，渴望一种不受监狱孤独所束缚的一种精神转变，渴望一次弥补那些受到他们罪行最大伤害的人和与其他人分享他们的觉醒的机会。正如西蒙所说：“恢复性司法太实用了！我希望能够面对我的受害者的家人——让这家人听我说，我对导致他们亲人的死去，感到多么抱歉，以此也净化我的心灵！”恢复性司法的做法，是不将他人看作黑人或白人、男人或女人、罪犯或受害者、富人或穷人、好人或坏人，而是看成根本上具有复杂故事的承受痛苦、会思考的个体。在我们的法规和惩罚制度下，隐藏着一部深刻的人类戏剧，只有当我们对我们施加和承受的痛苦彼此坦诚相待时，我们才能看到这部剧。

我们的西方文明倾向于强调平等，孔子却不然，他乐于接受社会关系中的等级制度。和尼采一样，孔子认识到权力动力（power dynamics）是人类生活的重要组成部分。而与尼采不同的是，孔子从来不提倡残忍行为，即使是在体育运动中。关键是要找到管理我们天生的权力动力的方法，来摆脱不必要的痛苦，提升各方的幸福。儒家思想强调许多重要的关系：统治者与大臣之间、统治者与民众之间、丈夫与妻子之间、兄弟之间、老师与学生之间、朋友之间。这些关系都涉及权力不平衡，但友谊除外，友谊是一种自然平等的关系（这就是友谊在西方哲学中如此重要的原因）。虽然对孔子来说，友谊无疑是重要的，但他将大部分注意力都放在了其他权力不平衡的关系上了。

我们的西方情感使我们倾向于认为，等级制度都具有压迫性。光是统治者的想法，就会让我们恼火；在家庭中，丈夫应该指挥妻子，或者反过来，这一想法也会令我们大为光火。我的许多学生觉得没必要称呼我“塞缪尔森博士”或“塞缪尔森教授”甚至“塞缪尔森先生”，而是直接称呼我：“嘿，斯科特！”等级制度令我们感到压迫的一个原因，是我们倾向于将权力视作归属于个人的东西，我们的平等意识厌恶一个人在本质上高于另一个人的观念。但是，在我们所扮演的角色之外，真的存在一种个体性吗？在孔子看来，我们之所以是我们，在于我们是一个国家的臣民、某对父母的子女、某些孩子的父母、某些朋友的朋友，如此等等。权力被赋予进关系之中，而非个人。我们中的任何一个人都不可避免地在等级角色中占据着不同的权力位置。如果我是你的老师，我就有权支配你。如果你邀请我去你家吃饭，现在你作为主人，便处于权力位置。并不是从根本意义上，我有权支配你，或你有权支配我，一切都取决于情形的变化。

孔子认为，等级制度是自然的，并不具备固有的压迫性。

（学生们，听好了！）尽管孔子对自由没有概念，但他对奴隶制也没有概念。为了帮助西方人理解孔子对等级制度的积极看法，提炼出西方人仍以儒家的方式看待事物的一种关系，也许会有用处，这种关系就是亲子关系。尽管在亲子关系中，父母和孩子应该是朋友关系（也就是说，应该是平等的），这一观念也有一定的吸引力，但在大数情况下，我们都同意，父母有权支配他们的孩子，孩子应当尊重和服从他们的父母。虽然父母有可能滥用这种权力，但这完全可以避免。事实上，父母施加的权力，通常是为了孩子的利益——“吃你的蔬菜”“过马路要左右看”“做你的家庭作业”。孩子在尊重他们的父母时，并不仅仅是在抚慰老妈或老爸的自尊心，而是在进一步发展成健康、正派、安全的人。

孔子哲学思想的基础不是自由和个体性，而是忠诚和同理心。他说，贯穿他思想始终的一条线“不过忠诚（忠）和同情怜悯（恕）”。[1]10 他的观点是，我们的社会关系受礼仪支配，最好以忠于职守的觉悟和换位思考的能力来维持，这样我们就不会滥用手中的权力。

对孔子来说，忠诚意味着忠于我们的角色。这并非国家是对是错的那种忠诚。尽管儒家对权威的批评一般很谨慎（孟子例外，他很乐于痛斥当权者），但忠诚有时需要我们规劝、告诫上

---

[1] 曾子曰：“夫子之道，忠恕而已矣。”4.15。

级。想想海瑞的例子，海瑞是明朝儒家思想的代表人物，他必须想办法规劝暴虐无道的嘉靖皇帝。他忠心耿耿，买好了棺材，上书严厉批评嘉靖皇帝。他的买棺上书充分体现了忠诚的真正含义。

当被问及有没有一个原则可以终身奉行时，孔子回答说："那就是恕吧！自己不愿意的，不要强加给别人。"[1][11] 同理心，或者"换位思考"，是受过苦的人更可能培养出来的美德。孔子认为，这其实是强者应当培养的美德。儒家思想的基本原则植根于我们共同的困难经历。我们发现自己脆弱受伤的部分，然后用它做同理心的指南，指导我们如何对待他人并管理我们本性中固有的不平衡。当我们处于支配他人的权力地位时，无论是作为父母、老师，还是政治家，站在我们的从属者的角度至关重要；如若不然，我们的权力会让我们无视他们的人性。如果从属者不愿意批评领导者，领导者也不应该轻易将个人意志强加于从属者。

尽管在《论语》之中，没有对个体性这一概念的明确强调，但孔子身上却体现出一种清晰的独特感觉。虽然抛开父母、孩子、老师、学生、兄弟姐妹、配偶、朋友等角色，我们就没有了自我，但我们培养这些角色的部分目的，正是形成一种独特的风格。这就像是演奏舒伯特的乐曲。一开始，你试着准确，即忠实

---

[1] 子贡问曰："有一言而可以终身行之者乎？"子曰："其恕乎！己所不欲，勿施于人。"15.24。

地演奏那些音符。然后，你试着带些感情，即同理心，来演奏那些音符。最后，真正的大师带着独特的风格演奏这些音符——就像里赫特（Sviatoslav Richter）演奏的降 B 大调第 21 号钢琴奏鸣曲。作为一位表演者，舒伯特成就而非限制了他的风格。作为人类，我们对各种角色的忠实而富有同理心的扮演，成就而非限制了我们的个体性。

孔子认为，有威信的行为往往会使受到影响的人变得人性化。秩序会自然地向外扩散。正如他所说："君子的品德好比风，小人的品德好比草。风吹到草上，草就必定跟着倒。"[1]12 我们本能地认识到人性的真正表现，并向其鞠躬，就像草向风鞠躬一样。在孔子看来，当仁德之人当权时，尤为如此。仁德的老板、老师、父母、检察官和政治领导人，不需要对我们管头管脚，我们会本能地想要效仿他们所树立的榜样。

事实上，孔子认为，真正的领导艺术，主要在于树立好的榜样。他曾说，治理国家需要军备充足、粮食充足、树立好的榜样以便老百姓信任领导者。他后来又说，如果必须去掉一样，应

[1] 季康子问政于孔子曰："如杀无道，以就有道，何如？"孔子对曰："子为政，焉用杀？子欲善而民善矣。君子之德风，人小之德草，草上之风，必偃。"12.19。

该去掉军备。如果还必须去掉一样，那就应该去掉粮食。“自古以来，人总是要死的，但是如果人民对领导者不信任，那么国家就不能存在了。”[13] 如果我们的领导者树立好的榜样，赢得了我们的信任，我们甚至能够忍受饥饿和死亡！[1]

显然，仅仅鼓励人们友好、礼貌是不够的。仁心的培养需要艺术和人文教育的大量投入。我们应该学习诗歌，因为，借用埃兹拉·庞德（Ezra Pound）贴切的表达，诗歌能发出“心灵发出的音调”。[14] 我们应该学习历史，因为历史使我们思想开阔，让我们的判断力更加敏锐。我们应该学习音乐，因为音乐赋予我们快乐，让我们体会到优雅。我们应该学习礼仪，因为礼仪让我们心怀敬意、谦逊有礼。我们应该学习哲学，因为哲学让我们善思而温和。这些科目中的任何一个都蕴含着一定的危险：诗歌会让我们放纵，历史会让我们对进步感到绝望，音乐会让我们放荡，礼仪会让我们过于高傲，哲学会让我们冷漠而疏远。但是，如果我们的学习是由最好的艺术和人文作品指导的，并且受到其中内在的善的激励，这些危险就可以避免。需注意，孔子让我们学习的人文艺术——诗歌、音乐、历史、礼仪、哲学——都是应对人类痛苦的。尽管我们能从这些科目中学习到关于如何克服我们最

---

[1] 子贡问政。子曰：“足食，足兵，民信之矣。”子贡曰：“必不得已而去，于斯三者何先？”曰：“去兵。”子贡曰：“必不得已而去，于期二者何先？”曰：“去食。自古皆有死，民无信不立。”12.7。

糟糕的倾向的重要课程，但它们不一定能将其解决。可是，艺术和人文学科确实帮助我们带着尊严和理解去体恤苦难。它们是肯尼斯·伯克（Kenneth Burke）所谓的“生存工具”（equipment for living），是恢复性司法的灵魂。[15]

这是一个既悲伤又偶然的故事。当我写这篇文章时，凯特琳（Caitlinn）走进我的办公室，哭了起来。凯特琳是一个“濒危物种”——一个真正的读者。她在课堂上发表的观点涉及面非常广，我怀疑她在学期一开始就阅读了所有指定的书，然后在学期的学习过程中，和其他同学一起重读。如果你在星期五给她推荐三本书，她星期一回来，就会想谈论每本书。她知道我很喜欢道学，尤其是庄子，她站在我的办公室里，眼中噙满泪水，说：“我一遍遍地读庄子所说的关于死亡的话，但没有用。”她停下来擦了擦脸颊上滚落的泪水，然后继续说：“我姑妈刚刚死了。我非常爱她。”

我知道凯特琳说的是哪一段。庄子的妻子刚刚去世，惠子前来看望庄子，以为他在为妻子哀悼。谁知庄子在敲盆唱歌，毫无愁容。惠子见状感到惊恐，他说：“你跟这个人生活了一辈子，生儿育女，然后老去。现在她人死了，你不伤心哭泣也就算了，你竟敲着瓦盆唱起歌来，这也太过分了吧！”庄子答道：

> 你说错了。她刚死时，我怎么能不感慨伤心呢！但是，后来我想想，她最初本来没有生命，不仅没有生命，而且没有形体；不仅没有形体，而且没有气。夹杂在恍恍惚惚的境域之中，变化而有了气，气变化而有了形体，形体变化而有了生命。如今又有变化，她死去了。就跟春夏秋冬四季运行一样。她安安稳稳地寝卧在天地之间，而我却呜呜地围着她啼哭，像是我还没有通晓天命。所以，我停止了哭泣。[1]16

庄子说的一切都合乎逻辑。爱比克泰德也许会对每一个字都点头称是。在与宇宙秩序和谐相处后，庄子庆祝他的妻子奇迹般的存在，从她难以置信的起源，经过她人生的许多春秋，到她消亡的寒冬。为什么凯特琳不能从她亲爱的姑妈人生的四季变换中，找到同样的领悟呢？是凯特琳不懂庄子吗？并不是。相信我，她能懂。也许她还没有上升到最高的理解水平？这种理解水

[1] 庄子妻死，惠子吊之，庄子则方箕踞鼓盆而歌。惠子曰：“与人居，长子、老、身死，不哭，亦足矣，又鼓盆而歌，不亦甚乎！”庄子曰：“不然。是其始死也，我独何能无概然！察其始而本无生，非徒无生也而本无形，非徒无形也而本无气。杂乎芒芴之间，变而有气，气变而有形，形变而有生，今又变而之死。是相与为春秋冬夏四时行也。人且偃然寝于巨室，而我噭噭然随而哭之，自以为不通乎命，故止也。”《庄子·外篇·至乐》，引自《庄子今注今译》，陈鼓应译注，中华书局，2009 年版。

平不仅包括对哲学的敏锐描述，还包括具体表达哲学的能力。她在我的办公室中，自己也这样想着。但是，她也在想，是不是庄子与道的关联存在某种根本的缺失。这时，我们开始讨论孔子和他对失去爱徒颜回的悲痛。

西蒙·利斯（Simon Leys）是一位当代的孔子翻译家，他指出："埃利亚斯·卡内蒂（Elias Canetti）[1] 在他写的关于孔子的那篇短小的文章中，提出了一个多数学者没有注意到的论点。他评论说，《论语》这本书之所以重要，不仅因为它所说的内容，还因为它没说的内容。"17 我读过卡内蒂关于孔子的文章，写得特别好，但我却找不到他证明这一论点的地方。我想，卡内蒂的文章之所以重要，也是因为它没有说的内容！18

不管怎样，利斯完全是对的：《论语》中没有提到的内容，至关重要。这正是凯特琳和我讨论的方面：孔子对颜回之死，没有说出任何有丝毫哲学性的话。他呼天抢地，却没有给出任何理论。事实上，孔子根本没有向我们讲述过死亡。在第十一篇中，颜回刚刚去世，办完葬礼，一个学生问孔子，死亡是怎么回事？孔子答道："还不知道活着的道理，怎么能知道死呢？"[2]19《论语》中还有其他重要的沉默，例如："夫子不谈论怪异、暴

[1] 英籍犹太作家、评论家、社会学家和剧作家，1981 年获得诺贝尔文学奖。

[2] 季路问事鬼神。子曰："未能事人，焉能事鬼？"曰："敢问死。"曰："未知生，焉知死？"11.12。

力、变乱、鬼神。”[1] 这些沉默都与他对死亡的缄默相关。怪异、暴力、变乱、鬼神，难道这些不都和我们根深蒂固地面对死亡的困难紧密相关吗？

到目前为止，这一章探讨的一直是消除社会中的无意义痛苦，人性如何能够超越无意义痛苦，乃至消除充满复仇性的惩罚本身。我试图呈现出儒家思想中让马克斯·韦伯（Max Weber）[2] 说出如下的话的部分：“在儒家伦理中，本性与神性、伦理要求与人的缺点、罪恶的意识与拯救的需求、尘世之中的行为与尘世之外的补偿、宗教责任与社会政治现实之间，完全没有任何张力。”[20] 但是，韦伯并不完全正确。《论语》中存在张力，只有当我们感受到了这种张力，在那些顽固的无意义痛苦时刻，我们的人性才得到充分实现。我甚至想说，对无意义痛苦缄口不言，是孔子整个哲学思想的一种根本特征。

即使我们将自己的本性提升到忠诚、同理心和仁慈的状态，偶尔也会出现过失，还会有自然的极端痛苦和早逝的问题，比如颜回之死。颜回是一个前途无量的年轻人，是孔子最好的学生，“他的心能数月不离仁德”，[3] 孔子与他有一种直觉联系，他本可以对世界产生与孔子相当，甚至比他更强的影响，可他却在完全

[1] 子不语怪，力，乱，神。7.21。

[2] 德国著名社会学家、政治学家、经济学家、哲学家。

[3] 子曰：“回也，其心三月不违仁，其余则日月至焉而已矣。”6.7。

实现自己的潜力之前，英年早逝。他为何而死？《论语》中只是说他早逝，大概是自然死亡。在《论语》中，颜回有一次令人心碎地说："夫子还活着，我怎么敢死呢？"[1]21

面对这种不可避免的失去和痛苦，我们怎么办？如果我们不能阻止其发生，我们就为其哀悼。然而，我们常常不只是为其哀悼，我们还在想象中逃离。我们会说类似"颜回现在在一个更好的地方"的话。抑或，如果我们拒绝用迷信的面纱遮掩我们的悲痛，我们会说类似"一切事情皆有原因"的话。又或者，如果我们的思想足够开阔，我们会像庄子那样，采取一种宇宙性的态度，鼓盆而歌。孔子只是停留在哀悼之中。在他的礼仪和公道的核心，仍然有无法克服的痛苦，至少在不舍弃我们的仁心的情况下。无意义痛苦正是这种。孔子拒绝安慰、解释和想象。他一心哀悼。他坐在我们旁边，放声大哭。这种无言的悲伤腾出了空间，让他富有同情心的哲学显现。这是一种深刻的恢复性正义的行为，是仁的根本行为，面对痛苦，我们真诚的哀悼重新建立了我们的人性。

他的做法非常实用。去守灵或去葬礼，又或是探望病人或遭受不幸的人时，我们常常会觉得不知道说什么好，为此焦虑不安。我们想去安慰、去帮助、说些深刻的话，但是，在这些可怕

---

[1] 子畏于匡，颜渊后。子曰："吾以女为死矣。"曰："子在，回何敢死？"11.23。

的情境中，究竟什么会有所帮助呢？我们没有任何有用的生存工具，经常想转身回家，我们害怕面对痛苦、尸体、悲恸。而儒家的建议很简单——到场并哀悼，不需要说试图帮助的话，哪怕一个字。如果你真要说点什么，就大声哀叹："老天抛弃了我们啊！"或者，用更现代的话说："这太让人痛苦了！"不要逃离我们的人性，试图在迷信（即使是善意的，也是假的）或某种理论（即使真实，也是虚假的）中寻求安慰。如果这些迷信和理论具有任何价值，那就是它们帮助我们到场；它们充其量就像是你在等着大脑想出句子的下一个词语时，你口中嘟哝而出的毫无意义的"嗯嗯啊啊"。陪着那些受苦的人，当你受苦时，也陪着自己，坦诚面对超越我们有限认知的东西。当我们站在无知的中央，也许相互拥抱，让无意义痛苦的河流猛烈冲刷着我们时，我们的人性才会完全显现。

孔子对于"天"的概念，存在一种矛盾。"天"经常被翻译为"heaven"（天堂），尽管"天"的概念要比犹太基督教"天堂"的概念更接近尘世。埃姆斯和罗斯蒙特没有将这个字翻译成英语，他们说："天既是我们生活的世界，又是其运作之道。"[22]一方面，孔子敬拜上天，相信天道正义；[1][23]另一方面，他又暗示上天无视道德。[2][24]对于颜回之死，他几乎在暗示，天是邪恶的。

[1] 子见南子，子路不说。孔子矢之曰："予所否者，天厌之！天厌之！"6.28。

[2] 子曰："道之将行也与，命也；道之将废也与，命也。公伯寮其如命何！"14.36。

如果我们将哲学看作对世界是什么及其运作之道的问题给出的逻辑整齐的解答，那么孔子作为一位哲学家极度失败。自然怎么能同时是道德、非道德和不道德的呢？但是，如果我们将哲学看作是我们人性的放大，我们相信人性中含有一种矛盾，那么孔子就是无懈可击的哲学家。

孔子敬拜上天，相信上天，因为大自然以一切可能的方式维持着我们的生命。它是我们脚下的土地。许多看似固有的无意义痛苦，其实是人类失败的结果。例如，卡特里娜飓风（Hurricane Katrina）造成的许多破坏，其原因在于我们自己：我们不愿意保护穷人，各级政府没能采取富有同情心和果断的行动，数十年来社会信任的崩塌导致许多人无视当局的警告，我们对建造堤坝糟糕的投资，我们差劲的城市规划。而自然只是做了维持地球生态系统的事情。荀子是一位长于表达的儒家思想拥护者，他说，我们应该关注人，而不是天。当人们遭遇飓风时，我们不应该质问上天："为什么偏偏是我们？" 我们应该质问自己："为什么我们没有保护我们中间的弱势群体？"

即使良好的政府和人道的社会做出了努力，消除了大部分自然的破坏，但年轻无辜的人还会不幸死亡，人们还是会以令人困惑的方式受苦。因而，在孔子看来，上天具有一种非道德的特质。我一直在试图争辩，无意义痛苦这一不可改变的事实，是作为人的一部分。孔子没有为这一点争辩，他只是体现出了这一点。当无意义痛苦出现时，他痛哭起来。最根本地来说，这种痛苦的经历是他整个哲学的出发点：它产生了对人类生活斗志昂扬的仁和礼。人性（仁）的定义就是，我们有能力超越非道德（如果不是不道德）的自然力，并创造出没有权力运作压迫的社会，这样，我们在优雅地履行对彼此的关系时，才能充分形成自己的个体性。然而，这种人性只有在无意义痛苦的背景下才能焕发出来，并得以发展。从某种意义上来说，孔子比道家更道家，比斯多葛派更斯多葛。他没有通过想象将无意义痛苦转变成其他东西；他让无意义痛苦呈现出它原本的样子。凯特琳，这样说对你有帮助吗？

既然生而为人要承受如此多的痛苦，需要我给你提醒一下做人的好处吗？《论语》第十一篇的末尾出现了美丽的优雅风度。孔子问他的弟子，如果他们的价值得到认可，他们会怎么做。他们一个接一个地吹嘘自己会如何践行儒家价值观，为老百姓带来和平兴旺。而他们中最后一个人说得则有所不同：“春天快要结束的时候……我想和五六位成年人、六七个少年，去沂河里洗洗澡，在舞雩台上吹吹风，一路唱着歌走回来。”孔子长叹一声说：“我赞成你的说法。”[1]25《论语》第十一篇以简单的礼开头，从颜回之死的悲剧进入高潮，以孔子与友人在大自然中嬉戏结束。

[1] 曰：“莫春者，春服既成，冠者五六人，童子六七人，浴乎沂，风乎舞雩，咏而归。”夫子喟然叹曰：“吾与点也！”11.26。

第七堂　痛苦激发艺术灵感：悉尼·贝谢和蓝调音乐

悲伤之歌是真的吗?

——W. E. B. 杜波依斯

因为我听了很多音乐，其中许多源于蓝调，所以，我的两个孩子——艾琳（Irene）和比利（Billy）——的成长过程中，耳边回响着密西西比约翰·赫特（Mississippi John Hurt）、斯利姆·哈珀（Slim Harpo）、黛娜·华盛顿（Dinah Washington）和埃塔·詹姆斯（Etta James）的歌声。比利将近四岁的时候，听到音响播放一首蓝调歌曲，便问我："蓝调是从哪里来的？"我抓住这个机会给孩子们讲了讲美国历史，我讲了奴隶制、工作歌曲、悲伤之歌、新奥尔良、W. C. 汉迪（W. C. Handy）、种族隔离、罗伯特·约翰逊（Robert Johnson）与魔鬼的约定、路易斯·阿姆斯特朗（Louis Armstrong）的密西西比之旅、星期六晚上、星期天早上、黑人娱乐剧场（Chitlin’ Circuit）和公民权利的故事。接着，我滔滔不绝地讲起，我们的国家如何为世界贡献了世界上最美的音乐形式之一。天生的哲学家艾琳——当时她五六岁——插话了，她忽略了我讲的所有细节，一针见血地问：“所以，如果我们没有奴隶制，我们就不会有蓝调吗？”我试着夺回主导权：“嗯，亲爱的，我想我们不会。我们会有许多其他伟大的音乐，但大概不会有像蓝调这种音乐了。”（但凡父母，都会立马看出，我在用听起来睿智，实则虚假的重复方式，试图回答孩子提出的尖锐问题。）可这时，我的孩子们的脑瓜紧盯着逻辑。比利闪动着天真的目光，沉思道：“奴隶制的存在，让一种伟大的音乐被创造出来，所以奴隶制是件好事吗？”我厉声回答：“不，不是——当然不是。不过……你得明白，伟大的事物经常诞生于邪恶的事物。”也就是说，我其实是在耸耸肩说“事实就是如此”，这通常是我们用来搪塞孩子的回答。

我已经思考他们所提问题的要点大约十年了。在过去的几年里，我一直在写一本关于这点的书。从痛苦中产生的深刻艺术，对痛苦是一种弥补吗？痛苦与创造力有什么关联？考虑到蓝调音乐，我们应该如何看待奴隶制？对于无意义痛苦，音乐能告诉我们什么？我们将孩子生在了一个充满死亡、痛苦和不公的世界，我们应该如何将他们养大成人？我想，我现在有了答案。尽管这个答案与蓝调音乐这种20世纪的现象有关，但它可以追溯到人类对痛苦的最古老的反应，我们最古老的歌曲和传奇的智慧。它从一个梦和一支舞蹈开始。

20世纪50年代初，爵士乐爱好者琼·里德（Joan Reid）来到法国，希望记录下悉尼·贝谢的故事。她不用央求他，这位新奥尔良爵士音乐大师宣称："我想在离开人世之前，跟你讲讲这种音乐。人终有一死，有些事情必须做完，才能安心离开。"[1]做了大量的录音后，里德小姐将这些材料交给了德斯蒙德·弗劳尔（Desmond Flower），后者将这些材料整理好后，在1959年贝谢去世前不久，拿给他过目批准。换句话说，从这些录音中整理出来的自传《温柔地对待它》（*Treat It Gentle*），本身就是一种爵士乐，和贝谢录制单簧管和高音萨克斯管唱片一样，都是即兴之作。

"我的祖父——这是我能记得的最久远的事了。"贝谢在《温柔地对待它》第二章的开头这样说。[2]他接着讲到，他的祖父奥马尔（Omar）梦到自己的右臂从胳膊肘的地方断掉了。于是，奥马尔开始练习用左手做各种事情，他认为这个不祥的噩梦是对即将发生的事情的预兆——我们很快会发现，他是对的。

舞蹈活动在刚果广场（Congo Square）进行，刚果广场是新奥尔良的奴隶们可以在周日聚集庆祝的开放区域。在贝谢看来，因为奴隶们被剥夺了自由表达的空间，所以他们变得擅长用音乐交流："（奴隶）没有房子，没有电报，没有报纸，但他有一个鼓，有能用鼓传达的节奏，他能通过空气将这个节奏传达给其他黑人奴隶……那种曲调，那种记忆，混合在一种蕴含着呐喊的旋律中。"[3] 由于奥马尔有一位仁慈的主人，得到允许的他可以随时演奏他的音乐，奥马尔成了刚果广场庆祝活动的一位领导者。一个星期天下午，奥马尔对一位 14 岁的女奴一见钟情。他们已经是关注的焦点，于是他开始用鼓声求得那个女孩的喜爱。当女孩的主人发现这场求爱时，他以全新的眼光看待这个女奴，开始垂涎她。那位主人对她着迷了。

几天后，奥马尔秘密传信给那个女孩，他穿过河口，来到她工作的大宅，参加一场舞会。那天深夜，她从主人的监视下偷偷溜出，和奥马尔在一个隐蔽的地方相见。尽管他们从未对彼此说过只言片语，但他们已经是"一伙儿"了。他们利用这片刻的秘密时光，充分享受身心的连接。谁知，她的主人竟偷偷地找到那里，将他们抓了个现行。主人被欲望冲昏了头脑，将女孩拉到一边，端起来复枪，向奥马尔开枪，子弹击中了他的右臂。那女孩叫喊着，让奥马尔赶紧逃。奥马尔逃走了，最终被一些好心的奴隶收留，他们不得不实现了他的噩梦，将他受伤的右臂从肘处截断。

听一听悉尼·贝谢如何描述造成他祖父苦痛的人：

那主人气疯了——我的祖父到了，那个女孩也到了，他想要发生在自己身上的所有事情，发生在了他们身上，就在那里，他还撞见了，他还没来得及干涉，就完事儿了。他为那个女孩燃起的熊熊欲火，被另一个人破坏了——不是欲望，是他想象的所有愉悦，是那几周他体内升腾起来的那些愉悦。也许不能怪他。当一个漂亮的女人或热情奔放的人从人们眼前经过，他们总是会情不自禁地产生一些感觉；或许你试着告诉自己并不然，但你知道这就是真相。如果你是一个有血有肉的人，产生那样的感觉，是很自然的事情。[4]

虽然贝谢的“回忆”都是这种风格，但这是了不起的一刻。我们能够轻松地想象他会将那个主人描绘为邪恶的人。然而，恰恰相反，贝谢说：“也许不能怪他。”贝谢特有的美德比同情或同理心更加深刻。我将其称作“蓝调理解”（blues-understanding），一会儿我会解释其意义。

枪击声吸引了人们的注意。那位主人为了解释自己过激的反应，他宣称，自己的女儿刚刚被奥马尔强奸了，尽管他此时搂着的是那个女奴。正如贝谢所说：“他的欲望让他忘记了她的肤色。他能记得的只有她的眼睛，暖暖的；她跳舞时如旋律般美妙；她的臀部，像是月亮的侧面，移动着、摇摆着；她的身体在跳舞时，仿佛要因为那种爱意而倾倒。”[5]

那主人回到家中，告诉妻子，他被气昏了头脑，错将一位被强奸的女奴认作自己的女儿。他命令家人与他统一口径，唯恐自己因此丢失颜面。女奴被关在一个房间中，他的女儿被关在另一个房间中，他的妻子往返于两个房间，逐渐明白了真实情况以及她丈夫纠结的情感。她开始产生一种“蓝调理解”，贝谢“回忆”了她的所思所想：

> 她坐在那儿，想着自己的一生，她养大的孩子，她做过的一切……在这些思绪的背后，她在感觉着她丈夫是什么样的男人。她逐渐确定了，希望生活能让她再年轻一次，这样她就能做不同的选择。那个女孩清醒后，不再因为震惊而喃喃自语，她开始哭喊我祖父的名字——没有满含仇恨，而是带着一种疼痛，她喊着他的名字，仿佛在诉说她失去了某种东西，仿佛一切都变得难以忍受……就在那时，那位女主人知道她不能再怀疑了……她听着那个女孩的苦难，心中产生了对她的一种情感。她感到她们一同失去了某种东西，这种情感让她心中充满一种柔情，一种怜悯。那种情感与白天的情况没有关联。那是一种夜晚才会有的认识，仿佛你在黑暗中醒来，听到自己的名字，你自己的声音——然后，当你再清醒一些，当你开始叫另外一个人

的名字时，这个名字包含了甚至更多你自己在里面，更多牵动你的心的东西……“你爱他吗？”那个女人这样问。[6]

几乎整个新奥尔良都开始寻找奥马尔，为了获得那个主人的丰厚悬赏。骄傲的奥马尔在河口躲了几天后，再也受不了了，他回到种植园去看他的爱人。因为宅子中所有白人全在外面找他，所以他能够大摇大摆地从正门进去。那个女孩和奥马尔拥抱在一起，互相讲述自己的遭遇。玛丽（Marie）（是那个女孩的名字：奥马尔直到现在才知道！）不得不再一次让他逃跑。他再次逃跑了，险些来不及，因为一个奴隶向主人出卖了他。

尽管不止一个人对他开枪，奥马尔还是死里逃生，躲在一个朋友的小屋里。因为他几天都没怎么合眼，所以他决定睡一小会儿。他的朋友站在睡着了的逃跑者旁边，想着这么多人刚刚对他开枪，思考着自己的选择。“他听到过那些枪响，知道是在射杀我祖父，莫名其妙地感觉他没那么活蹦乱跳。仿佛那颗子弹意味着他的死亡……不知怎的，即使那颗子弹没有射中他，那声枪响还是让他失去了性命。那个朋友坐在黑暗中想，他死了……和死了差不多……那声枪响已经杀死了他。”[7]奥马尔的朋友按照自己扭曲的逻辑，决定趁他睡着杀死他，将尸体拖到那主人家里，换取赏金。

主人的妻子看到尸体时，终于承受不住了。最终，她“夜间的认识”要求她向往光明：她让自己的丈夫说出了真相。黑人们了解真相后，既愤慨又悲痛，他们要求好好安葬奥马尔。主人在悔恨之下，说他必须亲自埋葬这个奴隶。那位朋友没有领到赏金。玛丽这时身怀奥马尔的孩子，主人与妻子邀请她搬到大宅里，和他们一起住，几乎就像他们自己的女儿一样。她生下孩子后，她没有姓氏给婴儿，因此，他们请求她让孩子姓他们的姓氏：贝谢。

悉尼·贝谢是爵士乐的创始人，尤其是，但不完全是所谓的迪克西兰爵士乐（Dixieland）的奠基人之一。他于1897年出生于新奥尔良的一个混血家庭，这个家庭具有奴隶制的遗产和一个奴隶主的姓氏。六岁那年，他没有上过正规课程，就开始对着他家外面经过的军乐队演奏单簧管。观众非常喜欢他富有创意的伴奏，高声打听他的年龄，得知他如此之小，惊讶不已。很快，他就和弗雷迪·凯帕德（Freddie Keppard）、邦克·约翰逊（Bunk Johnson）、金·奥利弗（King Oliver）一起即兴创作了具有开创性的早期爵士乐合奏。贝谢十几岁时，便小有名气，他甚至向在街头表演、年纪略轻的路易斯·阿姆斯特朗丢过几枚硬币。他开创了爵士乐音乐家后来共同的道路，他从新奥尔良到芝加哥，然后到纽约，最后到欧洲，寻找安放他的音乐的家。

悉尼·贝谢的演奏，旋律优美，颤音独特，深受艾灵顿公爵（Duke Ellington）和约翰·柯川（John Coltrane）等艺术家喜爱，两人都曾为他作曲。英国诗人和爵士乐批评家菲利普·拉金（Philip Larkin），将贝谢宽广的颤音比作新奥尔良映射在波涛汹涌的水面上的灯光。拉金还说："你的声音落向我，正如人们说爱情本该的样子，就像一个巨大的赞成。"[8] 贝谢的音乐才能之所以能激发这些狂想，部分原因在于它极度个人化。悉尼·贝谢曾经告诉一个学生："我今天就给你一个音符，看你能够用多少方式发出那个音符——低吼、拖音、降音、升音，随便你怎么发出那个音符。这就是你用这种音乐表达感情的方式。就像说话。"[9] 他坚持要温柔地对待他的音乐，不过，当他放下乐器时，可以非常凶猛。有一次，他和一位音乐家因为和弦变化的问题发生争执，他向那位音乐家下了战书，一个下午，他在巴黎的马路上与音乐家决斗，结果他不小心射伤了一位路过的小姐。

在《温柔地对待它》的一个片段中，贝谢在新奥尔良遇到一个墨西哥人。尽管他们语言不通，还是一见如故，因为"他有那种你忍不住想要再听到的笑声"。[10] 那个墨西哥人身无分文，而且无家可归，所以，他们在喝得烂醉如泥后，试图偷偷溜进贝谢哥哥的家中。一个警察误以为他们想私闯民宅，将他们逮捕了起来。在拘留所，警察野蛮地攻击那个墨西哥人，将他打个半死。

贝谢后来发现，其中一位警察在一个边境城镇遇到过麻烦，所以现在对落入他手中的拉丁裔人一律凶残对待。但是，贝谢那时不了解这点，他担心下一个挨打的是他。

他们将这位爵士乐大师带进一间牢房，里面还有其他囚犯。因为他随身带着单簧管，所以他们都开始唱起了蓝调歌曲。其中一个囚犯唱道："我的生活充满了惩罚，给我一种感觉。下凡吧，耶稣。哦，他们为什么不将上帝放在这个地球上更容易找到的地方？"尽管贝谢已经是一位演奏家了，但他开始更深入地理解他的音乐。"哦，天啊，那是一首蓝调。他们在那里的演唱方式，如果是送给你成为上帝的东西，你会把它送到地球上。如果你的儿子在地球，你在天堂，你的儿子遇到了麻烦，你会将它送给他。"[11]

在音乐家中间，蓝调首先指的是一种形式：通常结构是 12 小节，和弦模式基于 I-IV-V 和弦，不过，音乐家经常在十二小节结构的基础上，随意加减小节，而爵士音乐家有时会彻底重新构想其结构，使其具有任意数量的小节。蓝调的一个显著特征是"蓝调音"（blue notes），蓝调音来自降低或变调第三或第七级音，有时甚至是第五或第六级音。一般来说，蓝调音在钢琴键的间隙中发出。这些半音和四分音回响着各种各样交杂的情感。可以说，蓝调音让音阶保持忠实。蓝调音让我们想起由于其秩序性而被抑制的音符。

从根本上说，蓝调形式是某种强大情绪的载体，这种情绪也叫作忧郁。这个意义的蓝调指的是一种情绪低落的情感状态。“蓝色恶魔”（blue devils），一种几近想要自杀的伤痛（“我要将我的头放在一条孤独的铁路线上，让219列车抚平我的思绪”），音乐艺术将这种情感状态转化为一种庆祝，一种启示。

蓝调音乐需要与忧郁情绪保持距离。我们需要一个刚果广场、一个酒馆、一把吉他和一个街角、一个有立体音响的客厅、一副耳机，甚至是一个拥有志趣相投的灵魂的牢房，在那里我们可以在蓝色恶魔的袭击下重整旗鼓。蓝调并不是立即应对痛苦的方式。它是一种将痛苦的经历融入我们心灵的其他部分的方式。它是一种继续下去的方式，而且不仅仅是继续下去，还要完整地或几近完整地继续下去。蓝调代表着意义战胜混乱的基本胜利。

蓝调的神奇之处在于，尽管它破坏曲式，音乐形式大胆，但它很美。它并不是用刺耳的十二个调子进行抗议。尽管在生活中，蓝调经常与低落的情绪联系在一起，然而在艺术中，蓝调却出奇地活泼，往往兴高采烈。在艾伯特·默里（Albert Murray）的经典作品《律动的蓝调》（*Stomping the Blues*）中，反复出现的一个主题是，蓝调是积极向上的：

> 尽管蓝调音乐许多令人难忘的歌词一直关注人类的脆弱性，而且蓝调音乐对乐器的使用有时似乎让人联想到苦

痛，但是很难说蓝调音乐是悲伤和怜悯的同义词。当考虑到它所产生的世俗的氛围和积极的作用时，尤其不能这样说。此外，有时歌词甚至在假装哭泣时，也会蕴含着嘲弄和暗示，所有的打响指、用脚打拍子和扭动臀部都在表明，所使用的乐器比起痛苦，更关乎陶醉。[12]

在我看来，蓝调的轻快在于，它在音乐中调和了许多人性，无论是好的还是坏的。它诉说了我们深处的斗争。我们喜欢蓝调的表达，是因为它让我们扮演的两个部分都发挥作用——受害者和加害者、正义寻求者和不正义的驱使者、堕落者和振作者、痛苦的解决者和面对者，它给人一种满足的感觉。尽管蓝调复杂的平衡表演，可能会向痛苦或狂喜、同情或指责、肉体或灵性、喜剧或悲剧、希望或绝望倾斜，但它在努力保持这些根本的二元性双方的真相，因此使我们都自由而平等。最糟糕的蓝调增强我们的自怜、加深我们的病态、抗议自己不能得到任何满足、扭曲事实。最好的蓝调拓宽人性、表现出我们的天性，尽管也许充满问题，却意义丰富。我所说的“蓝调理解”注意到了不公，表达真正的同情，不是理解所有人而因此原谅所有人，而是以一种仁慈的方式，将所有人看作命运的共同体，无论我们对彼此有多糟糕。

“蓝调理解”与我们通常说的“怜悯”（compassion）非常接近。当代法国思想家安德烈·孔特-斯蓬维尔（André Comte-

Sponville）说："拥有怜悯，就是共同生活在苦难之中，这个大得不可估量的社群，将其自身的法则强加在我们身上——更确切地说，是向我们提议，这种法则就是温和；'善待他人，尽量减少对他人的伤害。'"[13] 这与蓝调理解十分接近。孔特-斯蓬维尔的怜悯法则，基本上就是"温柔地对待它"，而蓝调理解有更粗暴却又更迷人的一面。蓝调理解认识到施加痛苦的力量与我们是无法分离的。因此，蓝调理解比起将伤害最小化，更多的是将尊严最大化。事实上，伤害有时是不能，甚至不应该避免的，而我们应该一直保有并庆祝人性的尊严。

蓝调可以具有深刻的统一性，因为它从宗教和哲学中探究出了产生蓝调的东西。在《黑人的灵魂》（*The Souls of Black Folks*）中，W. E. B. 杜波依斯用一个为被解放黑奴事务管理局（Freedmen's Bureau）[1] 工作的一个士兵的故事，阐释他所谓的"悲伤之歌"的力量："面对突如其来的贫困，美国拒绝履行对自由民的土地分配承诺，一位准将南下海群岛（Sea Islands）传达这一消息。一位站在人群外围的老妇人开始唱《没有人知道我的痛苦》（*Nobody Knows the Trouble I've Seen*），所有人和她一起唱起来，摇摆着身体。那位士兵哭了起来。"[14] 关于土地的诺言未兑现，意味着对食物、家以及其他尊严必需品的期待落空。然而，

[1] 全称为"The Bureau of Refugees, Freedmen, and Abandoned Lands"，是美国联邦政府在解放黑奴后建立的组织，目的是帮助被解放的奴隶重新踏入生活。

这只是开始。悲伤之歌营造了一个共同的空间，在这个空间中，哭泣可能导致觉醒。

西蒙娜·韦伊是20世纪的神秘主义者和哲学家，在文章《〈伊利亚特〉或力量之诗》（*The Iliad, or the Poem of Force*）中，她提出了一种蓝调理解的哲学表达，不过她没有使用这个名词。在韦伊看来，人类存在的最大奥秘不是人们滥用自由，或身体遭受疾病和死亡，最大的奥秘是她所谓的“不幸”（le malheur）——遭受苦难的人会被他们的苦难玷污，遭到虐待的人会感到自卑甚至愧疚。她说：“没有身着谎言盔甲的人，无法经受力量而灵魂不受其触动。压力下的风度能让这种触动不至于腐蚀他，却不能抚平他的伤口。”[15] 痛苦不仅会伤害人，它还有可能扭曲我们的灵魂。这种扭曲恰恰是蓝调所反对的混乱。罪恶问题的通常表述——为什么上帝允许世间存在痛苦、不公和死亡？——韦伊并不在意。令她感到震惊的是：“上帝竟然赋予不幸攫取无辜者的灵魂，像至高无上的主人般占有他们的权力。”[16] 她用奴隶制作为致力于向他人施加不幸的社会制度的主要例子。

韦伊对上帝为什么让我们不仅遭受痛苦和死亡，还遭受不幸的回答，直接说明了贝谢为什么说他会将蓝调从天堂送到地球上他受苦的孩子那里。将蓝调想象成一个久违的朋友，他回来紧紧地拥抱着你，紧到你感到疼痛。这种疼痛是爱，是最强烈的爱。根据韦伊的观点，能够感受到那种不幸，那种自我的崩溃是上帝强烈的爱的，才是完全的人。在韦伊看来，能够优雅地表达不幸，是“希腊才华”的一部分，开始于荷马，由埃斯库罗斯（Aeschylus）和索福克勒斯继续，在《福音书》中达到高潮，然后多多少少存在于维庸、莎士比亚、塞万提斯和莫里哀之中。她带着希望结束了她的文章：“也许当（欧洲人民）知道无法逃避命运，学会不崇拜力量、不憎恨敌人、不嘲笑不幸的人的时候，他们还会重新发现这种了不起的才华。”[17] 而事实证明，我们这个时代与悲剧女神最亲密的不是欧洲人民，而是美国人民。

1944年，悉尼·贝谢回到新奥尔良，看望他的弟弟伦纳德（Leonard），伦纳德是一位牙医，帮他安了假牙。在伊利诺伊州（Illinois）首府斯普林菲尔德（Springfield）待了一段时间后，贝谢去了纽约，和一家叫蓝色音符（Blue Note）的刚刚起步的唱片公司合作录制唱片。他当时已经在布吉伍吉钢琴师米德·勒克斯·刘易斯（Meade Lux Lewis）和鼓手大锡德·卡特利特（Big Sid Catlett）等人的伴奏下，录制了蓝色音符公司的第一张热门唱片《夏日》（*Summertime*）。这次，与他合作的是小号手悉尼·德帕里斯（Sidney de Paris）、长号手维克·狄肯森（Vic Dickenson）、钢琴手阿特·霍兹（Art Hodes）、贝斯手波普斯·福斯特（Pops Foster）、鼓手曼齐·约翰逊（Manzie Johnson）。悉尼·贝谢拿起他的单簧管，用他的新假牙，演奏了他的代表作《蓝色地平线》（*Blue Horizon*）。

《蓝色地平线》是一系列编排完美的蓝调合奏，它先呈现出其著名旋律，然后演奏了五个大胆的赋格变奏。也许这里用“赋格”一词是不对的，接下来的合奏是向心的变奏，因为这些变奏没有创造性地逃离这一旋律，而是更加深入其中，使我们越来越接近一个艰难的事实。我不确定是什么激发了这首歌的标题，但我觉得，贝谢当时想的是六座山、一个壮丽的蓝色地平线的音乐风景画；因为每个副歌从低音区开始，参差不齐地上升到不同的山峰，然后落回一个山谷。

对于一首蓝调独奏来说，表现出越来越强烈的情感是常有的事。而《蓝色地平线》的戏剧性更为微妙。贝谢在呈现出旋律后，给了我们三段情感越来越有冲击力的副歌，然后在下一段副歌中撤回，仿佛某种怀疑暂时抑制了他的推动力，接着在最后一段副歌中，他进行了最后一次冲击，这种冲击不是结束于伟大的胜利，而是虔诚接受——就那样，匍匐在地。也许我们不应该将《蓝色地平线》看作一个音乐的山景，而应该将它看作一个英雄走向几乎无法忍受的结局的曲折旅程。

位于贝谢音乐旅程中心的标志是什么？很容易就能回答说是奴隶制、美国这片土地上的不幸、奥马尔的传记，贝谢本人也在某种程度上证实了这一答案："我演奏的所有音乐都来自我祖父那个时代。就像是水流经一块石头，默默地等待石头被磨损。"[18] 但是，《蓝色地平线》的故事更接近于一个更为普遍的故事。在《修辞学》（*Rhetoric*）中，亚里士多德概述了悲剧性怜悯的主要产生原因：死亡、不公、伤害、疾病、老年、极度饥饿、孤独、与所爱的人分离、畸形、不能享受美好事物、期望好事物时得到坏事物等。伟大音乐的美妙之处在于，它就像一个数学方程式，你可以将这些悲剧变量任意地插入其中，总是能得到享受。

蓝调的故事通常不会让我们联系到进步，尤其是政治进步，尽管我希望它与进步相容。归根结底，蓝调的故事不是一个解决问题的故事，而是一个面对痛苦，生活在痛苦之中，与之抗争，最终与之妥协的故事。《蓝色地平线》留给我们的感觉是经过理解后的平和。从中得出的要点，不是必须容忍不公，而是政治和私人生活总是由"有血有肉的人"来进行的，他们是纠缠于痴狂和嫉恨之中的肉体凡胎。我们的英勇包括与不公做斗争，与此同时，也对参差不齐的人类境遇保持虔诚。玛莎·努斯鲍姆（Martha Nussbaum）对古雅典悲剧的评价，适用于最优秀的蓝调作品：

> （它）在人们心中引发了一场严重的骚动——他们开始

问自己，他们见到的苦痛，有多少确实是无法改变的事情导致的，又有多少是人类不良行为导致的。悲剧的确表达出了人类野心的种种局限，但并没有导致意志瘫痪，也没有停止关于责备、责任和改变可能性的困难问题。[19]

制造忧郁的人讲述受害者失掉人性的故事，尽管不公平，但可以理解。遭受痛苦的人抱怨他们的处境，愤怒地向敌人发起猛烈的攻击，不仅是可以理解的，还有几分道理。就像在所有伟大的悲剧中一样，在《蓝色地平线》中，我们超越了受害者和敌人的范畴，从人性化的角度感知我们周遭的世界。尽管我们不会放弃正义，但我们与必须追求正义的蓝色地平线做斗争。

当我们考虑最好的悲剧时，我们会发现比自怜、不满、男子气概的攻击或嘲弄更深层的东西，我们会发现一种独特而富有尊严的面对痛苦的方式，一种直面自己的弊病和伤痛，对他人甚至敌人施与同情的方式。在西蒙娜·韦伊的带领下，我们可以在蓝调理解的五部曲中捕捉到这种精神的一部分：

你不可钦佩武力。

你不可憎恨你的敌人。

你不可轻蔑不幸的人。

你要有风度地面对你的苦难。

人的境况是无法逃避的。

悲剧和蓝调的高尚精神，其看待个人与他人的暴力和痛苦的方式，既不剥夺加害者的人性，也不剥夺受害者的人性；它体现了接受和对抗无意义痛苦的悖论，即使它表达出我们对不公、苦难和死亡的悲叹，它归根结底也是快乐的。在《温柔地对待它》的开头，贝谢说：“哦，我可以很刻薄——这我知道。但我对音乐并不如此。”贯穿自传的始终，他不遗余力地强调，他对力量的经历以及他个人和历史上对痛苦与施加苦难的记忆，是他爵士乐的核心。“杂货店里的那个人，墨西哥人，那个拘留所，他们都在音乐中。”他总结说：

不管它是什么样的东西，不管它什么时候发生，音乐都将它放在一起……是什么让你不仅仅是一个孩子，认为一切都是冒险，你发现所有冒险背后都隐藏着一个教训——那个教训，就是音乐。你只身来到世上，又只身离开，当你在这个地球上时，很多时候你将会独自一人——告诉你这一切的是什么，是音乐。你告诉音乐一切，音乐告诉你一切。然后你明白了这一切。你明白了发生在你身上的是什么。[20]

艾琳、比利，几年前，你们问过我一个很艰深的问题："考虑到奴隶制和白人至上催生了蓝调的音乐传统，我们应该如何看待奴隶制和白人至上呢？"进一步说："考虑到无意义痛苦有时激发了我们最伟大的艺术，我们应该如何看待无意义痛苦呢？"再进一步说："我们自己生活的艺术应该与痛苦、不公和死亡有什么样的关系呢？"很抱歉，我花了将近十年的时间，才给你们一个几近严肃的答案。

还记得荷马的《奥德赛》中的那一幕吗？奥德修斯（Odysseus）被冲到一个岛上，被带到国王那里。按照古老的待客礼仪，在问奥德修斯叫什么名字前，那个国王先款待了他。瞎眼诗人德莫多克斯（Demodocus）开始吟唱他最近所作的深受人们欢迎的诗歌——特洛伊战争之歌。然而，奥德修斯听到一个个希腊人相继死去，不觉神伤，他忍不住哭了起来。国王让德莫多克斯停下吟诵，开始斥责他的客人。难道他不明白"神明……让（人类）遭受不幸，这样后世后代就有可以吟唱的东西了"吗？[21] 国王还不知道，他这位陌生的客人是奥德修斯，这个故事凄惨的主角。

神学家和哲学家用我们为了一首美丽的歌曲而受苦受难来回答你们的问题的频繁程度令人吃惊，甚至令人不安。圣奥古斯丁（St. Augustine）写道："（上帝）永远不会创造出任何人，更不用说天使了，如果预先知道他们未来的邪恶，除非他同样知道他们会派上什么好的用处，从而装饰时代的进程，就像由对偶衬托的美妙的诗歌。"[22] 我们能说，奴隶制的苦难不过是为美国历史悦耳的诗歌增添韵味的"对偶"吗？我十分敬仰的波兰哲学家莱谢克·柯拉柯夫斯基，将其与西西里暴君法拉利斯（Phalaris）喜欢的娱乐相比较，嘲讽了这一说法。法拉利斯有一种酷刑，他将自己的敌人活生生地放在一个巨大的铜牛中，并在铜牛身下烧火加热，他们因为疼痛发出的哀号，透过特殊的鼻孔，变成美妙的旋律。[23]

如果我们所谓的歌唱，仅仅是短暂抽离现实生活，制造一些好听的声音，那么我们受苦所以才能歌唱的想法，和黄鹤楼上看翻船一般无情。但是，我们都知道，制作音乐不仅仅是敲响几个好听的音符。真正的音乐是我们被宇宙触动内心时所发出的声音。以我最喜欢的几个音乐家为例，真正的音乐是路易斯·阿姆斯特朗、约翰尼·卡什（Johnny Cash）、玛哈莉亚·杰克逊（Mahalia Jackson）、布里塔尼·霍华德（Brittany Howard）发出的声音。它是作为人的声音。还记得我们的朋友迈克的兄弟史蒂夫吗？他的妻子黛安（Diane）和他一样患有精神疾病，她在他的葬礼上开始唱起歌来。她和着美国空军歌曲（以"让我们飞向蓝色远方"开头的那首，史蒂夫上过美国空军学院）积极缓慢的曲调，用颤抖怪异的嗓音，唱着她为她天堂中的丈夫编的歌词——那种我们私下唱给我们的爱人或孩子们听的自己编造出的有点傻但诚挚亲密的歌词。她的歌大概讲的是她想念他，她想他，她很快就会和他在一起。就在没多久前，前来参加葬礼的人按照指示，一起唱了一首精心谱写的卫理公会圣歌。谁的歌曲中含有真正的歌唱呢?

有黛安那样歌唱的声音，现实会变得更好吗？有悉尼·贝谢的《蓝色地平线》或比莉·哈乐黛（Billie Holiday）关于死刑的歌曲，或者没有，宇宙会更令人满意吗？如果我们的答案是宇宙因为我们的蓝调变得更好，因为有我们以及我们所有生而俱来的矛盾而更好，我们应该记住，如果没有可恶的无意义痛苦，我们和我们的音乐就不会存在。这些音乐一刻也不能弥补种种痛苦与不公！如果没有对痛苦的哀悼和对获得解救的渴望，那就不会是蓝调。我们必须生活在摆脱痛苦的愿望和悲痛之歌的美妙之中。蓝调音乐可以不可思议地欢快，却又充满悲伤。想想《奥德赛》中的那个故事。那个故事的美妙和高尚之处在于，它不仅有国王的神权，还有英雄的眼泪。它不仅有那首美妙的诗歌，还有那首美妙的诗歌背后的伤痛，那如针扎般令人难以承受的现实。正如悉尼·贝谢所说，蓝调音乐就像湍急的水流，而苦难是溪流中间不知不觉被磨损的硬石。

尽管蓝调绝没有证明奴隶制的正当性，但也许蓝调确实证明了人性的正当性，正是这种人性施加并承受了奴隶制这样可怕的不公。这就是我认为悉尼·贝谢的故事和音乐中的那种蓝调理解如此强大，真正具有道德的地方。他很清楚地看到了不公，他知道不公是我们所有人的一部分。但是，他最终没有将奥马尔的主人仅仅看成奴隶主，更没有将奥马尔只看成奴隶。他将他们看成“有血有肉的人”，善与恶的无限混合——有时是如此混杂，以至于你难以区分两者。他的见解并没有为奴隶制开脱；恰恰相反，他彻底谴责奴隶制。这让我想到拉尔夫·艾里森（Ralph Ellison）在对勒罗伊·琼斯（LeRoi Jones）[1]的《蓝调生灵》（*Blues People*）评论中所说：

> “一个奴隶，”琼斯写道，“不可能是一个人。”但是，有人可能会问，那当他感觉到他的身体被春天盎然的生机唤醒时呢？他在其他奴隶中间是什么身份？和他妻子一起是什么身份？他根本没有用“一个奴隶”这个抽象的概念来看待自己，其实，将自己看作是被不公奴役的人，难道这不是更接近真相吗？琼斯先生的问题：“当你长大了，要成为什么？”难道真正的答案是如他所回答的“一个奴隶”？而其实，十有八九会是一个车夫、一个赶牲口的、

[1] 后改名为阿米里·巴拉卡（Amiri Baraka），他是为黑人权利奋斗的革命诗人。

一个厨子、密西西比河上最棒的侍应、肯塔基州最好的骑手、一个管家、一个农夫、一个四处留情的人，或者如果有可能的话，会是一个自由的人！尽管奴隶制是一个极其恶毒的制度，但它不是（为了对自身以及祖父母的认知，黑人一定要记住这一点）一个绝对压迫的状态。[24]

我们很难接受与过去的连续性，一段始终以不公为标志，却从未被不公完全定义的历史，很难去“回忆”。

当谈到美国及其与恶的关系时，我对试图讲我们的故事、试图去“回忆”，存在两个担忧。第一个担忧是，我们的国家仍然无法正视我们曾经和现在的所作所为。太多祖先不是奴隶的人，在学校和流行文化的灌输下，患上了道德失忆，而这种失忆伪装成了历史。这种自欺欺人的记忆是这样的：“从前，美国白种人拥有奴隶，这真的很糟糕。（当然了，我的祖先从未拥有奴隶，如果他们真的拥有，他们也对自己的奴隶很好。）然后美国打了内战，废除了奴隶制度。但是还残留了一些小问题，不过被马丁·路德·金在20世纪60年代解决了。现在，除了偶尔出现的种族主义浑蛋，我们生活在一个公平的社会中。看看第四十四任总统是谁！”这一叙述只包括了令其可信的部分事实，却忽略了种种恶行，比如把人用作工具建立民主社会，长达数世纪的系统性暴力，强行将血亲、夫妻、朋友分离，无休止的性暴力，不断地侮辱，在重建时期（Reconstruction）[1]摧毁黑人公民的愿望，私刑，对黑人无情的羞辱，通过微妙和明显的手段不断窃取黑人的政治经济权力，植根于即便是诸如新政（New Deal）[2]和《退伍军人权利法案》（*GI Bill*）等进步的政治成就中的偏见，实行“红线政策”[3]，对于同样的违法行为，监禁的黑人是白人的许多倍，那些有“一个黑人朋友”的人屈尊的态度，美国黑人持续受到的要比白人两倍优秀才能获得一半的回报的压力，黑人向白人巨大的代际财富转移，黑人为什么不如白人的看似好心的困惑，黑人肯定天生智商较低的严肃理论，如此等等——简言之，造成贫困的精神贫困。正如詹姆斯·鲍德温警告的那样，美国白人经常因为有“黑鬼”这一类别而感到痛苦。无法记起过去，或者在当下面对其遗留问题，不仅使人们注定遭受一种严重的不公，而且让我们对自己保持无知，也使我们的文化贫乏。处于官方话语的魔力下，我们无法歌唱蓝调。

我的第二个担忧是无法听到蓝调真正的声音。对不公的强烈反对，有时会让我们忘记，不公是人类不可避免的一部分，尤

[1] 指的是美国历史上，当南方邦联与奴隶制度一并被摧毁时，试图解决南北战争遗留问题的尝试。

[2] 指美国罗斯福总统在 20 世纪 30 年代实施的内政纲领名称。

[3] 最早出现在美国《1934 年国民住房法案》（*The National Housing Act of 1934*）中。该法案允许社会服务机构，如房屋贷款和公众设施等，将城市居住区按种族、收入等因素划成不同等级的区域。对于不予投资或提高投资要求的区域用红线标出，以示区别对待。

其是在政治方面。在俄国尤为如此。当罪恶像农奴制或白人至上主义那么深刻时，人们就会想将人类精神的所有方面专注于补救这些罪恶——相信思想和表达必须受到控制，以消除所有不公正的痕迹，甚至连最细微的侵犯都不容放过；要求理性和想象的作品接受政治审查，才能纳入思想体系之中；将人们主要定义为加害者和受害者，而不是贝谢所说的“有血有肉的人”的混合体；听贝谢的音乐作品或读鲍德温的文学作品，仅仅因为他们是黑人，而不是因为他们很棒，或者不演奏巴赫或表演莎士比亚的作品，仅仅因为他们是白人；相信自己的一方是无可指摘的；只将蓝调理解为过去对不公的表达，而不是对人性自身的接纳。

这本书的中心主题之一，是我们不应该从斗争的角度思考我们与痛苦的关系，因为痛苦永远无法根除，而当我们试图根除它时，我们会产生全新的恶的形式。我试着探索了理解痛苦的不同方式，这些方式要求我们将面对痛苦和与痛苦斗争结合起来。这一矛盾可以通过武术的比喻来理解。武术家与他们的对手比拼的同时，尊重他们的对手。尽管我们的人性反对痛苦，但痛苦和死亡是我们的存在无法分割的重要部分，不公是我们的自由以及维持人性制度的根本。重点不是输赢，而是从战斗中学习。武术家用尽其机智和力量战斗，但在这样做时，心中没有怨恨，每一回合开始和结束，他们都会向自己的对手鞠躬。我们应该与不公战斗，特别是我们面对的不公的具体事例。与此同时，我们应该利用我们的艺术本能，接受疾病、不公和死亡。换言之，对待痛苦，我们应该学会宽容、包容和理解。我们不要羞于嘲笑自己。等我们谢幕的时间到时，希望我们能带着对痛苦的敬意离去，因为痛苦既是我们的对手，又是我们的老师。

比起将我们比作武术家的比喻，将我们看成蓝调音乐家的比喻更为深刻。武术家将战斗和尊重融合了起来，而蓝调音乐家融合了悲伤和欢乐。当贝谢说："你只身来到世上，又只身离开，当你在这个地球上时，很多时候你将会独自一人——告诉你这一切的是什么，是音乐。"他在试着描述我们从他的音乐中以及所有深刻的音乐中听到的蓝调理解。武术家的智慧在于，即便我们尊重公正和不公正、赢和输之间无限的相互作用，我们也应该奋力与不公做斗争。但是，最后我们都会被打败。我们需要蓝调，即使我们沉浸在悲伤之中，它也能发出欢快的声音。[25] 我们无法完全将其归类理解。我们离事物的核心越接近，就越能意识到其中的悖论有多么巨大。当我听蓝调时，我很庆幸它是一个难解之谜，而不是一个不容更改的逻辑命题。当我们的音乐体现出这一奥秘时，它便是我们在世上所能得到的最好的东西。悲伤之歌是真的吗？这由我们自己决定。

最伟大的哲学家认为，音乐比说教和哲学更能从根本上塑造品格。艾琳、比利，你们在成长过程中，耳边一直回响着悉尼·贝谢和比莉·哈乐黛的音乐。你们能喜欢蓝调，我别提有多开心了。我希望，这种音乐能促使你们以诚实、怜悯、潇洒的态度面对生活。孩子们，温柔地对待它。

结论　饱含人性地受苦

在他的岁月的监狱里

教给自由人如何赞誉。

——W. H. 奥登

一位女王梦见一头长着六根象牙的白象（这个传说中用来表示性爱的美妙表达）。“醒来后”，她怀孕了，后来生了一个儿子。一位先知警告说，如果这个男孩知道了年老、疾病和死亡，他就会放弃他的王子身份，因而，国王和王后下令建造一座宫殿，让王子远离苦难。这个男孩的教育只包括射箭、书法、游泳和奢侈享受。十几岁时，他娶了一位美丽的公主。为了以防万一，国王还为他配有八万四千个侍妾。

有一天，王子要坐他的马车兜风，他的父母嘱咐下人将马车的窗帘拉得严严实实的，可他还是向外偷看，他瞥见了一个新奇的景象，他看到一个满脸皱纹、头发快要掉完、弯腰驼背的动物，和他只见过的美好人类有几分相像。他问车夫那个东西是谁，是什么，他第一次得知了有年老这一回事。下一次乘车出门，他见到一个面色苍白、不停咳嗽的动物，长着和他差不多的面孔。他又向车夫打听，第一次得知了疾病。第三次乘车出门，他看到一个僵硬、毫无血色的身体，最终得知了死亡的命运。他的心中充满恐惧和悲悯，在第四次乘车出门时，他见到一个僧人，了解到有宗教人士为了更好的人生舍弃了尘世的愉悦。于是，令他父母懊恼的是，乔达摩·悉达多（Siddhartha Gautama）[1] 放弃了他的王子身份，成了出家人。

苦行戒律虽不乏令人满意之处，却无法令他宽慰。悉达多开始意识到，放弃并不能让你从苦海脱离：想想厌食症仍然是对食物的一种反常的痴迷。即使作为一个虔诚的僧人，他也没有超脱路上所见到的不幸。因此，悉达多站在一棵大树下，思考这个谜题。他不吃不喝，八十天后（这个传说中用来表示“很长一段时间”的表达），他领悟了四个真谛。第一，人生充满痛苦。第二，痛苦是欲望和无知造成的。第三，痛苦可以解除。第四，解除方法是遵循“中道”，即后来佛教的基础。

古代神话似乎对当代有一种怪异的直觉。当佛陀的故事

[1] 即释迦牟尼。

初次在印度成形时，老、病、死随处可见。这个神话的真正意义——一种归根结底是徒劳的保护人性免遭苦痛的努力——似乎就是耐心地等待了一个接一个世纪，等待我们的技术时代的到来。如今，许多父母确实尽了最大的努力，保护他们的小王子和小公主们免受衰老、痛苦和死亡的影响。当我的孩子还小的时候,《海底总动员》(*Finding Nemo*)很受欢迎，我遇到一位家长，她不愿让她的孩子看这部皮克斯(Pixar)出品的杰作，因为它讲的是失去(讽刺的是，在一定程度上，这部电影讲的是我们试图庇护孩子是不明智的)。我们的科学家拼命延长生命，根除疾病的来源。当药丸和手术的作用到达极限时，我们将病人和老人安置在命名很委婉的地方，以掩盖对住在那里的人所失去的东西的恐惧。我的祖母患有老年痴呆症，她住在遗产花园(Legacy Gardens)。我们剩余的人将自己安顿在平板电视和智能手机在我们周围建造的虚拟宫殿之中。我们有无神论者，以技术科学的名义，对宗教口诛笔伐。我们有宗教人士，宣讲脱离奢侈文化的需要。至于八万四千个侍妾：想想任何能够上网的少年，他能接触到多少性感女郎，这个数字好像就并不大了。

这些伟大的故事之所以看起来很贴合如今的时代，是因为它们描绘出了我们作为人类的轨迹。悉达多的神话并不只适合我们这个依赖媒介和药物的世界。如果我们对痛苦的逃避有什么独特之处的话，那就是我们碰巧生活在一个就我们是否应该通过科学、宗教或政治否认痛苦而进行广泛辩论的时代。不管我们多大年纪，我们透过先入之见的窗帘，都能瞥见那些受苦的人扭曲的身体——有时那些身影就在镜子之中。我们总是想沉溺于对痛苦的两种主要反应之中——要么忽视它，要么梦想着消除它。中道，行路艰难。我们对这个时代十分贴切的称谓“恐惧时代”，也能够描述其他每个时代。

我们总想建一堵墙。一边是第一世界的人，他们相信自己能作战，但不会造成伤亡；另一边是第三世界的人，炸弹带着多多少少的精准性落在他们头上。一边是富人，他们拥有几乎无限的医疗服务；另一边是穷人，他们喝不上干净的水。一边的父母，想确保自己孩子的智能手机上的网络是经过了过滤的；另一边的父母，对他们来说，屏幕——任何屏幕，都是他们唯一请得起的保姆。约翰·伯杰（John Berger）想象了一座酒店，在这座酒店中聚集了许多知识分子，他们起草并签署了一份打败恐惧的正义战争的文件，伯杰说："历史上到底发生了什么，今天在酒店墙外正在发生什么，无人过问，无人知晓。孤立的豪华游客伦理。"[1] 酒店之中，舒适而缺乏灵魂；酒店之外，痛苦却充满意义。对酒店内的人来说，监狱是一个遥远的概念；对酒店外的人来说，监狱是一种清晰无比的现实。那堵墙的两边都是某种监狱。我们从来都不是完全住在这一分界线的一边，因为我们建的这堵墙恰好穿过我们的心房。我们都会发现自己置身于不期而至的苦痛、不公、死亡等这些古老残酷的神明面前。我们都冒着海德格尔所说的“存在的遗忘”的风险。

中道在哪里？

本书各章探讨了试图通过面对无意义痛苦的生活，来增加我们的人性的不同哲学理论。无意义痛苦激发了真正的音乐；它显露出了我们最深处的人性；它令我们与自然万物形成连接；它让我们离上帝更近；它提升了工作、行动和思考的尊严；它增加了我们的力量；它唤醒了我们的道德意识，鼓舞了政治上的努力。我们对技术的深刻依赖，让我们产生了一种幻觉，那就是痛苦能像修理发动机一样被修理。没错，我们应该并且会与痛苦做斗争，因为我们具有永远排斥痛苦的属性。但是，如果这是我们与痛苦的唯一关系，那么，我们就缺失了某种根本的东西。我在整本书中一直试着探讨我们在与痛苦斗争的同时，应该如何接受痛苦。这是一个悖论。如果你从边沁功利主义的逻辑假设看待痛苦，它毫无意义。但是，如果你从蓝调音乐的角度看待痛苦，它充满意义。我们必须体现出一种奥秘，不然我们的歌唱欠缺那种动人的美妙。

保罗·卡拉尼什（Paul Kalanithi）是一名崭露头角的神经外

科医生，他在快四十岁时，被诊断出患有严重的肺癌。他用自己所剩不多的生命做了两件重要的事：一件是和妻子生了个孩子，他们的第一个也是唯一的一个孩子；另一件是写出了《当呼吸化为空气》（*When Breath Becomes Air*），一部关于他最后当医生和做病人的日子的深刻回忆录。他的妻子露西（Lucy）不确定他们是否应该在他即将死去的时候要孩子，她直白地问道："照顾新生儿会占用我们相处的时间吗？你难道不觉得与自己的孩子告别，会让自己的死亡更加痛苦吗？"他回答说："如果真是那样，难道不是很棒吗？"[2] 我希望我们能静静品味一分钟，以便体悟这个问题的美妙之处。

除了休息的时间，我们应该将时间花在爱、制造、工作、思考、玩、祈祷、做梦、参加活动、做好事上——当然永远不会找苦受！然而，避免受苦，会挖空我们生命的价值。每当我为接受痛苦的重要性而争辩时，都会在学术界遇到巨大阻力，因为这在某些人看来是顺从，甚至是彻头彻尾的残忍。直白地说，尽管这些阻力掺杂着许多真正的好心好意，但在我看来，从根本上是不人道的。如果没有能力说"人有时就是那样的"或"生活本就如此"，许多美德就不会存在，比如原谅、怜悯、敬畏、开怀大笑。只要我们为最大化快乐、最小化痛苦、尽可能消除痛苦的原则所支配，我们就会抽干意义的源泉。工作变成挣钱的麻烦事，而不是缔造灵魂的领域。玩耍成为工作之余的休息，而不是富有挑战性的自娱自乐领域。教育成为信息传递的助手，或者个人身份的美化，而不是指引学生深入吸收人类遗产精华的困难但富有意义的行为。自然成为一种需要重新改造的产品，而不是我们存在的基础。政治成为繁荣和安全的管理，而不是自由和权利的形式。领导者沦为管理者，共和国沦为帝国，民主变成暴政。我们生活在虚拟世界，而非现实世界之中。我们毁坏了这个星球。爱开始成为一种麻烦的事，一种不值得冒险的赌博。生活成为一种奢侈的绝望。

我呼吁大家与痛苦做斗争，与此同时接受痛苦，这看似自相矛盾，实则是种常识。想想抚养孩子。一方面，你要保证他们的安全；另一方面，你不想不惜一切代价来保证他们的安全：你想让他们去冒险、去经历、去接受挑战。尽管在保证孩子安全（防止痛苦）和给孩子自由（接受，甚至主动承受一些不可避免的痛苦）之间取得平衡，方法有好有坏，但对于这种平衡，却没有完美的理论，也永远不会有哲学或政治理论能完美勾画出好的痛苦与坏的痛苦。事实上，性格的发展需要一点不平衡，一点不自觉的过度痛苦。抚养孩子需要判断力，但也需要很多运气。马特·考夫曼的父母让他在放学后玩自行车特技，从道德上讲，当然没有丝毫错误。

但这个大悖论不仅仅是常识。或者，更准确地说，如果我们跟随常识的引导，我们会过上一种不同寻常的生活方式，在那种生活中，我们看到自己与自然、与彼此是相连的，我们会逃到墙的另一边，进入怜悯和冒险、疗愈和赞美的世界中。对保罗·卡拉尼什来说，问题不是生个女儿是否会让他的生活不那么痛苦或者更加愉悦。生育孩子是我们对生活说“是”的基本行为，无论那个孩子的命运如何，这都是一个超越愉悦和痛苦表格上的数字的一整个维度的价值。因为写《当呼吸化为空气》的那个男人过早离世，这本回忆录从形式上来说并未完成；也正因为如此，这本书就像多数生命中的悲剧，通常以一个漫不经心的逗号结束，而不是以一个自信满满的句号结束。但他在即将死去前写下的遗言，却像是一个分号，一个更好的合适收尾。

> 我想过我可以给她（他当时八个月大的女儿）留下一系列的信，可我要在信中说什么呢？我不知道这个女孩十五岁时会是什么样子，我甚至不知道她会不会喜欢我们给她取的昵称。对这个与我如无奇迹几近结束的生命短暂重叠的刚刚开始的小生命，也许我只有一点要说。这一点很简单，那就是：当你来到人生中众多需要描述自己的时刻之一时，要细数你曾经是什么样的人、做过什么样的事、你对世界意味着什么，请你不要忽略你曾为一个垂死之人的生活带来一种充实的快乐，一种我在此前的人生从未体会过的快乐，一种不再渴望更多，而是感到满足安心的快

乐。此时此刻，这是一件十分重要的事。[3]

正如他在书的前面所说，他女儿的出生使他的死亡更加痛苦，也使他的生命更加快乐。“我和露西都觉得，人生不是为了逃避痛苦。”[4]

在《从反贫困战争到反犯罪战争：美国大规模监禁的形成》（*From the War on Poverty to the War on Crime: The Making of Mass Incarceration in America*）这部重要历史作品中，伊丽莎白·欣顿（Elizabeth Hinton）写道：“可以说，如今美国社会所面对的最重要的问题是，为什么在自由的土地上，每31个人中就有一个受到某种形式的刑罚制裁？”[5] 她的回答虽然包括这种情况是由过度狂热的毒品战争（War on Drugs）政策造成的这一得到了普遍接受的理论，但并没有止步于此。1964年《民权法案》（*Civil Rights Act*）通过之后，美国政府开始担心会出现城市暴乱。政治家开始担心没有吉姆·克劳法（Jim Crow laws）[1]，美国如何才能保持对黑人的控制。尽管暴力犯罪在减少，对犯罪的恐惧却在

[1] 泛指1876年至1965年，美国南部各州以及边境各州对有色人种（主要针对非裔美国人，但同时也包含其他族群）实行种族隔离的法案。

急剧上升。林登·贝恩斯·约翰逊（Lyndon Baines Johnson）[1]总统不仅向犯罪宣战，还向贫困宣战。犯罪被认为是贫穷的黑人社区固有的属性。新的政策要求警察不仅要像以往一样处理犯罪，还要彻底根除犯罪，阻止犯罪发生。一种恶性循环因此形成，逮捕人数的急剧增加，使得犯罪率看起来在上升，这就意味着对犯罪的打击力度需要加强，这又意味着更多的公民需要被抓起来。而当我们将毒品战争（这种逻辑认为毒品是犯罪的潜在因素）与企业从监狱获利的能力的提升混杂在一起时，我们的监禁率飙升至世界最高水平。正如欣顿所说："假设惩罚性政策以目前的形式继续下去，1965年后出生的没有高中文凭的非裔美国人，更有可能最终进监狱。"6

一些人认为，打击犯罪的政策之所以产生效果，是因为犯罪率下降了。即使我们接受打击犯罪是使犯罪率下降的原因这一备受争议的说法，即使我们采用功利主义原则，分别计算受到这一政策积极影响和消极影响的人数，在人口占世界人口不到5%的国家，关押世界大约25%的囚犯，为了让社会稍微更安全一点，让那些足够幸运的人不至于进监狱，或者不让其朋友或家人进监狱，是值得的，这还是说不通。但我认为，这个问题要比成本效益分析深入得多。即使可以证明打击犯罪的政策让足够多的

[1] 美国第36任总统，任职期1963年至1969年。

人受益，可是它却不能公平地对待成千上万像我的朋友西蒙那样的人，难道它不是仍然不公平的吗？为了其他人感到安全，你愿意你自己或你的孩子在监狱多关一些时间吗？黄金法则难道没有告诉我们，我们的刑罚体系首先需要的是人道吗？一般只有在打击犯罪的政策开始影响富有的白人家庭时，法官才倾向于宽大处理，普通公民才意识到其道德问题，政治家们才迫于压力放宽判刑，尝试用社会复归（rehabilitation）替代惩罚，这难道不是道德想象力令人沮丧的失败吗？

如果没有接受痛苦是人性的一部分的能力，我们就会将任何对我们的安全和宁静的威胁视作恶魔怪兽，从而施加打击犯罪的政策那样的抹杀人性的不公。我们必须勇敢对抗恶；犯罪需要受到惩罚，我们需要边界和法则。我们对那些肩负起保护我们重任的人，应该充满感激。此外，我们还需要对执法人员面临的深刻困难更加理解。但是，恶是无法根除的，没有犯罪的人类社会并不存在。任何对抗恶的制度，都应该保持并尊重合理的限度。要应用黄金法则，我们需要蓝调理解，即将他人视作与自己有相似之处的人的能力。即使在最好的情况下，这样对待违法者也不是一件容易的事情，因为我们很自然地会感到与那些对社会犯下严重罪行的人格格不入。然而，当我们的文化感伤地看待奴隶制和吉姆·克劳法，给住在城市那一边的人扣帽子，将被关进监狱里的人描绘为一种不同的动物时，要做到蓝调理解，尤为困难。

但是，种族主义的指控，无论多么准确，从来都没有太大用处。种族主义和其他往往出于无意识的不公，其中包括对不公的某种形式的反击，是由有意识的对痛苦的恐惧，尤其是对犯罪、暴力、失去或羞辱的恐惧所激发的。具有讽刺意味的是，这种恐惧使人们对自己的不公正视而不见，并且合理化自己的暴力和恐吓形式。我喜欢波斯诗人哈菲兹（Hafiz）所说的："恐惧是房子中最便宜的房间。我希望看到你生活，在更好的环境中。"[7]

我教过监狱中的学生后，突然明白了，哲学的历史和实践与监狱密不可分。哲学家们虽然梦想着成为哲学王，却总是发现自己锒铛入狱。苏格拉底的有些著名的对话，是他入狱后进行的。博爱修斯（Boethius）在被处决之前，在软禁之中写下了《哲学的慰藉》(*Consolation of Philosophy*)。意大利哲学家乔尔丹诺·布鲁诺（Giordano Bruno）因为异端邪说的罪行，被关在诺纳塔（Tower of Nona）七年，后来他在被处以火刑之前，舌头还被铁钉刺穿，因为当局担心他在临死前会胡说八道。监狱具有某种使囚犯们处于一种哲学情绪中的东西，哲学具有某种会使其实践者锒铛入狱的东西。

哲学家们经常用监狱象征我们大多数人的境况。我们将监狱深藏内心。一些未经检验的概念将我们的成长与繁荣阻隔在墙外。心灵中的象征性监狱，能够将其他人关进现实中的监狱。虽然通过制定法律减少建造这些危险的精神监狱的可能性，是我们的一项长久责任，但这一问题比政策本身更加深刻。米歇尔·亚历山大（Michelle Alexander）是《新吉姆·克劳》（*The New Jim Crow*）一书的作者，也是刑事司法改革的重要推动者，她说：

> 我认为，大规模监禁不仅仅是政治或政策问题，它还是一种深刻的道德与精神危机。我的观点是，只要我们认为，仅仅通过理性的政策讨论，就能实现种族正义，那么这种种族正义在这个国家仍将是一个遥远的梦想。如果我们从纯粹的技术统治论的角度看待这些问题，不考虑其道德和精神层面，那么，我们还将继续修修补补，无法意识到这些问题实质上更关乎我们作为个人和集体分别是谁、我们可能亏欠了彼此什么、我们作为人类应该如何对待彼此。这些不仅仅是在另一个人身上使用一种惩罚制度或监督做法的成本和效益的问题，还是哲学问题、道德问题、神学问题。[8]

这些道德和精神的层面与我们对待痛苦的方式有很大的关系。痛苦很难面对，在某种程度上，人类头脑无法完全理解痛苦。面对我们的历史和恐惧，很难；面对我们的个人和集体造成的不公，很难。用无关紧要的娱乐消遣，来掩盖我们的悲伤、忽视我们的罪恶，很容易；相信我们的身份是与苦难、邪恶、历史、自然分离开来的，很容易。然而，忽视痛苦的结果，就是我们都将为此而承受痛苦。向犯罪、恐惧、不完美、疾病和死亡发动战争，就是将我们自己锁在“最终我们找到幸福或完全没有幸福的地方”之外。[9]

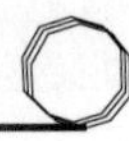

宗教哲学家约翰·希克（John Hick）在他的《恶与上帝之爱》（*Evil and the God of Love*）中，使用了“灵魂塑造”（soul-making）的概念来描述，他认为在相信上帝是仁慈的条件下，这是唯一理解痛苦的人道方式。他从 1819 年约翰·济慈写的一封杂乱无章的信中得出了这个想法。

> 我会称世界为一所学校，其目的是教孩子们阅读的能力——我会称人类的心脏是在那所学校使用的角帖书[1]——我会称能够阅读的孩子是那所学校及其角帖书塑造的灵魂。你难道不明白一个充满痛苦和烦恼的世界是多么需要训练一种才智，来塑造一个灵魂吗？这是一个一颗心脏必须以一千种不同的方式感受和受苦的地方！……如果你愿意，

[1] 角帖书（hornbook），在中世纪的欧洲供儿童学习的教学用书。

称这个世界为“灵魂塑造之谷”吧。[10]

这是一个将教育、阅读、痛苦、灵魂塑造和生活本身连接起来的寓言，年轻的济慈注定要在下一年因肺结核而死去，而他在通过阅读他的心灵的教科书塑造灵魂。我们常常认为，教育赋予了我们想要的东西或者其他人发现我们在人生路上会需要的东西。但在济慈看来，我们上学，是为了弄清楚我们想要什么，乃至我们是谁。生活是一种具有变革性的阅读。

希克声称，我们很难给出积极的神学论点。“人类受苦如此之深的原因在于……”这句话无法被补充完整。但是，我们能给出一种消极的神学论点。换言之，我们可以意识到，当我们试图从概念上消除世界上痛苦、死亡和错误的可能性时，我们也毁掉了品格发展、济慈的“灵魂塑造”的可能性。希克代表基督教神学声称，这个世界不应该是天堂，而应该是一个试验场。创造的过程正在进行，“上帝与我们一同承受着创造的过程的辛苦”。[11]

但是，批评家反驳道，培养美德需要这么多痛苦吗？希克的消极神学论点给出了一个有些棘手的答案。第一，必须有很多痛苦，不然我们不会受到充足的挑战。“也许生命本身的神秘性是灵魂塑造的重要方面。”[12] 第二，考虑到上帝的仁慈，过度的痛苦意味着肯定存在超越这个世界的完美无瑕的世界，一个超越我们想象的天国，在那里我们的生活多姿多彩，无须再遭受苦难。

但是希克承认，从尘世的角度，无法理解出于这个目的的不择手段，而我们知道这些手段极其残酷。他引用了陀思妥耶夫斯基（Dostoyevsky）的《卡拉马佐夫兄弟》（*The Brothers Karamazov*）中的著名对话：伊万（Ivan）问阿辽沙（Alyosha），如果他只要将一个婴儿折磨至死，就能让所有人真正快乐，他是否会愿意这样做；阿辽沙低声说，他不会。希克甚至承认，他可以理解有人拒绝相信上帝是仁慈的。“如果我自己经历了某种深切而巨大的个人悲剧，让我坠入黑暗的绝望和对生活的可怕排斥之中，我很可能会有同样的消极反应。”[13]

在前面的章节，我已经试着说明，希克认为痛苦是灵魂塑造的观点，不只存在于基督教传统之中。来自不同背景的伟大思想家都明白，苦难是人类成长不可或缺的一部分。我们不仅需要挑战和风险，我们还需要一些我们无法理解的挑战和风险。厌恶苦痛是我们的原始冲动。世界的本貌和我们认为世界应该有的样子之间，总会存在差距。伊万的挑战和阿辽沙的拒绝将会一直困扰着我们。我们用来应对这一差距的最重要的概念——上帝、自然、人类、艺术，蕴含着一种根本的悖论，即存在着超乎我们想象的奥秘。根据《圣经》，上帝的概念通过赋予痛苦超脱尘世的终极价值来实现这一奥秘。根据斯多葛派和道家，自然的概念通过现实的残酷值得我们最大限度地尊重来实现这一奥秘。尤其是根据孔子这样的思想家，人性的概念通过将文明建立在悲伤之上实现这一奥秘。根据我们最优秀的艺术家，艺术的概念通过将不公和心碎转化为真正的美而实现这一奥秘。我们的基本词汇一直存在被挖空意义、粗俗化、降级的风险，但是，它们从来没有真正失去其价值，它们在其语义的 DNA 中包含了一种记忆，这种记忆能无限期地刷新它们。在美国俗语中，我们会说某些音乐带有灵魂。我喜欢这种说法。这里的“灵魂”，并非指一种玄妙的幽灵般的存在，而是就像它在理论文章中的意义那样，是表达一种原始的、动人心弦的、根本上欢快的表达痛苦的方式，这种方式一半靠努力，一半靠眷顾。所有最好的人类活动，特别是哲学，都以这种灵魂塑造为目的。

我想最后再强调一次，灵魂塑造的理念并不能解释所有乃至大多数痛苦，也不能使其合理化。灵魂的一部分是悲伤。修女萝塞塔·撒普（Rosetta Tharpe）说：“福音蓝调有某种东西，是如此之深，让世界难以承受。”[14]我们的哲学家喜欢将奥斯维辛和广岛等惨剧当作任何试图为痛苦辩解的绊脚石。但是，我以前的邻居阿什莉就已经足够了，我敢肯定你所目睹或身受的一些悲剧亦如此。在前面的章节，我所警告的首要危险是，我们试图只透过带有功利主义色彩的眼镜看待痛苦，使一切看起来都像是有待解决的问题。我的警告包括认识到痛苦的灵魂塑造的力量，但并不意味着，所有死亡、痛苦和不公都能被人类大脑充分理解，更不用说被合理化或原谅了。即使是否认恶存在的斯多葛派，也认识到，当我们受限的视角受到宇宙的起伏曲折挑战时，一种自然的悲痛会从我们心中倾泻而出。[15] 我们将永远在宇宙的运行之中高声抗议。苦难令一些人投入上帝的怀抱，也可让另一些人放弃宗教信仰。不管怎样，苦难都为我们带来一种无边无垠的神秘。在人类的想象之中，总会存在上帝的空间。如果用不超过二十个字来概括我们的处境，我认为我不能比乔治·赫伯特（George Herbert）在他的诗《苦乐参半》（*Bitter-sweet*）中做得更好：

> 我会抱怨，也会赞美；
> 我会失望，也会欣喜。
> 在所有苦乐参半的日子，
> 我会哀叹，也会热爱。[16]

1581 年 8 月 24 日，在意大利多洛米蒂山（Dolomites）的一个风景如画的小镇拉维拉（La Villa），蒙田从早到晚都在试图排出一块肾结石。晚饭时分，在忍受了分娩般的疼痛之后，他终于排出一块石头，这块石头“和松子一样大、一样长，但一端像豆子那么粗，而且坦白说，形状和阴茎一模一样。”[17] 此前，他一直在意大利四处游历，寻求治疗肾结石的方法，他饮用据说有疗效的水、泡温泉——此外，他还欣赏风景，品尝新葡萄酒，精进他的意大利语，他沉浸在普通生活的奇妙之中。他甚至还找时间安排了一场意大利女士选美活动，他对她们的评判不光看容貌，还看“整个人的仪态、风度、魅力和气质”。[18]

在拉维拉排出肾结石并且清理干净所有的血液后，蒙田坐在日记本前写道：

> 如果我每天都这样濒临死亡，每一个小时都离死亡更近一步，当死亡惊现时，我没有竭尽所能对它淡然处之，那太过懦弱。在此期间，最好欣然接受上帝赐予我们的恩惠。除了下定决心用富有人性的方式忍受疾病，没有其他的药物、规则或科学，可以避免每时每刻都在从四面八方围困人类的疾病。[19]

法国散文大师用意大利语写了这篇日记，因为他喜欢这门美丽的语言，想让自己的意大利语更流利。即使濒临死亡，练习自己的意大利语也很有意义！

我们很幸运，生活在一个能找到比泡温泉更好的治疗肾结石方法的时代。但是，我们的成功加剧了认为自己可以摆脱苦痛、死亡和不公，想象我们真正的命运包括再造我们受苦受难的自我的诱惑。只要我们屈服于这种诱惑，你我就有遭受非人的痛苦的风险，也就是说，使我们丧失尊严，产生新的类型的痛苦。正是在人生危机四伏之时，我们发现自己需要最强大的艺术、文学、历史、科学、宗教和哲学形式给予我们诚实地看待自己内在脆弱性的方式。

蒙田告诉我们要“富有人性”地忍受痛苦，他使用了托斯卡纳语中的一个美妙的副词“umanamente”。“富有人性”是什么意思呢？它与能够接受我们的种种脆弱有关，这些脆弱不仅包括我们的身体疾病，还有我们的哲学无知。它意味着，我们必须反对恶行，但接受恶行是我们固有的组成部分；它意味着，我们要正视自己身上的野蛮和残忍，从而拒绝将他人当作野兽和怪物来看待；它意味着，我们要努力减轻痛苦，但也要以某种方式接受痛苦融于生活的一些益处之中，因此我们无法也不应该将其完全剔除。正如蒙田所说：“病弱是我们存在的黏合剂……任何人如果消除了人类身上病弱的种子，他就会破坏我们生命的根本条件。”[20] 尝试有疗效的水，不过要记住没有终极的解决办法。恶从根本上说是一个谜题，而不是一个问题。蒙田在遭受身体痛苦时，尽其所能不将其视为跟他过不去的阴谋，或是生命本身的缺陷，以避免造成额外的精神痛苦；他也拒绝伪造一种虚假的神话或理论，让自己相信应该遭受这些痛苦。痛苦与整个人的仪态、风度、魅力和气质有关，恰恰是因为它从来都说不通。

悲伤的尾曲

我多么希望能在你感到孤独或处于黑暗中时，

让你看到自己的存在散发的惊人光芒。

——哈菲兹

我以为我做的是件好事。虽然那时候我连着几个月没去监狱做志愿者，想要写完这本书，但我一直在与西蒙保持书信联系。他毫不吝啬自己的时间和智慧，我心怀感激，决定在圣诞节时送给他一些钱，让他可以买些好吃的，继续支付邮费，甚至可以租几个月的电视。我唯恐自己的道德只是作秀，缺乏实质，于是暗自发誓绝不炫耀这份礼物，除了西蒙，我谁都不会告诉。尽管这笔钱并不多，但想到自己做了件好事，我不由得感到些许得意。

假期结束后，我问了西蒙，他告诉我，我的礼物被冻结了，因为监狱领导怀疑他是通过非法途径获得的这笔钱。没有关系，我会向领导保证，这笔钱是我心甘情愿赠送的礼物。然而，我发现自己因送东西给囚犯而违反了监狱政策，惹上了麻烦。他们告诉我，我现在被禁止在监狱做志愿者。

我心中充满了美国典型的实用主义态度，我以为，如果我解释清楚，因为我忘记了这条政策，所以我在赠送礼物时，把自己当成了一位朋友，而不是一位志愿者（我已经好几个月没有在那里做志愿者了），他们就会立即或者如果有必要的话，过一段时间后，恢复我志愿者的身份。也许我甚至会得到一个道歉。我写了多封信进行解释，这些信件在行政系统几经周转，终于来到监狱长的手中，他回信说——他称呼我为“塞缪尔森女士”——我的志愿工作被无限期停止了，如果西蒙不再服刑后，我仍然想做志愿者，到时候他们会重新考虑我的情况。可是，西蒙已经快六十岁了，他被判无期徒刑，不允许假释。我后来的请求全都杳无音信。

W. H. 奥登在他的诗《阿喀琉斯之盾》（*The Shield of Achilles*）中，重新想象了火神赫菲斯托斯（Hephaestus）在阿喀琉斯盔甲上所刻的东西。和我们在荷马的《伊利亚特》中看到的有序的文明缩影不同，奥登描绘了一个行为主义社会，身在其中的我们失去了看到人类生命的珍贵和慷慨的能力。耶稣受难不再被视为对上帝之子的谋杀以及对两个盗贼的最后一刻的救赎，而仅仅被看作是三个无名小卒被处决，而“正派的普通百姓”忙着自己的事情。奥登想象了处于这种噩梦社会中的一个顽童的心理：

> 两个姑娘遭到强奸，两个少年残杀第三，
> 这就是他看到的公理，他从未听见，
> 任何世界会信守诺言，
> 或任何人因别人痛哭而呜咽。[1]

西蒙经常提到“高尚的斗争”，他基本上指的是，在困难处境下努力保持尊严和人性。更准确地说，高尚的斗争包括拒绝接受奥登想象的那种社会，在这种社会中，幸运者无视不公的苦难，不幸者对它习以为常，每个人的怜悯和慷慨都蒸发了，我们成了大量的数据，西蒙被归类为0803380号囚犯。米歇尔·福柯惊骇地问道：“监狱像工厂、学校、兵营、医院，这些地方又都像监狱，令人惊讶吗？”[2]

监狱官员在执行他们比我更了解的规则，对他们做的辛苦而必要的工作，我满怀感激，而且我也很感激他们同意我解冻这笔钱的请求。尽管如此，我还是感觉到，在他们的官僚机器中，我的慷慨完全被忽视。西蒙一定是在骗人，我一定被他骗了，抑或“塞缪尔森女士”想骗他们。他们在对滥用权力的小心戒备

中，否定了善良存在的狭小但重要的空间。几年来，我免费教授的许多课程，那些对我和囚犯们具有的巨大价值，现在都结束了。由于我傻到引以为豪的行为，我的特权被取消了。现在我被关在监狱之外，不允许假释。

致谢

我在乎过的只有几个女人，

我担心她们比担心帝国陷落还多。

——亨利 · 亚当斯

在一位失眠者的漫漫长夜中，有一分钟的大彻大悟，开始于凌晨 2:59。在那之前，是一段极度痛苦的自我怀疑时间，过去的决定折磨着这个辗转反侧的人。很快到了凌晨 3 点，自我厌恶的时间开始了，即便是适应社会、有工作的失眠者，也会产生自杀念头。然而，在 2:59 到 3:00 的 60 秒中，存在的混乱不堪被揭开。几年前的一个夜晚，当我的脑中开始显示 3 点时，我决定爬起来，写下我的领悟，而不是立即转换到自我厌恶。等我的孩子下楼吃鸡蛋和吐司的时候，我已经写好了这本书的大部分引言和“插曲：罪恶问题”的一部分。

除了失眠，我还要感谢离婚。这本书的一个重要主题是，现代性从根本上说是好的，但会带来巨大的问题。而离婚几乎等同于现代性。现代世界是建立在与过去的断裂上的，例如，马丁·路德（Martin Luther）的抗议或伽利略的天文学。事实上，现代性最重要的时刻之一是亨利八世的接连离婚；现代性最早也最著名的捍卫者之一——约翰·弥尔顿，写了四个小册子，为无过错离婚争辩。这位英国共和党人宣称："根据上帝的意图，相谈甚欢，是婚姻最重要、最高尚的目的。"[1] 对于在我们年轻时许下的誓言之外追求相谈甚欢，这种来之不易的自由，我满怀感恩。但是，必须承认的是，违背誓言，尤其是神圣的誓言，是一件糟糕的事。尽管离婚最终会减少长期的痛苦、增强对更开心的交谈的追求，但要付出的代价是，涉及的每个人都会留下伤疤，包括孩子。虽然对于离婚，我持"新教徒式"立场，但我祈祷永远都会有对离婚坚定的"天主教式"反对：随着我们的社会越来越毫无敬畏，等式的这一方需要有力的辩护。

这本书的另一个重要主题是，我们对待痛苦应该有双重的看法，同时将它看作一件好事和一件坏事。离婚或任何形式的分手具有许多富有挑战性的方面，其中之一就是人类倾向于只以一种方式看待事物：要么完全糟糕，要么主要是好的。我们很难从两个方向上理解。我们也很难记起，一段关系可能糟糕到必须离婚，却仍值得我们最大地感恩。当我在写关于尼采的那一堂课时，永恒轮回的挑战一直困扰着我。我给的答案是接受挑战，我愿意全都再经历一遍。不然，我不会拥有我的两个孩子。不然，我不会被同样美好的记忆所塑造。但是，这并不意味着我没有遗憾。我逐渐认识到，缺乏敞开谈论痛苦的能力，是我的婚姻破裂的根源。谁都需要宽恕，而我特别需要它。

我还要感谢我在监狱里度过的那段时光。如果迈克·塞万提斯没有邀请我在艾奥瓦州医学和分类中心举办研讨会，我不确定我能找到写这本书的内在方向。在监狱中，我意识到，个人思想的病态与公共事务的病态紧密相连，反之亦然。我记起，哲学不仅仅是一种愉快的消遣，还是让我们清醒过来、更卖力生活的一种方式。对罪恶这一神学问题，有一种经典的回答，这种回答至少可以追溯到奥古斯丁，即上帝赐予我们的极大恩典——人类的自由，是恶的终极源头，因此，人类受苦不该怪上帝。正是在监狱中，我开始以比任何法律定义或中世纪概念更生动的方式理解自由。感谢迈克·塞万提斯和艾奥瓦州医学和分类中心参加我的研讨会的工作人员。在与我被不公平地判以无期徒刑的朋友西蒙·滕斯托尔（Simon Tunstall，又名 Nefer Em Ra）的通信中，我开始领悟他所说的“高尚的斗争”，那是一种在我们生活中竖起的精神和肉体的围墙后，为争取自由而进行的艰苦斗争。我很感激西蒙给我上了这一课，尽管我希望使他具备为我上这一课的能力的情况从未发生。他经常提醒我好好利用并且享受我的自由。我在努力这样做，我的朋友。

有些人对这本书的贡献奇迹般地摆脱了矛盾，具有一种闪耀的光明，无须用黑暗做对比。我不知道没有我的朋友斯科特·纽斯托克（Scott Newstok），我会怎么样。他一发现我在写一本新书，就行动起来。在我的书桌旁边、下面和我的书架上，摆放着几百本书，都是他通过亚马逊会员的魔法寄给我的。我的电子邮件有一个文件夹，里面有他发过来的一千多篇文章，有时候我一天就能收到五六篇。坦白说，这些关于痛苦的书籍和文章，许多我都没读过，对此我很不好意思。但是我看了一些（我的人生原则是，一手资料应该给予首要关注，二手资料应该给予次要关注），它们丰富了我的思维和写作。此外，斯科特还邀请我在罗兹学院（Rhodes College）做了一场演讲，在那场演讲中，我头一次梳理出了这本书的主要观点，以便公众接受。斯科特的热情和谈话就像一阵阵刮起的风，让我不至于熄灭。

我要感谢埃米利亚诺·巴蒂斯塔（Emiliano Battista），和他交谈总能提升我的思维，这样的交谈不是发生在 Skype 聊天软件上，就是发生在我们吃着美味烤肉、喝着我们能买得起的最好的葡萄酒时。他阅读了这本书的手稿，其细心程度不亚于伟大的评论家在阅读伟大的文本时所付出的心血。我要感谢迈克尔·贾奇，他和我在“酒鬼星期三”的会面时谈到的爱、自杀、爵士乐、日本，是我之为我的根本。感谢里克·佐洛（Rick

Zollo)，为我关于悉尼·贝谢的章节提供了他博学、即兴、对蓝调无所不知的思想。我要感谢杰出的作曲家和音乐家约翰·拉普森（John Rapson），他语气柔和地讲述了他对爵士乐的洞见，并时而在钢琴上进行细心的呈现，这些无不鼓励我写作有关音乐的部分。感谢杰里·帕特里奇慷慨地向我讲解了恢复性司法。感谢每周五晚上和我在面包花园（Bread Garden）小聚的葡萄酒与本体论研究团队——戴维·迪皮尤（David Depew，可惜现在缺席了，只能在俄勒冈州本德市与我们遥遥碰杯）、戴维·辛格斯曼（David Hingstman）、鲍勃·塞申斯（Bob Sessions）、罗布·凯特尔（Rob Ketterer）和吉姆·斯洛格莫顿（Jim Throgmorton），我们的聊天内容总是那么具有启发性，是这本书真正的初稿。我要感谢萨拉·凯尔（Sarah Kyle），在罗马圣克莱门特教堂（Church of San Clemente）的密特拉遗址（Mithraeum），她倾听了我的悲伤，也向我倾诉了她的悲伤，然后爱上了我，我也爱上了她。她喜欢提醒我，人生的伟大悖论也可以用快乐诠释。

编辑常常是无意义痛苦的代理人。有伊丽莎白·布兰奇·戴森（Elizabeth Branch Dyson）做我的编辑，我是多么幸运。她将我的目标记在心中，只有当她知道对我的手稿能产生最大的好处时，才会施加痛苦。她在手稿的空白处写下诸如“重写这段，想象你患有这种疾病”的评论。她一心为我好，让我更了解自己。

我还要感谢我感性的主要塑造者：我的父母、姐妹、祖父母和孩子们。他们建立了我的私人世界，让我的公众形象得以从中绽放。我能写出一本有关痛苦的书，并在写完后充满对存在的感激，这本身就是对我家人起到的帮助的一种证明。

感谢柯克伍德社区学院（Kirkwood Community College），让我少教了两个班（在更富声望的学校任教的同人们，请注意：平常我带五个班，那个学期我只教了三个班）。非常感谢金·希特·乔丹（Kim Hiett Jordan）和达拉斯人文文化研究所（Dallas Institute of Humanities and Culture）授予我人文学科的希特奖，这是送给职业生涯才开始的人（那时他们需要这份奖金和荣誉），而不是职业生涯快要结束的人（那时他们通常不需要）的最棒的礼物。如果没有他们的慷慨和鼓励，我不知道自己是否能完成这本书。

最后，我要感谢美国伟大的音乐。16 岁时，我对我这一代的音乐不屑一顾。20 世纪 80 年代广播电台播放的音乐，在我看来，就像《麦田里的守望者》中霍尔顿·考菲尔德（Holden Caufield）所认为的那样，是虚假文化的精髓：要么是对粗俗物质主义清一色的赞美，要么是对从未存在的价值观煽情的怀念。我当时决心要找到更好的音乐。带着一个过分挑剔的青少年的自命不凡与冒险精神，我从图书馆借出了伊戈尔·斯特拉文斯基（Igor Stravinsky）和皮埃尔·布列兹（Pierre Boulez）、The Band

乐队和 Velvet Underground（地下丝绒）乐队、塞隆尼斯·蒙克（Thelonious Monk）和埃里克·杜菲（Eric Dolphy）的作品。我仍然很喜欢爵士乐，准确而言，大部分爵士乐。

在那堆不可思议的音乐专辑中，有《路易斯·阿姆斯特朗和他的全明星：冬日花园现场，纽约和蓝色音符，芝加哥》（*Louis Armstrong and His All Stars: Live at Wintergarden, New York and Blue Note, Chicago*），虽然我估计这是一张老爷爷才会听的唱片，但是我读到过阿姆斯特朗很有影响力。其他的唱片，我只是理论上喜欢，我必须先学会欣赏，然后才会爱上。但“冬日花园现场”这张，我立即就全心全力地爱上了，直至今日依然如此。在这张专辑中，有一刻尤为令我倾心。阿姆斯特朗唱了一首他自己写的歌，叫作《有一天你会后悔》（*Someday You'll Be Sorry*），这首情歌诉说的是他的爱人最终会后悔那样对待他。当这首凄凉的情歌进入最后一个小节时，阿姆斯特朗发出了一声爽朗的笑声。我当时很震惊，怎么会有如此悲伤又那么快乐的东西呢？既能满怀同情地表达出悲伤，又能肆意自嘲，怎么会有胸怀如此广阔的感性？我觉得，这就是面对人生伟大悖论的能力。我终于找到了真实的东西——洒脱而又心胸开阔，没有执着于反叛，而是专注于找到自己的声音，没有贬低他人，而是寻求自己声音的表达。几年后，我初次阅读柏拉图的《会饮篇》（*Symposium*），看到苏格拉底说，真正的诗人应该既能写悲剧又能写喜剧，我立即想起阿姆斯特朗响亮的“huzzah!（好哇！）”那堆专辑中还有一章是《比莉·哈乐黛经典歌曲，卷四》(*The Quintessential Billie Holiday, Volume Four*)，里面有她与莱斯特·杨（Lester Young）的合作，不过他的名字当时对我来说毫无意义。你站住！这些不只是适合老爷爷听!

在关于悉尼·贝谢的那一章中，我试图向一种艺术形式致敬，它让我体悟到充实的人生，并且让我看到，即便美国到处都是赤裸的疯狂，这种生机还是有可能存在的。在向这本书的塑造者致谢的时刻，我也要向爵士乐致敬，向在我精神空虚时将我带到爵士乐面前的音乐致敬。

注释

引言　无意义痛苦的悖论

1. Robert Burton, *The Anatomy of Melancholy* (New York: New York Review Books Classics, 2001), 278- 79.

2. Arthur Schopenhauer, *Suffering, Suicide, and Immortality*, trans. T. Bailey Saunders (Mineola: Dover, 2006), 2.

3. Charles Darwin, *Evolution: Selected Letters of Charles Darwin,* 1860-1870,ed. Frederick Burkhardt, Samantha Evans, and Alison M. Pearn (Cambridge: Cambridge University Press, 2008), 11.

4. Richard Dawkins, *River out of Eden: A Darwinian View of Life* (New York: Basic Books, 1995), 131.

5. C. S. Lewis, *The Problem of Pain* (New York: HarperCollins, 1996), 135.

6. Blaise Pascal, *Pensées*, trans. A. J. Krailsheimer (New York: Penguin, 1995), 37.

7. *Mahabharata*, vol. 2, ed. and trans. J. A. B. van Buitenen (Chicago: University of Chicago Press, 1975), 803.

8. "Louis C. K. Hates Cell Phones," https://www.youtube.com/watch?v=5HbYScltf1c,

published September 20, 2013; 我对引用有些微改动，以避免重复和感叹词。

9. Pascal, *Pensées*, 13.

10. Hannah Arendt, *Between Past and Future* (New York: Penguin, 2006), 58.

11. Deuteronomy 15:11.

12. Michel de Montaigne, "Of Physiognomy," in *The Complete Essays of Michel de Montaigne*, trans. Donald M. Frame (Stanford: Stanford University Press, 1957), 796.

13. James Baldwin, *Collected Essays* (New York: Library of America, 1998), 311. 这个引用来自 "Down at the Cross" in *The Fire Next Time*.

14. "If an Emerson were forced to be a Wesley, or a Moody forced to be a Whitman, the total human consciousness of the divine would suffer. The divine can mean no single quality, it must mean a group of qualities, by being champions of which in alternation, different men may all find worthy missions. Each attitude being a syllable in human nature's total message, it takes the whole of us to spell the meaning out completely." William James, *Writings: 1902-1910* (New York: Library of America, 1987), 437.

第一部分　看待痛苦的三种现代方式

1. The translation is by W. B. Yeats, "Oedipus at Colonus," in *The Collected Plays of W. B. Yeats* (New York: Macmillan, 1952), 353.

2. Tomas Nagel, "A Philosopher Defends Religion," *New York Review of Books*, November 8, 2012.

3. Galen Strawson, "What Can Be Proved about God?" *New York Review of*

Books, December 6, 2012.

4. Martin Luther King Jr., "Suffering and Faith," *Christian Century 77* (April 27, 1960), 510. The remarks may be found online at http://king encyclopedia.stanford.edu/encyclopedia/documentsentry/suffering_and_faith.1.html.

5. Charles Taylor, *A Secular Age* (Cambridge: Harvard University Press, 2007), 25.

6. Thomas Merton, Seeking Paradise: *The Spirit of the Shaker* (New York: Orbis Books, 2003), 85.

7. "I suspect music is auditory cheesecake, an exquisite confection crafed to tickle the sensitive spots of . . . our mental faculties." Steven Pinker, *How the Mind Works* (New York: Norton, 1997), 534.

8. Susan Neiman, Evil in Modern Tought: *An Alternative History of Philosophy* (Princeton: Princeton University Press, 2002), 23.

9. Alexis de Tocqueville, *The Old Regime and the Revolution*, trans. John Bonner (New York: Harper & Brothers, 1856), 214.

10. Friedrich Nietzsche, *On the Genealogy of Morals/Ecce Homo*, trans. Walter Kaufmann (New York: Vintage, 1969), 68; essay 2, section 7. 对于尼采的引用，我给出了译本的页码，分号之后则是普遍的引用形式。

11. Peter Singer, *Practical Ethics* (Cambridge: Cambridge University Press, 2011), 163.

12. Friedrich Nietzsche, *The Gay Science*, trans. Walter Kaufmann (New York: Vintage, 1974), 129; section 73.

13. Michel de Montaigne, "Of Cripples," in *The Complete Essays of Michel de Montaigne*, 958.

第一堂　根除痛苦：约翰·穆勒及其功利主义悖论

1. William Carlos Williams, "To Elsie," *in Selected Poems* (New York: New Directions, 1976), 53.

2. Isaiah Berlin, "John Stuart Mill and the Ends of Life," in *Liberty*, ed. Henry Hardy (Oxford: Oxford University Press, 2013), 220.

3. John Stuart Mill, *Autobiography* (New York: Penguin, 1989), 112.

4. Ibid., 117.

5. Mill, *Autobiography*, 50-51.

6. Ibid., 67.

7. John Stuart Mill, "Nature," in *Collected Works of John Stuart Mill: Essays on Ethics, Religion and Society* (Indianapolis: Liberty Fund, 2006), 374.

8. Ibid., 385.

9. John Stuart Mill, *Basic Writings of John Stuart Mil*l (New York: Modern Library, 2002), 11.

10. Ibid., 18.

11. Ibid., 27.

12. 这一引用来自 Bentham's *The Rationale of Reward*.这一陈述的普及源自 J. S. Mill in *Utilitarianism*.详见 Ross Harrison, *Bentham* (London: Routledge, 1983), 5.

13. Mill, *Basic Writings*, 241.

14. Michael Sandel, Justice: *What's the Right Ting to Do?* (New York: Farrar, Straus & Giroux, 2009), 56.

15. William Shakespeare, *Hamlet*, act 2, scene 2.

16. Jeremy Bentham, "The Utilitarian Teory of Punishment," in *An Introduction*

to Principles of Morals and Legislation (London: Athlone, 1970), 158.

17. Isaiah Berlin, *Liberty*, 222.

18. Mill, *Basic Writings*, 247.

19. Ibid., 248.

20. Mill, *Autobiography*, 184.

21. Ibid., 147.

22. Ibid., 187-88.

第二堂　拥抱痛苦：尼采与永恒轮回

1. Nietzsche, *On the Genealogy of Morals/Ecce Homo*, 16-17; Genealogy, "Preface," section 3.

2. Bertrand Russell, *History of Western Philosophy* (New York: Simon & Schuster, 1967), 767.

3. Friedrich Nietzsche, *The Gay Science*, trans. Walter Kaufmann (New York: Vintage, 1974), 255; section 325.

4. Ibid., 211; section 225.

5. Nietzsche, *On the Genealogy of Morals/Ecce Homo*, 326; Ecce Homo, "Why I Am a Destiny," section 1.

6. Friedrich Nietzsche, *Human, All-Too-Human: A Book for Free Spirits*, trans. R. J. Hollingdale (Cambridge: Cambridge University Press, 1986), 66; section 113.

7. Nietzsche, *The Gay Science*, 181; section 125.

8. Friedrich Nietzsche, *Thus Spoke Zarathustra: A Book for None and All*, trans. Walter Kaufmann (New York: Viking, 1966), 18; "Zarathustra's Prologue,"

section 5.

9. Friedrich Nietzsche, *Beyond Good and Evil: Prelude to a Philosophy of the Future*, trans. Walter Kaufmann (New York: Vintage, 1989), 153-54; section 225.

10. Nietzsche, *Thus Spoke Zarathustra*, 17; "Prologue," section 5.

11. Nietzsche, *On the Genealogy of Morals*, 17; "Preface," section 3.

12. Ibid., 85; essay 2, section 16.

13. Nietzsche, *The Gay Science*, 216; section 250.

14. Ibid., 185; section 129.

15. Nietzsche, *On the Genealogy of Morals*, 65; essay 2, section 6.

16. Ibid., 67; essay 2, section 7.

17. Ibid., 81; essay 2, section 14.

18. Friedrich Nietzsche, *The Will to Power*, trans. Walter Kaufmann and R. J. Hollingdale (New York: Vintage, 1968), 403-4; section 769.

19. Friedrich Nietzsche, *Daybreak: Toughts on the Prejudices of Morality*, ed. Maudemarie Clark and Brian Leiter (Cambridge: Cambridge University Press, 1997), 224; section 556.

20. Nietzsche, *Thus Spoke Zarathustra*, 99; Second Part, "On the Tarantulas."

21. Nietzsche, *Daybreak*, 121; section 202.

22. "For just as the popular mind separates the lightning from its flash and takes the latter for an action, for the operation of a subject called lightning, so popular morality also separates strength from expressions of strength, as if there were a substratum behind the strong man, which was *free* to express strength or not to do so." Nietzsche, *On the Genealogy of Morals*, 45; essay 1, section 13.

23. Rüdiger Safranski, *Nietzsche: A Philosophical Biography*, trans. Shelley Frisch

(New York: Norton, 2002), 233.

24. Nietzsche, *On the Genealogy of Morals/Ecce Homo*, 309; *Ecce Homo*, "Thus Spoke Zarathustra," section 3.

25. Nietzsche, *The Gay Science*, 272; section 341.

26. Gottfried Wilhelm Leibniz, *Theodicy*, trans. E. M. Huggard (LaSalle, IL: Open Court, 1985), 130.

27. Nietzsche, *The Gay Science*, 113; section 48.

28. Nietzsche, *Twilight of the Idols*, 87; "Expeditions of an Untimely Man," section 17.

29. Nietzsche, *The Will to Power*, 532-33; section 1032.

30. Nietzsche, *On the Genealogy of Morals/Ecce Homo*, 222; *Ecce Homo*, section 1.

31. Nietzsche, *Twilight of the Idols*, 33; "Maxims and Arrows."

32. "The secret for harvesting from existence the greatest fruitfulness and the greatest enjoyment is—to live dangerously. Build your cities on the slopes of Vesuvius! Send your ships into uncharted seas! Live at war with your peers and yourselves!" Nietzsche, *The Gay Science*, 228; section 283.

33. Nietzsche, *Twilight of the Idols*, 36; "Maxims and Arrows," section 33.

34. Nietzsche, *The Gay Science*, 268-69; section 337.

35. Giorgio Agamben, *Remnants of Auschwitz: The Witness and the Archive*, trans. Daniel Heller-Roazen (Brooklyn: Zone Books, 1999), 99.

36. Nietzsche, *The Gay Science*, 220; section 271.

37. Friedrich Nietzsche, *Twilight of the Idols/The Anti-Christ*, trans. R. J. Hollingdale (New York: Penguin, 1990), 128; *The Anti-Christ*, section 7.

38. “The overcoming of pity I count among the noble virtues: as ‘Zarathustra’s temptation’ I invented a situation in which a great cry of distress reaches him, as pity tries to attack him like a final sin that would entice him away from himself.” Nietzsche, *On the Genealogy of Morals/ Ecce Homo*, 228; *Ecce Homo*, section 4. Cf. *Thus Spoke Zarathustra*, part 4, “The Cry of Distress.”

39. James, *Writings: 1902-1910*, 149-50.

第三堂　为痛苦负责：汉娜·阿伦特与平庸之恶

1. 转引自 Hannah Arendt, *Between Past and Future* (New York: Penguin, 2006),7.

2. Ibid., 58.

3. John Stuart Mill, “Nature,” in *Collected Works of John Stuart Mill: Essays on Ethics, Religion and Society* (Indianapolis: Liberty Fund, 2006, 386.

4. Hannah Arendt, *The Last Interview and Other Conversations* (Brooklyn: Melville House, 2013), 34-35.

5. Hannah Arendt, *The Origins of Totalitarianism* (Orlando: Harcourt, 1976), vii.

6. Arendt, *The Last Interview*, 21.

7. Ibid., 15.

8. Ibid., 23.

9. Hannah Arendt, *Essays in Understanding: 1930-1954* (New York: Schocken, 1994), 198.

10. Arendt, *The Origins of Totalitarianism*, 459.

11. Hannah Arendt, *The Portable Hannah Arendt*, ed. Peter Baehr (New York: Penguin, 2000), 396.

12. Hannah Arendt, *The Human Condition* (Chicago: University of Chicago Press, 1958), 247.

13. Ibid., 322.

14. Hannah Arendt, *Eichmann in Jerusalem: A Report on the Banality of Evil* (New York: Penguin, 2006) 152.

15. Richard Wolin, "The Banality of Evil: The Demise of a Legend," *Jewish Review of Books*, Fall 2014. An online version is at https://jewish reviewofbooks.com/articles/1106/the-banality-of-evil-the-demise-of-a-legend/?print.

16. Quoted in Telford Taylor, *Anatomy of the Nuremberg Trials: A Personal Memoir* (New York: Knopf, 1992), 363.

17. *Eichmann in Jerusalem*, 279.

18. Matthew Crawford, *Shop Class as Soulcraf: An Inquiry into the Value of Work* (New York: Penguin, 2009), 134.

19. Ibid., 67.

20. Arendt, *The Human Condition*, 133.

21. Hannah Arendt, *On Violence* (Orlando: Harcourt, 1970), 56.

22. Philip Larkin, "Aubade," *in Collected Poems* (London: Noonday Press, 1989), 209.

23. Arendt, *On Violence*, 76.

24. Ibid., 81.

25. Ibid., 80.

26. Milan Kundera, *The Curtain: An Essay in Seven Parts*, trans. Linda Asher (New York: Harper Perennial, 2006), 136.

27. Quoted in Elisabeth Young-Bruehl, *Hannah Arendt: For Love of the World*

(New Haven: Yale University Press, 1982), 57.

28. John Berger, "Fellow Prisoners," *Guernica*, July 15, 2011, https://www.guernicamag.com/john_berger_7_15_11/

29. Arendt, *The Portable Hannah Arendt*, 26.

30. Hannah Arendt, *Men in Dark Times* (San Diego: Harcourt Brace Jovanovich, 1968), ix.

31. Zbigniew Herbert, "Report from a Besieged City," in *The Collected Poems: 1956-1998*, trans. Alissa Valles (New York: Ecco, 2007), 417.

插曲：罪恶问题

1. 如 Bernard Williams 这样的哲学家，提出了关于永生将如何使人类生命变得毫无意义的有力论点，详见 "The Makropulos Case," Hans Jonas in *Morality and Mortality*, 还有最近的 Samuel Schefer in *Death and the Aferlife.*

2. David Hume, *Dialogues concerning Natural Religion* (Indianapolis: Hackett, 1998), 37.

3. Matthew 5:45.

4. Immanuel Kant, *Critique of Pure Reason*, trans. Norman Kemp Smith (New York: St. Martin's Press, 1929), 7.

5. Michael Wolff, "A Life Worth Ending," *New York Magazine*, May 20, 2012.

6. Immanuel Kant, *Lectures on Philosophical Teology*, trans. A. W. Ward and G. M. Clark (Ithaca: Cornell University Press, 1978), 2.2.

7. Gabriel Marcel, *The Philosophy of Existence*, trans. Manya Harari (London: Harvill Press, 1948), 8.

第二部分　看待痛苦的四种古典方式

1. Pliny the Elder, *Natural History: A Selection*, trans. John F. Healey (New York: Penguin, 1991), 347.

2. Virgil, *Aeneid*, book 2, lines 109 et seq. 这部分是我自己翻译的。

3. Confucius, *The Analects of Confucius: A Philosophical Translation*, trans. Roger T. Ames and Henry Rosemont Jr. (New York: Ballantine, 1998), 78; 2.11. 在分号之后，我给出了书的标准引用和节号。

4. W. H. Auden, *The Complete Works of W. H. Auden: Prose: Volume VI* (Prince ton: Princeton University Press, 2015), 579.

5. Zbigniew Herbert, *The Collected Prose: 1948-1998*, ed. Alissa Valles (New York: Ecco Press, 2010), 13.

6. Ibid., 649.

第四堂　痛苦展露无知：论《约伯记》与自由的意义

1. Job 38:28-31.

2. Job 14:7-10.

3. Harold Cushner, *The Book of Job: When Bad Tings Happened to a Good Person* (New York: Schocken, 2012), 36.

4. Sigmund Freud, *The Basic Writings of Sigmund* Freud, trans. A. A. Brill (New York: Modern Library, 1995), 174.

5. G. K. Chesterton, "The Book of Job," in *In Defense of Sanity* (San Francisco: Ignatius Press, 2011), 100.

6. Ibid., 98.

7. Plato, *The Last Days of Socrates*, trans. Hugh Tredennick (New York: Penguin, 2003), 44-45.

8. Robert Frost, *Collected Poems, Prose, and Plays* (New York: Library of America, 1995), 381, 383.

9. Ibid., 374.

10. Proverbs 12:21.

11. Anthony Grifth, "The Best of Times, the Worst of Times," *The Moth*, recorded February 28, 2003, http://themoth.org/posts/stories/the-best-of-times-the-worst-of-times.

12. Clifford Geertz, *The Interpretation of Cultures* (New York: Basic Books, 1973), 104.

13. *The Book of Job*, translated with an introduction by Stephen Mitchell (New York: Harper Perennial, 1992), 88.

14. Ibid., xxx.

15. Job 2:13.

16. Quoted in Alexander Altmann, *Moses Mendelssohn: A Biographical Study*, (Oxford: Littman Library of Jewish Civilization, 1998), 137.

17. John 20:25-28.

第五堂　痛苦用自然弥补我们：爱比克泰德与感恩存在

1. Epictetus, *Discourses and Selected Writings*, trans. Robert Dobbin (New York: Penguin, 2008), 42; *Discourses* 1.16.20. 在爱比克泰德的引文之后，我给出了一个一般性的引证。翻译时略有改动。

2. Pierre Hadot, *The Inner Citadel: The "Meditations" of Marcus Aurelius*, 310.

3. Tacitus, *The Annals of Imperial Rome* 6.22.

4. 伊壁鸠鲁的问题来自基督教神学家 Lactantius 的 *The Wrath of God*. Mark Joseph Larrimore 对这个问题来自伊壁鸠鲁有一些怀疑，详见 Mark Joseph Larrimore, ed., *The Problem of Evil: A Reader* (Malden: Blackwell, 2001), xx.

5. Hadot, *The Inner Citadel*, 75.

6. Epictetus, *Discourses and Selected Writings*, 232; *Handbook*, chapter 27.

7. Walt Whitman, "Then Last of All," in *Leaves of Grass*: Comprehensive Reader's Edition, ed. Harold W. Blodgett and Sculley Bradley (New York: New York University Press, 1965), 516.

8. 引自 Luc Ferry, *A Brief History of Thought: A Philosophical Guide to Living*, trans. Theo Cuffe (New York: Harper Perennial, 2010), 36; *Discourses* 3.24.

9. Mark Medina, "Magic Johnson on Larry Bird: 'We're mirrors of each other,'" *Los Angeles Times*, April 12, 2012, http://articles.latimes.com /2012/apr/12/sports/la-sp-ln-la-magic-johnson-on-larry-bird-were-mirrors-of-each-other-20120412.

10. Aleksandr Solzhenitsyn, *The Gulag Archipelago: 1918-1956*, vol. 2 (New York: Harper Perennial Modern Classics, 2007), 617.

11. Katja Maria Vogt, "Taking the Same Tings Seriously and Not Seriously: A Stoic Proposal on Value and the Good," *Epictetus: His Continuing Influence and Contemporary Relevance*, ed. Dane R. Gordon and David B. Suits (Rochester: RIT Press, 2014), 55-75.

12. Voltaire, *Candide*, ed. Cynthia Brantley Johnson (New York: Pocket Books, 2005), 45.

13. William James, "On a Certain Blindness," *Writings: 1878-1899* (New York: Library of America, 1992), 854.

14. Epictetus, *Discourses and Selected Writings*, 58.

15. Ferry, *A Brief History of Thought*, 22.

16. Epictetus, *Discourses and Selected Writings*, 152; *Discourses* 3.8.5. Translation slightly altered.

17. Ibid., 19; *Discourses* 1.6.30-32.

18. 引自 John W. McDonald, *Walt Whitman, Philosopher Poet* (Jefferson, NC: McFarland, 2007), 127.

19. Epictetus, *Discourses and Selected Writings*, 66; *Discourses* 1.28.3-5.

20. Ibid., 162; *Discourses* 3.22.54.

21. Ibid., 37; *Discourses* 1.13.3-4.

22. Robert Warshow, *The Immediate Experience: Movies, Comics, Theatre, and Other Aspects of Popular Culture* (Cambridge: Harvard University Press, 2001), 208.

23. Ibid., 208-9.

24. Epictetus, *Discourses and Selected Writings*, xi.

25. 引自 McDonald, *Walt Whitman, Philosopher Poet*, 63.

26. Horace Traubel, *With Walt Whitman in Camden*, vol. 3, ed. Gertrude Traubel and William White (Carbondale: Southern Illinois University Press, 1982), 253.

27. 引自 Alfred Kazin, *God and the American Writer* (New York: Vintage, 1998), 119.

插曲：天堂与地狱

1. 引自 *Polish Writers on Writing*, ed. Adam Zagajewski (San Antonio: Trinity

University Press, 2007), 112.

2. Pindar, "Pythian X," in *Pindar: The Odes*, trans. C. M. Bowra (New York: Penguin, 1969), 22-23.

3. Leszek Kołakowski, *Modernity on Endless Trial* (Chicago: University of Chicago Press, 1990), 81.

4. Robert Frost, "Birches," in *Frost: Collected Poems, Prose, and Plays* (New York: Library of America, 1995), 118.

5. *Paradiso* 12.34-36. 这部分是我自己翻译的。

6. Luke 17:21.

7. Friedrich Nietzsche, *Twilight of the Idols/Te Anti-Christ*, trans. R. J. Hollingdale (New York: Penguin, 1990), 77.

8. C. S. Lewis, *Letters to Malcolm: Chiefly on Prayer* (New York: Harcourt Brace Jovanovich, 1964), 107.

9. 我在这里和下文中，将对话改写了一下。这个故事有一个很好的版本，详见 Carole Satyamurti, *Mahabharata: A Modern Retelling* (New York: Norton, 2015).

第六堂　痛苦唤醒我们的人性：孔子的仁与礼

1. Franklin Perkins, *Heaven and Earth Are Not Humane* (Bloomington: Indiana University Press, 2014), 18-19.

2. Roger T. Ames and Henry Rosemont Jr., *The Analects of Confucius: A Philosophical Translation* (New York: Ballantine, 1999), 123; 8.13. 在分号之后是我引用的章节和段落。

3. Ames and Rosemont, *Analects*, 189; 15.24.

4. Alan Watts, *The Way of Zen* (New York: Vintage, 1985), 29.

5. Herbert Fingarette, "The Music of Humanity in the Conversations of Confucius," *Journal of Chinese Philosophy* 10 (1983): 217.

6. Ames and Rosemont, *Analects*, 109; 6.23.

7. Ibid., 76; 2.3.

8. Ibid., 157; 12.13.

9. Ibid., 51. 对于中文术语的理解，我主要依赖于罗杰·T. 埃姆斯和亨利·罗斯蒙特对其翻译的精彩介绍，他们提供了对儒家词汇的详细评述。

10. Kongzi, "The Analects," trans. Edward Gilman Slingerhand, in *Readings in Chinese Philosophy*, ed. Philip J. Ivanhoe and Bryan W. Van Norden (Indianapolis: Hackett, 2001), 11.

11. Ames and Rosemont, *Analects*, 189; 15.24.

12. Ibid., 158; 12.19.

13. Ibid., 154-55; 12.7.

14. Ezra Pound, *Confucius: The Great Digest/The Unwobbling Pivot/The Analects* (New York: New Directions, 1951), 29.

15. Kenneth Burke, *The Philosophy of Literary Form* (Berkeley: University of California Press, 1973), 293.

16. "Zhuangzi," trans. Paul Kjellberg, in Ivanhoe and Van Norden, *Readings in Classical Chinese Philosophy*, 240.

17. Simon Leys, *The Analects of Confucius* (New York: Norton, 1997), xix-xx.

18. 或许利斯说的是这篇文章的开篇词："孔子对雄辩的厌恶：所选之词的重量。他担心它们会被花言巧语和简单的用途削弱。那些犹豫、那些反思，这个词之前的时间就是一切，之后的时间也是。" Elias Canetti, *The Conscience*

of Words, trans. Joachim Neugroschel (New York: Seabury Press, 1979), 171.

19. Ames and Rosemont, *Analects*, 144; 11.12.

20. Max Weber, *The Religion of China: Confucianism and Taoism*, trans. Hans Gerth (New York: Macmillan, 1964), 235-36.

21. Ames and Rosemont, *Analects*, 147; 11.23.

22. Ames and Rosemont, "Introduction," *Analects*, 47.

23. 举例详见 6.28.

24. 举例详见 14.36.

25. Ames and Rosemont, *Analects*, 150; 11.26.

第七堂　痛苦激发艺术灵感：悉尼·贝谢和蓝调音乐

1. Sidney Bechet, *Treat It Gentle* (New York: Da Capo, 1978), 4.

2. Ibid, 6.

3. Ibid, 7.

4. Ibid, 19.

5. Ibid, 21.

6. Ibid, 29.

7. Ibid, 41.

8. Philip Larkin, "For Sidney Bechet," in *Collected Poems* (London: Noonday Press, 1989), 83.

9. 引自 Ted Gioia, *The History of Jazz* (Oxford: Oxford University Press, 2011), 50.

10. Bechet, *Treat It Gentle*, 104.

11. Ibid, 107.

12. Albert Murray, *Stomping the Blues*, 2nd ed. (New York: Da Capo, 2000), 51.

13. André Comte-Sponville, *A Small Treatise on the Great Virtues: The Uses of Philosophy in Everyday Life* (New York: Metropolitan Books, 1996), 112.

14. W. E. B. DuBois, *Writings* (New York: Library of America, 1987), 539.

15. Simone Weil, "The Iliad, or the Poem of Force," trans. Mary McCarthy, in Simone Weil and Rachel Bespaloff, *War and the Iliad* (New York: New York Review of Books Press, 2005), 36.

16. Simone Weil, *On Science, Necessity, and the Love of God* (London: Oxford University Press, 1968), 172.

17. Weil, "The Iliad, or the Poem of Force," 37.

18. Bechet, *Treat It Gentle*, 46.

19. Martha Nussbaum, *Political Emotions: Why Love Matters for Justice* (Cambridge: Harvard University Press, 2013), 266.

20. Bechet, *Treat It Gentle*, 201.

21. Homer, *The Odyssey*, trans. Samuel Butler, book 8.

22. Augustine, *The City of God against the Pagans*, trans. R. W. Dyson (Cambridge: Cambridge University Press, 1998), 471-72 (11.18).

23. Leszek Kołakowski, *Modernity on Endless Trial* (Chicago: University of Chicago Press, 1990), 191.

24. Ralph Ellison, *Living with Music*, ed. Robert G. O'Meally (New York: Modern Library, 2001), 128.

25. Brendan Gill 说："没有一丁点证据支持生命是严肃的这一论点，虽然它常常是艰难和可怕的。说到这里，我不禁要补充一句：既然我们的结局都是悲惨的，那么，在不可避免的死亡灾难中，很明显，生活的首要规则就是要玩得开心。” 引自 Charles Simic, *The Life of Images: Selected Prose* (New York: Ecco Press, 2015), 264.

结论　饱含人性地受苦

1. John Berger, *Hold Everything Dear: Dispatches on Survival and Resistance* (New York: Pantheon Books, 2007), 51.

2. Paul Kalanithi, *When Breath Becomes Air* (New York: Random House, 2016), 143.

3. Ibid., 199.

4. Ibid., 143.

5. Elizabeth Hinton, *From the War on Poverty to the War on Crime: The Making of Mass Incarceration in America* (Cambridge: Harvard University Press, 2016), 6.

6. Ibid., 5.

7. Hafiz, *The Gift*, trans. Daniel Ladinsky (New York: Penguin, 1999), 39.

8. Brentin Mock, "Life after 'The New Jim Crow,'" *Citylab*, September 30, 2016, http://www.citylab.com/crime/2016/09/life-afer-the-new-jim-crow/502472/.

9. William Wordsworth, *The Prelude*, book 11, lines 143-44.

10. John Keats, *Selected Letters of John Keats*, ed. Grant F. Scott (Cambridge: Harvard University Press, 2002), 290-91.

11. John Hick, *Evil and the God of Love* (New York: Palgrave Macmillan, 2010), 385.

12. Ibid., 334.

13. Ibid., 386.

14. 转引自 Greil Marcus, *The Old, Weird America: The World of Bob Dylan's Basement Tapes* (New York: Picador, 2011), 4.

15. 例如，塞涅卡在信中对波利比乌斯说：“自然需要我们有些悲伤……我永远不会要求你不要悲伤。”

16. George Herbert, *The Laurel Poetry Series: Herbert*, ed. Dudley Fitts (New York: Dell, 1962), 159.

17. Michel de Montaigne, *Travel Journal*, trans. Donald M. Frame (San Francisco: North Point Press, 1983), 154.

18. Ibid., 130.

19. Ibid., 154.

20. Michel de Montaigne, "Of the Useful and the Honorable," in *The Complete Essays of Michel de Montaigne*, trans. Donald M. Frame (Stanford: Stanford University Press, 1957), 599-600.

悲伤的尾曲

1. W. H. Auden, "The Shield of Achilles," in *Collected Poems* (New York: Vintage International, 1991), 598.

2. Michel Foucault, *Discipline and Punish*, trans. Alan Sheridan (New York: Vintage, 1995), 228.

致谢

1. John Milton, *Complete Poems and Major Prose*, ed. Merrit Y. Hughes (Indianapolis: Hackett, 2003), 462.